ブリッジブック
先端民法入門
〔第2版〕
Bridgebook

山野目章夫 編

信山社
Shinzansha

第 2 版へのはしがき

　さいわいにして，この本は，多くの読者から，迎え入れていただきました。本書の第 2 版をお送りするにあたり，まずもって，このことに御礼を申し上げなければなりません。

　版を改めることとしたのは，民法の大きな改正があったことによります。民法は，平成 16 年法律第 147 号により改正され，前 3 編の法文を一新して現代語化すると共に，後 2 編について，法文に見出しを添えるなどして調えることがなされました。また，446 条以下の保証について，新しい規律が導入されました。

　法文の現代語化は，民法という市民にとって大切な法律の法文を読み易くする，ということが狙いですし，保証の新しい規定は，内容のうえで，市民生活においても問題となることがみられる保証をめぐる若干の問題に対し，適正な規律を与えようとするものです。

　これらもまた，したがいまして，初版のはしがきにおいて述べたような現代の大きな制度改革の潮流の一翼をなしています。

　大切であり，身近であるはずの民法に皆さんが親しんでいただきたい，という気持ちで筆者らが筆を執ったのは初版についてと同じですし，いま紹介したような改正の趣旨にも適うことであるものと思います。この本が読者の皆さんにとって，ひきつづき良い手引きとなりますことを筆者らは願っています。

　初版と同じように，第 2 版の制作にあたりましても，信山社の渡辺左近氏および斉藤美代子氏にお世話になりました。

　2006 年 1 月

　　　　　　　　　　執筆者を代表して　　山野目章夫

初版へのはしがき

　身近な素材から、楽しく民法の世界を覗いていただきたい、ということが、ヒトコトで言いますと、この本のコンセプトです。

　民法は、条文が多く、勉強しなければならない量も、半端ではありません。しかし、もっと問題とされなければならないことは、そのような量の多さであるというよりもむしろ、そこで扱われる素材がもつ性質ないしはイメージです。

　たとえば銀行取引で出てくる抵当権とか、そういうものが登場します。私たちの日常から、すこし離れたところにある事象を扱うことも、少なくありません。

　おそらく、そうしたことを意識してのことでしょう、"民法は大人の学問であり、社会人としての経験がない若い学生に、抵当権とか、いきなり理解せよ、といっても、それは、無理ですよ"といった評言がなされることも、しばしば、あります。

　しかし、どうでしょうか。ここのところ、大切なところですから、読者の皆さん、よく耳を傾けてください。

　こういう訳知り顔の、いかにも業界通のような発言にこそ、しっかり反論してゆかなければならない、という問題意識から、著者たちは、この本を作ることを決意しました。

　考えてもみてください。では、社会人であったならば、銀行と取引をして抵当権に関わるような取引を、すべての人がしているでしょうか。マイホームを買うときにローンを組み、そのときに抵当権設定契約という契約をしますが、マイホームを買うという選択をしない社会人も、たくさんいます。その人たちには、民法を論ずる資格は、ないのでしょうか。

金融商品を販売するセールスマンが，高齢の人を訪ね，買わないか，と勧め，お金がない，と答えると，一緒に付いて来た銀行の人が，当行が融資をしますから，ご安心下さい，と言って強引に商品を買わせる，ということが，とくにバブルの頃にはありました。これでお年寄が損をしたら，いずれの味方に民法がつくべきであるか，答えは，おのずと明らかであるはずです。専門用語に通じ，ある業界のなかでだけ意味をもつ知識や経験がないと法律を論ずる資格がない，ということを言い出すとき，民法や，そのほかの法律は，どんどん遠い世界のものになります。

　いま日本では，法律制度をめぐる大きな改革が行われています。司法制度改革という言葉を新聞で見た方も，おられることでしょう。法律に関して，毎日，あまりにも多くの出来事が展開していますが，しかし，それが，いったい，どこに向かってゆくのか，まだ，はっきりしていません。ちょうどフランス革命が何であったか，後世の歴史家が見れば明確ですが，そのとき生きていた当事者にとって，はっきりしているのは，王様の首を切れ，ということだけであって，ジロンドの言うこととジャコバンの唱えることの，どこが違うか，よく飲み込めません。今の日本の司法制度改革論議も同じです。いままでの日本の法律制度に問題があることに異論の余地がありませんが，それを改めた先が向かっているものは何か。業界の人たちに使いやすい法律をめざすのか，それとも法律を私たちの手に取り戻すための運動であるのか。

　なにも難しいことではありません。この本を読む皆さんに豊かな想像力さえあれば，たとえ知識・経験がなくても，民法を学ぶことは，十分に可能ですし，1人，また1人と，それにチャレンジする人々が増えるならば，法律は，一歩一歩，市民の

手に取り戻されてゆきます。Access と名づけた本書の各々の単元は，そうした皆さんの想像力を引き出すためのツールを盛り込んでいます。それぞれの Access の冒頭にある Access view において，糸口となる具体的な問題が提示されます。もちろん，そこには，皆さんの生活に密着した事例もあれば，まったく経験したことのない話も，あるでしょう。そうであるからこそ，民法を初めて学ぶときに求められるものは，想像力にほかなりません。そのあとに続く Access の中味の部分では，Access view で提示された問題の種明かしが進んでゆきます。どうです，ワクワクしてきませんか。そうして，1つの Access を締め括る最後に Access pocket が設けられます。これは，1つの Access を終えるにあたっての知識の整序のためのものです。いろいろな使われ方がされていて，本文で扱ったことを補足したり，本文で扱われなかった事項を拾ったり，ある法律制度が担う役割を掘り下げて考察したり，ほんとうにさまざまです。

　これが1つの Access の構成です。Access は全部で20個ありますが，そうですね，この数は，おそらく多すぎず少なすぎず，というところでしょう。民法は，手ごたえのある（ありすぎる!?）学習対象ですが，この本を読み終えた皆さんが，心地良い重量感を覚えてくださること，それを私たち著者は願い，そして信じています。

　この本の制作にあたっては，信山社の渡辺左近氏および斉藤美代子氏にお世話になりました。

　2004年3月

　　　　　　　　　執筆者を代表して　　山野目章夫

ブリッジブック先端民法入門〔第2版〕
Bridgebook

目 次

はしがき

Access 1 さあ，民法を学ぼう ——————————— 1
新聞を法律家の目で読むと（1）　債権って何？（4）
債権の成立原因（5）　契約の成立するプロセス（5）
契約不履行の効果（6）　損害賠償（6）
お年玉を定期預金にする話（9）

Access pocket　相殺

民法という法律のなりたち ……………………………… 11
各編の役割（11）　氏名は単なる記号ではない（12）
いくつかの重要な民法改正（13）
さあ，次のAccessからが本番（14）

I 契約が成り立つために

Access 2 法的な効果が発生する行為と発生しない行為
　　　——法律行為———————————————— 16

1 感動は法の世界に属さない ……………………………… 16
好きこそものの上手なれ（16）

2 感動の商品化——ようこそ法の世界へ ……………… 17
イチロー選手を取り巻くビジネス（17）
マーケットを支える法制度（18）
すべては「自由な意思」のために（18）
法の世界の仕組み（19）

3 法が支えるビジネス・エシックス ……………………… 20
取引はないけど（20）　秩序ある自由（21）
民法を組み立てている基本的道具立て（22）

4 改めて……「法律行為」って何？……………………23
　　まずは「契約」(23)　法律行為自由の原則の制約 (24)
　　単独行為，合同行為 (25)　法律行為の理屈 (25)
　Access pocket　法律要件と法律効果／準法律行為

Access 3　契約当事者となるための条件——権利能力・意思能力・行為能力————28

1 インターネット・ショッピング事始め——何が必要か？…28
　　インターネット・ショッピングとはいえ，実は純然たる
　　「契約」そのもの (28)　「契約」とは？ (29)
　　インターネット・ショッピングに潜む問題いろいろ (30)

2 結局のところ，「有効な契約である」ために何が必要？　…31

3 マーケットへの入場制限（その１）
　　　　——未成年者保護制度 ……………………………32
　　未成年者は放っておけない (34)
　　過ぎたるは及ばざるが如し——未成年者だって自由は欲し
　　い (34)　未成年者はいつも素直か？ (35)
　　取引安全と未成年者の自律 (36)

4 マーケットへの入場制限（その２）——成年後見制度
　　……………………………………………………………36
　　資格の三層構造（その１）——権利能力 (37)
　　資格の三層構造（その２）——意思能力 (37)
　　資格の三層構造（その３）——行為能力 (38)
　　成年後見制度 (39)
　Access pocket　人について／能力いろいろ

Access 4　当事者の意思に問題があって契約が有効にならないとき——意思の不存在，瑕疵ある意思表示————42

1 モノの価値の見極めは難しい………………………………42
　　自由はあっても情報は足りない (42)
　　価格を算定するリスク (43)

2 画商の悲劇 …………………………………………44
見誤った絵画の価値（44）
価格算定のリスクは誰が負担すべきか（45）

3 意思表示を無効にさせるほどの勘違い——錯誤 …………45
錯誤いろいろ（45） ココロは外から見えないけれど（46）
大いなる勘違い——要素の錯誤（47）
すこしは相手のことも考えて（47）
丸紅ダイレクト事件にみる錯誤問題（48）

4 ココロのキズ——瑕疵ある意思表示 ………………………49
だまされたココロ（50） 「詐欺」って何だ？（51）
詐欺にあってしまったら（52）
おどされてキズつけられたココロ（52）
ココロのキズ——違法行為の被害（53）

5 守ってあげよう，「消費者」ならば ………………………54
若者だってご用心（54）
残念ながら「情報」も「交渉力」も向こうがウワテです（54）
「消費者契約」だとどうなる？（55）
「消費者」って誰だろう？（56）
ほかにもあるぞ，消費者の武器（57）
Access pocket ①　意思の不存在あれこれ
Access pocket ②　続編・消費者契約法

Access 5　本人の活動を拡大するための必須の
システム——代理制度——————60

1 みんな1人じゃ生きられない！ ……………………………60
テレフォンアポインター（60）
消費者保護はまた別の話（61）　売主は誰だ（61）
代理人（62）　代理の効果（63）　代理制度の意義（64）
法定代理・代表（64）

2 誰を信じればいいの？ ………………………………………65
代理権（65）　顕名主義（66）　無権代理（67）
無権代理人の責任（68）　無権代理行為の追認と催告（69）

3 何を信じればいいの？ ……………………………………70
表見代理（70）　代理権授与による表見代理（71）
代理権踰越の表見代理（72）　代理権消滅後の表見代理（72）
代理制度の将来（73）

Access pocket ①　代理と使者
Access pocket ②　無権代理と相続

Access 6　法律関係を時間的に調整する制度
――時効・除斥期間――――――――――76

1 権利はいつでも使えるの？ ……………………………76
ハンセン病訴訟（76）　消滅時効とは（77）
消滅時効期間（77）　制定趣旨はどこに（78）
短期の特殊性（80）

2 時間の流れは一定なの？ ………………………………82
時効の起算点（82）　時効の中断（82）

3 時間がたてばそれでいいの？ …………………………84
援用と援用権者（84）　時効利益の放棄（85）

4 権利は消滅するだけなの？ ……………………………85
取得時効（85）　短期の特殊性（87）

5 時効だけがじゃない！ …………………………………88
除斥期間とは（88）　判別基準（88）　相違点（89）

Access pocket　援用と時の経過／援用権者／効果の遡及／
　　　　　　　時効の停止／完成後の承認／権利失効の原則

II　契約が成り立つとどうなるか

Access 7　契約関係の重複と物の引渡――債権の意味と
物権の意味――――――――――94

1 3回売って，ごめんなさい。 ……………………………94
道義的責任（94）　法的責任（95）　売買契約と債務不履行（96）

2 1つの物を2回売ると，2倍お得なの？ ………………97
売買と債権（97）

3 持主になるって，どうするの？ ………………………98

所有権取得と対抗要件（98）
　　　売らない自由と割り込む自由（100）
　　　意思主義と形式主義（100）　引渡（102）
　　　不動産売買（103）

4　友達からちゃんと買ったのに!? ……………………104
　　　公示（104）　即時取得（104）　債権の譲渡（106）
　　　債権譲渡の対抗要件（107）　二重譲渡の結末（108）
　Access pocket　物の種類と対抗要件

Access 8　契約内容が不十分にしか実現されないときの責任——債務不履行 — 111

1　契約を守らないこと——債務不履行 ……………………111
　　　債務不履行とは（111）　売買契約がもたらすこと（112）
　　　履行遅滞と履行不能（113）

2　債権者の武器は3つ ……………………………………113
　　　債権者の3つの法的手段（113）　強制履行のやり方（116）
　　　債務不履行損害賠償請求の仕組み（117）
　　　予見可能性の判定時のとり方でこんなに違う（119）
　　　解除の仕組み（120）　解除のために必要なこと（121）
　　　Access view のケース——付随的債務（122）

3　債務不履行についてもうちょっと詰めておこう ………123
　　　遅滞による責任の要件（123）
　　　遅滞でも不能でもない債務不履行（125）
　Access pocket　解除ラインナップ／債務不履行と不法行為／
　　　　　　　　　過失責任の原則

Access 9　契約目的物にキズがあった場合の売主の責任——瑕疵担保責任 — 128

1　買った物に欠陥があったとき ……………………………128
　　　買主が望むこと（128）　瑕疵担保責任とは？（129）

2　一方の説——法定責任説 ………………………………131
　　　「特定物のドグマ」と法定責任説（131）
　　　570条の存在理由（132）
　　　特定物売買での完全履行請求権？（133）

不特定物売買での瑕疵ある物の給付（133）
瑕疵担保責任と債務不履行責任の違い（134）

3 他方の説——契約責任説 …………………………135
契約責任説——「瑕疵ある物の給付は債務不履行である」（135）
570条の存在理由——契約責任説ヴァージョン（136）

4 まとめ ……………………………………………138
タネ明かしと論争の整理（138）
判例は独自の解釈をとる（138）
強化される瑕疵担保責任（139）

Access pocket　保証書／他の担保責任，製造物責任

Access 10　契約当事者に関係ない原因で事故が発生してしまった場合の責任分担
　　　　　　——危険負担——　　　　　　　　　142

1 履行不能になった契約に待っていること ………142
履行不能になった債務はどうなるか？（142）
では，反対給付をする債務は？（143）

2 民法が選んだリスク割当——債権者主義と債務者主義
　　　　　　　　　　　　　　　　　　　　　144

売買契約のときの危険負担（144）
売買契約以外のときの危険負担（146）
それぞれの立場になってみよう（147）
債権者に帰責事由のあるときの債権者主義（149）

3 買主に危険を負担させて本当にいいのか？ ………149
Access pocket　危険移転時

Access 11　契約の実行を確保するための制度
　　　　　　——保証——　　　　　　　　　　152

1 問題は借金の返済・債権の回収にあり ……………152
借金の利息の話（153）　借主は守られている（154）

2 なぜサラ金業者から請求書が？ ……………………155
保証って何？（156）　保証債務とはこんなもの（157）

3 保証人が支払ってくれた後に起こること ……………158
借金したのは「あなた」です——求償権という後始末 (158)
求償債権あれこれ (159)
もう1つの後始末——弁済による代位 (160)

4 商工ローン問題にみる保証のトリック ……………161
商工ローンって何？ (161)
商工ローンの手口——包括根保証の怖さ (161)
義理人情のない保証人 (162)
これでいいのか包括根保証 (163)

Access pocket ①　利息制限法をめぐる攻防
Access pocket ②　多数当事者の債権関係

Access 12　債権の優先的実現のために物に対して生じる権利——抵当権／入門——167

1 貸したお金をきっちり取り立てるために ……………167
借りたお金を返さないとどうなるか (167)
抵当権はなぜ必要か (168)

2 抵当権の大事な性格 ………………………………169
抵当権の優先弁済的効力 (169)
抵当権は占有を奪わない (171)
抵当権は契約によって生じる (172)

3 対抗要件としての登記 ……………………………173
所有権 vs. 抵当権 (173)　登記の役割——公示 (174)
抵当権は追ってくる (175)

4 抵当権をめぐる仕組みいろいろ ……………………175
抵当権は被担保債権に付き従う (175)
抵当権は抵当不動産に関する権利にも手をのばす (176)
抵当権と賃貸借 (178)

5 他のタイプの担保物権 ……………………………179
抵当権以外の担保物権とそれらの共通点 (179)

Access pocket　一般債権者の強制競売／非典型担保

Access 13　交換価値と利用価値の交錯——抵当権／展開——182

1 銀行の役割ってなんだっけ？ ………………………… 182
　集めた預金はどこへ行く (182)

2 抵当権は万能の権利なの？ ………………………… 184
　弱り目に祟り目とはこのことだ (184)

3 短期賃貸借による妨害と制度の廃止 ………………… 185
　短期賃貸借ってなんだっけ (185)　巧妙な妨害 (186)
　抵当権者だって黙ってない (187)
　そして短期賃貸借制度はなくなった (189)

4 収益だって欲しいのに ………………………………… 190
　使用収益の自由と物上代位 (190)　収益の横取り (191)
　そして収益も押さえた (192)

5 さまざまな妨害手段 …………………………………… 193
　法定地上権だって使います (193)　滌除の悪用 (194)
　やはり制度が変えられた (194)

6 賃借人とだって熾烈です ……………………………… 195
　敷金は誰のもの？ (195)

7 抵当権の病理現象とその遠因 ………………………… 196
　債務者の窮状と債権者の弱体化 (196)　利害調整の焦点 (197)

　Access pocket ①　担保としての相殺
　Access pocket ②　預金者は誰？

III 契約だけで解決できない問題

Access 14　契約によらないで生じた富は誰の手に
　　　　　　──不当利得・事務管理────── 202

1 「契約」で事足りない話 ……………………………… 203

2 緊急の課題──医療費はどうする？ ………………… 204
　心やさしい君ならば (204)
　事務管理とはどんなルールか (205)
　緊急事態だからこそ (205)

3 そもそも利益は誰に属するべきか──賞金の行方 …… 207
　不当利得という制度 (207)

　　　　ダルメシアンをめぐる権利関係（208）
　　　　ダルメシアンが返ってこない！（208）　稼いだ賞金（210）
　　　　賞金は果実か？（211）
　4　もう1つの不当利得——給付利得 ……………………………212
　　　　給付利得（212）
　　　　Access pocket　その他の不当利得／特別の不当利得法

Access 15　他人の権利・利益を侵す行為の責任
　　　　　　　　——不法行為————————————214

　1　人の権利を害したら ………………………………………………215
　2　主な要件は3つ——違法性，故意・過失，因果関係 ……217
　　　　保護される利益のふるい分け——違法性（217）
　　　　人が賠償責任を負わされる理由——故意・過失（221）
　　　　行為と損害をつなぐもの——因果関係（223）
　　　　加害者でも責められないとき——責任無能力，正当防衛・
　　　　緊急避難（224）
　3　効果——メインは損害賠償 ……………………………………225
　　　　とれるお金は3種類（225）
　　　　差止請求——加害者にやめさせる救済方法（226）
　　　　Access pocket　説明義務／特殊の不法行為

IV　契約から家族へ

Access 16　夫婦関係の形成と解消
　　　　　　　　——婚姻・離婚————————————230

　1　法は家庭に入る ……………………………………………………230
　　　　家族法の世界へようこそ（230）　基本原理の違い（231）
　　　　裁判所も違う（231）　結婚と婚姻（231）
　　　　夫婦に似たもの（232）　婚約（232）　内縁と事実婚（233）
　2　知られざる婚姻法 …………………………………………………233
　　　　法律婚が成立するために（233）
　　　　本気で夫婦になりたい（234）
　　　　婚姻できる年齢になっている（234）
　　　　他の人と婚姻していない（235）

再婚禁止期間でない（235）　特定の親族間でない（236）
婚姻届を出す（236）　婚姻したらどうなるか（236）
浮気できない（236）　同じ姓になる（237）
形式的平等と実質的平等（237）　同氏の不利益（238）
時代の流れ（238）　一緒に暮らす（238）
大人になる（239）　約束を破ってよい（239）
借金を一緒に背負う（240）

3 やし直すための離婚法 ……………………………… 240
夫婦関係の解消（240）　離婚のできる社会（241）
別れる理由（241）　別れる方法（242）
話し合って別れる（242）　調停で別れる（242）
審判で別れる（243）　裁判で別れる（243）
別れた結果（243）　未成年の子（243）
夫婦の氏（244）　夫婦の財産（244）

Access pocket ①　有責配偶者の離婚請求
Access pocket ②　婚姻法の改正

Access 17　先端医療時代の家族——親子関係—— 247

1 夫婦＋親子＝家族 ……………………………… 247
家族とは？（247）　夫婦と家族の違い（248）
親子いろいろ（248）

2 血は水より濃いか ……………………………… 249
実親子≒生物的親子（249）　母は誰だ？（249）
父は誰だ？（250）　父子関係の決定と婚姻のリンク（250）
婚姻は父子関係のために（250）　とりあえず夫の子（250）
オレの子じゃない！（251）　血縁のない父子関係（252）
古くさい制度の理由（252）
シングル・マザーの場合（253）
親子に血縁は必要か（253）

3 科学の発達と親子関係 ……………………………… 254
生殖医療技術（254）　精子提供：父は誰？（255）
卵子提供：母は誰？（255）　代理母事件（255）
子の国籍（256）　法の空白（256）
亡夫の精子による出産（257）　死後認知とは（258）
死後認知の可否（258）　私事と公序（259）

4　生みの親より育ての親 ……………………………260
　　養親子関係（260）　子のための養子（260）
　　普通養子と特別養子（261）　里親（262）
　　親子関係の将来（263）
　Access pocket ①　嫡出推定のさまざま
　Access pocket ②　ARTの立法

Access 18　家族の中の「弱者」の保護
　　　　　　　　──子ども・高齢者──　　　　265

1　いい家族ばかりじゃない ……………………………265
2　生まれる前から19歳まで ……………………………266
　　胎児も守られている（266）　未成年者の保護（266）
　　取引行為と未成年者（267）　家族の中の未成年者（267）
　　親権の内容（268）　親は子を養う（268）
　　生活保持義務（268）　親権の剥奪（268）
　　誰が親権者か（269）　離婚と親権（270）
　　親権者と監護者の分解（270）　親権者がいないとき（271）
　　親権者・未成年後見人の権限（272）
3　保護の必要な大人 ……………………………………273
　(1)　障害者や高齢者
　　制限能力者制度（273）　旧・無能力者制度（273）
　　高齢社会を迎えて（274）　成年後見制度（275）
　　保佐制度（275）　補助制度（276）　その他の制度（276）
　(2)　女性
　　夫婦間の暴力（277）　男女平等の実現（277）
　(3)　経済的困窮者
　　扶養義務（278）　生活保持義務と生活扶助義務（278）
　　金銭扶養の原則（279）　セイフティネットは十分か（279）
　Access pocket　児童の権利条約・女子差別撤廃条約／
　　　　　　　　高齢者虐待防止法

Access 19　家族関係と財産関係の交錯
　　　　　　　　──法定相続・遺言相続──　　　　281

1　人が死んで残すもの …………………………………281

歴史に学ぶ（281）　相続の理由（282）
どう考えるか（283）　相続の二方法（283）
法定相続と遺言相続の関係（283）

2 仲良くわけよう法定相続 …………………………284
誰が相続するか（284）　相続人を探せ（285）
何を相続するか（286）　どれだけ相続するか（288）
法定相続分の調整（288）　相続人の選択（289）
どうやって分けるか（290）

3 自分で分けておく遺言相続 …………………………291
遺言といっても（291）　遺言のやり方（291）
両方式の比較（292）　遺言でできること（293）
遺贈とは（293）　遺言の実現（294）
紛争の回避か激化か（294）　ちょっとまった！（295）
議論ふたたび（296）　相続法は宝の山（296）

Access pocket　非嫡出子の相続分／「相続させる」旨の遺言

V　ステップアップ

Access 20　法人を考えるための7つのクイズ——300

クイズ1　中間法人とは，どのような法人であるか。（303）
クイズ2　公益法人とは，どのような法人であるか。（303）
クイズ3　非営利法人とは，収益事業をしない法人である。
ホントかウソか。（304）
クイズ4　NPOとは特定非営利活動法人のことである。
ホントかウソか。（305）
クイズ5　登記・許可・認証——公益法人の設立要件はどれ？（306）
クイズ6　残余財産の社員への分配を許容，保障，禁止
——中間法人はどれ？（308）
クイズ7　財団法人に社員総会はない。ホントかウソか。（309）

最後に考えて欲しいこと …………………………311
一般的な非営利法人法制の構築をめざして（312）
私たちの社会と民法（312）

著者たちからの贈り物
　——めいっぱい割り切りの良い読書案内——————314
演習問題———————————————318
　事項索引

―〈凡　例〉―

〈法令名略語〉

家審　家事審判法
貸金業法　貸金業の規制等に関する法律
行訴　行政事件訴訟法
刑　刑法
憲　憲法
借地借家　借地借家法
出資法　出資の受入れ，預り金及び金利等の取締りに関する法律
消費契約　消費者契約法
商　商法
人訴　人事訴訟手続法
中間法人　中間法人法
民執　民事執行法
ヤミ金融規制法　貸金業の規制等に関する法律及び出資の受入れ，預り金及び金利等の取締りに関する法律の一部を改正する法律
有　有限会社法
利息　利息制限法

＊なお，民法については，カッコ内の条文引用の場合，基本的には条文のみ表示する〔〇〇条〕。ただし他の法令と紛らわしい場合のみ「民〇〇条」と表記する。

〈文献・判例名の略語〉

家月　家庭裁判月報
金法　金融法務事情
判時　判例時報
民集　最高裁判所（大審院）民事判例集
民録　大審院民事判決部
大判　大審院判決
大連判　大審院連合部判決
最判（決）　最高裁判決（決定）
最大判　最高裁大法廷判決
高決　高等裁判所決定
地判　地方裁判所判決

<執筆者紹介>
執筆順

山野目章夫 (やまのめ・あきお)

1981 年に東北大学法学部を卒業。亜細亜大学法学部専任講師,中央大学法学部助教授などを経て,2004 年 4 月より早稲田大学大学院法務研究科教授。

主著に『定期借地権論/定期借地制度の創設と展開』(一粒社,1997年),『建物区分所有の構造と動態/被災マンションの復興』(日本評論社,1999 年),有斐閣アルマ『民法/総則・物権』(第 3 版,2005 年),『初歩からはじめる物権法』(第 4 版,日本評論社,2005 年),『物権法』(第 3 版,日本評論社,2005 年) など。

狭い意味における学術研究とは異なる社会的活動として,日弁連法務研究財団認証評価事業・評価委員会委員などを務める。

<読者へのメッセージ>

電車の中でも読むことのできる法律書を目標としました。できあがった今は,お味は,いかがでしょうか,という感じです。でも,まぁ,机で勉強するときは,六法を傍らに置いてください。そう,古語辞典を引くことを面倒に感じていた頃は古文の実力が伸びなかったでしょう,あれと同じです。

(Access I・20 担当,編者)

角田美穂子 (すみだ・みほこ)

1993 年に一橋大学法学部を卒業,1998 年 3 月に同大学大学院法学研究科博士課程修了 (法学博士)。亜細亜大学法学部専任講師を経て,2003 年 4 月より横浜国立大学国際社会科学研究科助教授。

主論文に「金融商品取引における適合性原則」私法 64 号 (2002 年),「金融商品取引における適合性原則(1)~(3)未完」亜細亜法学 35 巻 1 号,36巻 1 号,37 巻 1 号 (2000 年~2002 年),「ドイツにおける消費者金融法」法律時報 77 巻 9 号 (2005 年),「消費者取引における不法行為の法理」一橋論叢 115 巻 1 号 (1996 年) などがある。まだ駆け出しなので比較法研

究が多い。身近でありながら次々と課題をうみだす消費者問題に関心を持ち，国民生活センター消費者苦情処理専門委員会や内閣府の約款調査委員会などに参加しながら民法修行に励む。

〈読者へのメッセージ〉

刺身よりも美味しい湯葉刺，ステーキより美味しい湯豆腐，そしてデザートはレモンムースより美味しい豆腐ババロア。もちろん，盛りつけは斬新に。そんな醍醐味あふれる豆腐料理のような，イキのいい民法入門を目指したつもりです。「とにかくコトバが特殊で分からない」「ややこしい」「講義ではそうかなぁと思うけど，後で本を読むと難しくて分からない」なんてことは言ってくれるな，読者様。

(Access 2・3・4・11・14 担当)

池田　雅則　（いけだ・まさのり）

1987年に三重大学人文学部を卒業。金沢大学大学院法学研究科修士課程修了，北海道大学大学院法学研究科博士後期課程単位取得退学，福島大学行政社会学部助教授，筑波大学大学院ビジネス科学研究科企業法学専攻助教授を経て，同教授。

主論文は「集合財産担保の基礎的考察(1)～(8・完)」北大法学論集45巻4号・5号，46巻1号・4号・5号・6号，47巻1号・2号 (1994年～1996年)。

〈読者へのメッセージ〉

法律学は取っつきにくいかもしれませんが，難しい学問ではありません。要は，いかにして他の人を論理的に説得し，妥当な結論を導くかです。そのためには，幅広く興味を持つことと楽しく考えること，それが肝要です。

(Access 5・6・7・13 担当)

高田　淳　（たかだ・あつし）

1996年に中央大学法学研究科博士前期課程修了。中央大学法学部助手を経て，1999年から同助教授，現在に至る。

主論文に「特約店契約およびフランチャイズ契約の特徴とその解消につ

いて㈠～㈢・完）」法学新報105巻8＝9号・10＝11号・12号（1999年），「ライセンス契約における契約対象の瑕疵」法学新報108巻5＝6号（2001年）がある。現代的契約の諸問題に関心を持ち取り組んでいる。

> 〈読者へのメッセージ〉
> 民法の勉強は，ラクではありません。でも，「たのしい」のです。楽ではないので，「愉しい」と書いた方が感じがでます。読者に民法の愉しさを実感してもらうのが，この本の唯一最大の目標です。ねらいがあたることを，心から願っています。

(Access 8・9・10・12・15 担当)

本山　敦（もとやま・あつし）

1987年に学習院大学文学部を卒業。民間企業に約8年間勤務した後，横浜国立大学大学院・学習院大学大学院を経て，愛知大学法学部専任講師・助教授。2003年4月から立命館大学法学部助教授。

著作（いずれも分担執筆）に，総合研究開発機構・川井健編『生命科学の発展と法』（有斐閣，2001年），坂東昌子ほか編『生命のフィロソフィー』（世界思想社，2003年），梶村太一・棚村政行編『夫婦の法律相談』（有斐閣，2003年）など。「家族法研究ノート」を日本司法書士会連合会の機関誌『月報司法書士』2004年1月号から連載中。

国際協力機構（JICA）・カンボジア王国法整備支援事業の民法部会委員として，カンボジア民法の立法作業に協力している。

> 〈読者へのメッセージ〉
> 「最初は分からなくて当たり前」くらいの気持ちで始めて下さい。本書を繰り返し読んだり，他書と取っかえ引っかえして，あれこれ考えているうちに，何かが見えてくると思います。この本が，考えることの「きっかけ」になれば嬉しいです。

(Access 16・17・18・19 担当)

Access 1

さあ，民法を学ぼう

　この本の読者の皆さんのどなたもが，銀行というところに行ったことが，おありでしょう。行ったというだけでなく，ほとんどの人は，銀行に口座を開いていることと想像します。この，銀行に口座を開く，ということは，法律的には，どのようなことを意味するのでしょうか。もっと言うならば，銀行とは，そもそも何を仕事にするところでしょうか。

新聞を法律家の目で読むと

　法律学のほうからだけではありません。いま日本の経済において，さまざまに銀行が話題になっていることは，皆さんも耳にしていることでしょう。それも，かならずしも明るい話ばかりではありません。今世紀の幕開けに，たとえば次のような社説が新聞に載ったことが，どのように後世の歴史家に整理されるか，すこし興味がありませんか。銀行をめぐる情勢は刻々と変わりますし，ときには合併や分割により名前すら変わります。ここに出てくる銀行にも，すでに名前が変わっているものがありますが，そういうことは，あまり気にかける必要がありません。大切なことは，皆さんが，これから法律学を学ぶ人としての心構えで，これを読んでみることです。そうすると，いままでであれば何となく読み流していたようなことが，そうではなくなり，いろいろなことが見えてきますし，それらの多くは，これから学ぶ民法という法律に関係します。たとえば，あと

I

のほうに出てくる クイズ1 や クイズ2 ，それから クイズ3 ，おやおや クイズ4 もあります。楽しそうですね。ほうら，皆さんとともに，これから民法ワールドの始まりです。

「体面を大切にする銀行にとって，清水の舞台から飛びおりる気分だったのかも知れない。

昨年度の決算で，大手15行のうち東京三菱，三和，あさひ，大和など7行が赤字を計上した。不良債権の処理を優先したからだという。

不良債権1にけりをつけない限り，日本経済は苦境を脱することはできない。政府が緊急経済対策の中で，大手行に年限を設けてまで処理を迫ったのも，うなずける。

相次ぐ赤字決算は，その目標に沿った選択のように映る。だが各行の経営者は，不良債権問題をここで決着させる覚悟を本当に固めているだろうか。

「最終処理」とは，債権の売却2や法的な整理などを通じて，不良債権そのものを帳簿から切り離すことである。それには踏むべき手順がある。

債権の中身3を厳しく吟味したうえで，焦げ付きの危険度に応じ，きちんと引き当てをしておくことだ。そうすれば，損が出ても補うことができる。

ゼネコンや流通，不動産などの融資先に目立つように，甘い査定や不十分な引き当てしかしていなければ，「最終処理」は先延ばしにされやすい。

国際通貨基金（IMF）も日本政府に対し，厳格な資産査定を求めている。言われるまでもないこの鉄則は，今回の決算処理で貫かれただろうか。

たとえば，不良債権の規模が前年の9割増しになった東京三菱銀行4は，厳しく査定をしたためと説明した。しかし，他行の多くが逆に減っているのはどうしたことか。

東京三菱はバブル崩壊による痛手が比較的小さかったとされる。厳格な洗い出しをすれば，他行の不良債権も大きく増えると考えるのが自然だろう。

　不良債権の重荷で衰えた自己資本という体力を補うために，公的資金が投じられた。国民の財産ともいえる金融システムを守るためである。

　これを受け取った銀行がなすべきは，外見をつくろわず，着実に健全な体に戻していくことだ。公的資金の返済のために無理を重ねるのでは，何のための投入かわからなくなる。

　無配にしたら大株主である国に経営権が移ってしまう，と心配する銀行もある。国有銀行が次々誕生するような事態はもとより好ましくないが，配当原資をひねり出すために健全さを装うのでは本末転倒だ。

　銀行が急ぐべきは，不良債権を厳しく査定し，自らの病状と正面から向き合うことだ。銀行決算でも時価をもとにした会計基準が導入されている。数字を取り繕えば早晩，ほころびが出るだろう。

　金融機関をチェックする金融庁の責任も重い。行政責任を問われるのを恐れるあまり，甘い査定に目をつぶったり，健全だと強弁したりすることは許されない。大蔵省時代の失政を繰り返してはならない。」

（朝日新聞2001年6月1日付）

　さあて，読んでみて，いかがでしたでしょうか。そこここに下線が添えてあります。それぞれの下線を主題にしながら，お話をしましたように，いくつかのクイズを楽しんでみましょう。まずは，クイズ1から。

─クイズ1─
　下線部①・②・③には，いずれも「債権」という言葉が出て

Access 1　さあ，民法を学ぼう　　3

> きます。そもそも「債権」って何？ その意義を確かめ，さらに，そのライフ・サイクルを辿ってみましょう。債権は，どのような原因により生ずるか。そして，どのような原因により，消滅するのでしょうか。

債権って何？

　特定の人（その人は債務者と呼ばれる）に対し，一定の給付を請求することのできる権利を債権という。ここでいう一定の給付には，さまざまのものが考えられる。売買契約をすると，売主は買主に対し代金の支払を請求することができる債権を取得し，買主の側は，物を引き渡すよう請求することができる債権（そこでは物の引渡が給付である）を有する。企業で働いている人は，雇用先に賃金の支払を請求する債権（給付は金銭の支払）を有し，反対に，雇用先は一定内容の労務の提供（作為）を請求する債権を有する，というふうに，である。さらに，夜9時以降はピアノをひかないという約束をした人は，ピアノをひかないようにすること（不作為）を給付とする債権の債務者になる。銀行を舞台にとると，銀行に普通預金の口座をもっている人は，銀行に対し残高相当額の金銭の払戻を請求することができる債権を有し，また，銀行から融資を受けた企業などに対し，銀行は，利息を付して融資の返済をするよう求める債権を有する。社説の下線部に出てくる債権は，すべて，この融資の債権である。

　この債権は，一定の時間の経過により弁済を請求する効力を主張することができないこととなることもある。そう，時効の制度である。これは，Access 6 で詳しく取り上げるから，楽しみにしよう。

Access 1　さあ，民法を学ぼう

債権の成立原因

では、この債権は、どのような原因により発生するのであろうか。いろいろあるが、いま何よりも注目して欲しいのは、契約により債権が発生する、という場面（それ以外の経過で債権が発生する諸場面は Access 14 および Access 15 において学ぶ）。銀行が、ある日に突然、ある企業に「貸した金を返せ」と迫ることは、ありえない。返済の請求は、「貸した」という前提の行為があったからこそ、なされるものである。この「貸す」ことだけでなく、「売る」「贈る」「あるサービスを提供する」、すべて契約に基づいて行われる。そして、この契約というものには、1つの重要な原則があり、それが**契約自由の原則**である。だれに売るか、いくらで売るか、といった事柄は自由に決めることができ、原則として国家の干渉を受けない。しかし例外的には、無効であるとされる契約がある。スナイパーに人殺しを委託するような契約を裁判所に持ち出しても有効なものと扱ってはもらえない、ということは常識で考えてもわかるだろう。そこで法律は、**公序良俗**に反する契約は無効である、という原理を用意する（90条）。そのほかにも、当事者が締結した契約が、さまざまの理由から、そのままの効力を認められないことはある（Access 4）。

契約が成立するプロセス

契約は、申込みと承諾の合致により成立する法律行為である。この宝石を売りたい（申込み）と誘われた人が、はい買いましょう（承諾）と言ったときに、契約は成立する。すなわち、契約は、申込みの意思表示と、承諾の意思表示の合致を要件として成立する法律行為である。ところで、このようにして成立した契約が……あっ、ところで皆さん、この「意思表示」とか「法律行為」とかいう言葉に意味があること、知ってますか。ナニゲに見過ごしてしまいそう

Access 1　さあ、民法を学ぼう

な言葉ですが，実は民法を学ぶ際のキーワードですから，次のAccess 2 を読み，しっかり意味を確認しておきましょう。

契約不履行の効果

　それで，ところで，このようにして成立した契約が，不幸にして当事者に守られなかったら，どうなるか。契約に基づいて生ずる義務を当事者が履行しなければ，相手方は，履行を法律的に強制することが可能である (Access 8)。たとえば売主が物を引き渡さない場合は，物の引渡を強制するための手続が用意される。このほかにも，やれ物に瑕があったらどうする (Access 9)，やれ物が火事で燃えてしまったらどうする (Access 10) など，いろいろなトラブルが考えられる。これらの1つ1つに民法が用意するルールを学ぶことも大切である。

損害賠償

　それからまた契約不履行の別の1つの効果として，損害賠償の請求をすることができることがある (Access 8)。損害賠償の問題については，契約などにより成立した債務の不履行に基づくもの (415条) と，故意の加害や不注意による事故などに伴って問題となるもの (709条) とがあり，それらを本格的に学んでゆくなかでは，製造物責任法のような現代的な素材も登場する (Access 15)。

クイズ 2

　八百屋さんで「グレープフルーツ」を買います。このとき，八百屋さんはグレープフルーツを「売却」することになります。客はグレープフルーツを手に取ります。では，下線部 2 に登場してくる「債権の売却」とは，何でしょうか。あなたは，「債権」を触ったことがありますか。触れることができないものを

「売却」するとは,どういうことなのでしょうか。

　「債権の売却」とは,厳密な法律概念では,債権譲渡のことをいう。債権譲渡は,債権の内容を変えることなく,これを第三者に移転する法律行為である。さて,ここで,こういう問題を考えてみよう。つまり,債権譲渡が問題となる場面においては,債権の譲渡人(いままで債権者であった人)と譲受人(これから債権者になる人)と,そして債務者の3人が登場する。いったい,この3人のうちの誰と誰とのあいだの合意があるならば,債権譲渡は,法律的に有効になされるものであるか。あるいは,3人の全員の合意が必要なのであろうか。また,こういう問題を考えてゆく先では,ある1つの債権について,別々の人に二重に譲渡がなされたような場合の法律関係の処理も問われてくる。これらの問題は,不動産の譲渡などと比較しながら Access 7 において検討される。

──クイズ3──
　下線部**3**にある「債権の中身」って何でしょうか。おそらくそれは,債権のハッピーエンドな終わり方を考えていたのでは,わかりません。債務者が破綻したときに起こるストーリーを辿ってみるならば,そのことが次第に見えてきます。

　ハッピーでない終わり方とは,つまり債務者が任意の弁済をしない場合である。弁済をしようにもその資力がないのか,あるいは弁済をしようとする意志がないのか,それは,わからない。とにかく債務者による任意の弁済がない場合に,債権者は,弁済を強制することができ,そのための強制執行の方法は,民事執行法という法律で詳細に定められている。しかし,法律的に強制執行をすることができるとしても,債権者が多数いるのに比べて債務者の財産が少な

ければ，強制執行は，実効を収めることができない。そういうときに債権の効力を実質的に強化する手段，それが，すなわち担保である。担保には，どのようなものがあるであろうか。担保は，物的担保と人的担保に大別される。

債務者に弁済の資力がない場合に，たとえばあらかじめ保証人（446条参照）であると定められていた〝人〟に対し弁済請求をすることができるようにする制度が人的担保であり，これをAccess 11において学ぶ。これに対し物的担保の代表は抵当権であり，あらかじめ定められていた不動産などの〝物〟について，その競売などで得られた金銭について債権者が優先して弁済を受けることができる（369条参照）。これは，Access 12およびAccess 13において学ぶ。

クイズ4

法律の世界に登場する「人」を考えてみましょう。皆さんの1人1人が，いうまでもなく「人」です。皆さんのなかには，女性もいるし男性もいますし，背の高い人もやせている人もいて，さまざま個性が豊かです。しかし，法律の世界で考える「人」には，このほかに，下線部4に出てくる「東京三菱銀行」のような「人」がいます。しかし，「東京三菱銀行」の身長は何センチメートルでしょうか。「東京三菱銀行」は結婚しているのでしょうか。このようなことを考えるのはナンセンスですが，にもかかわらず「東京三菱銀行」を「人」と考えることには，どのような意味があるのでしょうか。

法律上，「人」とは何か。法律学においては，人は，権利・義務の主体として捉えられる。権利や義務の主体となる資格を持つことを，権利能力がある，と言う。もっとも，ここでは，選挙で投票をする資格があるかどうかといった公法上の問題は視野の外にある。

そこで，権利能力の定義をするにあたっては，問題となる権利や義務に，"私法上の"という限定を付ける必要がある。だから，権利能力を厳密に定義すると，私法上の権利義務の主体となる能力，ということになる。

この権利能力を有するものには，どのようなものがあるか。それには，自然人と法人がある。この**法人**というものがあるところが，医学や生物学で扱う「人」と大きく異なる点にほかならない。法人をめぐる法律制度は，この本の最後の Access 20 で扱うことにしよう。

もう1つの「人」のカテゴリーが，いうまでもなく**自然人**。自然人とは，ほら，この本を読んでいる皆さん1人1人のような生命体であるところの人である。そのような人は，上記の権利能力をもつこと，すなわち，権利の主体となったり，義務の主体となったりすることができる。そうであるからこそ，銀行の預金口座の名義人になることができる。

お年玉を定期預金にする話

もっとも，口座の名義人になることができることと，その人が自身で口座を開いたり，預金の払戻の請求をしたりすることができるか，は別問題である。生まれたばかりの赤ちゃんの名義で口座を作ることを銀行は拒みはしないが，しかし，言葉を覚え始めたその子が，1人でトコトコ銀行にきて「ボク，テイキヨキンをカイヤクしたい」と言っても，それに応ずことはないであろう。法律上の行為をするのには一定の資格が要るし（Access 3），その資格がない人は，誰かが代わって法律上の行為をしてあげなければならない（Access 5）。似たことは，小さな子どもに限らず，年齢を重ねたために判断能力の減退がみられる人についても，みられるであろう（Access 3）。

自然人である人はまた，夫婦や親子の関係を基軸とする家族のな

かで生き（Access 16 および Access 17），そして，やがて人生を終えるに際し，その人の遺す財産は，それら配偶者や子らに受け継がれる（Access 19）。これらをめぐるさまざまなルールを知ることも民法の学習の重要な一部をなすものである。

Access pocket

相殺　銀行が取引先に対し 800 万円の貸付債権を有し，取引先が銀行に対し 1000 万円の債権を有する場合に，対当額（2 つの債権のうち金額の小さいほうの額）である 800 万円の限度で 2 つの債権を消滅させる（取引先が銀行に対し 200 万円の債権を有する関係が残る）のが，相殺である（「そうさい」と読みます。"あいごろし"ではありません）。民法が定める相殺は，「相手方に対する意思表示によって」（506 条 1 項）なされるものであるから，銀行と取引先のいずれも意思表示をしないでいると相殺の効果が生じない半面，相手方の承諾がなくても一方当事者の単独行為（形成権の行使）により相殺の効力が生ずる。相殺は，「二人が互いに同種の債務を負担する場合」に「対当額について……債務を」消滅させることである（505 条 1 項）。

言葉を 2 つ知っておこう。相殺の意思表示をなす者が有する債権を**自働債権**と呼び，そうでないほうの債権を**受働債権**という。銀行が相殺の意思表示をする場合には，その有する貸付債権が自働債権である。

相殺は，「双方の債務が弁済期にある」場合にのみ，許される（505 条 1 項）。両債権の弁済期が到来することにより相殺が可能となる。この要件の趣旨は，自働債権の弁済期到来前に，その弁済を実質的に強制することはできないということにある。

民法という法律のなりたち

　この本で学ぶ「民法」という法律は，5つの「編」から成り立っている。法律は，例外もあるが，普通は複数の「条」からなる。いくつかの「条」をグループにまとめ，わかりやすく体系的に示すために用いられる大きな単位としては，「章」が用いられることが多い。しかし，さらにたくさんの条を含む法律では，「章」の上の単位として，「編」が用いられる。民法もそうであり，第1編が「総則」，第2編が「物権」，第3編が「債権」，第4編が「親族」，そして第5編が「相続」となっている。第1編から第3編までは，1896年に公布され，1898年に施行されたのち，いくつかの重要な部分改正があったものの，原形を維持して今日に至っている。第4編と第5編は，1898年に公布され，前3編と同時に施行されたが，第2次世界大戦後の1947年に全面改正がなされた。

　また，民法という法律それ自体についての，こうした発展と並行して，民法と関連が深い多くの法律が制定されたり，さらに改正されたりしてもいる。本書に登場するものとしては，消費者契約法，借地借家法，不動産登記法などがある。これらの法律は，民法より規定の数は少ないが，内容のうえでは，民法とあいまって，民法が扱う素材についての重要な規律を定めている。

各編の役割

　民法の各編や上記の特別の諸法律が扱う具体の素材は，詳しくは本書の各々のAccessで学ぶし，それが民法の学習の，まさに本番である。ここでは，民法に絞り，かつ，その各編について，それが

醸し出しているところの，いわば雰囲気のみを味わっておこう。

　第1編から第3編までは，財産に関する事柄が扱われることが多い。人が生存し，また諸活動を営むためには，財貨が必要であり，その帰属と移転の規律は，民法が取り組む大きな課題の1つである。

　しかしまた，民法が主題とするものは，財産の問題に限られない。人は，その周囲の人々，たとえば親子の関係や婚姻により取り結ばれた人々との関わりのなかで生きてゆくものであり，そのようにして営まれる家族の生活関係について法的な規律を与えるものが，民法の編別のなかでは，おもに第4編である。また，ある人が死亡した場合において，その人が有していた財産の新しい帰属の在り方を扱うのが，第5編である。

氏名は単なる記号ではない

　そしてまた，さらに大切な課題として，「人」そのものの在り方を法がどのように捉えるか。この問題を忘れてはならない。人は，財産権の享有主体や家族の一員であるよりもまえに，人格を有する1人の個人である。そのことの確認から出発するならば，たとえば**氏名**は，「個人を他人から識別し特定する機能」に加え，「人が個人として尊重される基礎であり……人格権の一内容を構成するもの」である側面をもつから，「氏名を正確に呼称される利益」を侵害する他人は，状況によっては損害賠償責任（709条）を負うことがありうるとする判決（最判昭和63年2月16日民集42巻2号27頁）などは重要な意義をもっているし，人の人格の基盤をなす肉体（臓器や遺伝学的同一性を含む）の生前および死後における法律上の保護の在り方なども論議される。

　日本の民法は，この「人」の問題を必ずしも明瞭に意識させる編成にはなっていないが，そうしたなかでも，いくつかの規定，すなわち，加齢などにより判断能力の減退した人の行為能力の問題を規

律する 7 条以下，両親がいない子などに後見に任ずる者を用意しようとする 838 条 1 号・839 条・840 条，さらに名誉や上述の氏名などに関わる利益の保護に関係する 710 条のように，「人」そのものの在り方に関わる規定を拾うことはできる。

いくつかの重要な民法改正

民法は，1947 年の第 4 編・第 5 編の全面改正のあとにおいても，数次の改正が施されている。追加された規定の多いものとしては，根抵当に関する 398 条ノ 2 以下を追加した 1971 年の改正や，特別養子縁組に関する 817 条の 2 以下を追加した 1987 年の改正などがある。それらは，民法のなかの特定の場所に限局された改正であったのに対し，上述 7 条以下の行為能力の制度を抜本改編した 1999 年の改正は，広い範囲にわたり，用語法や考え方の改変を伴うものであり，そのような意味において戦後の最も重要な改正である（行為能力の問題は，Access 3 において詳しく学ぶ）。

また 2003 年には，抵当権をはじめとする担保物権や債権の履行強制の在り方に関する改正も行われており，そこで新しく登場したさまざまのルールが，銀行が抵当権を実行してする債権回収や，労働者の賃金を確保するための先取特権などとの関係で，どのように現実に機能してゆくか，注目されているところである。

そして，規模の大きな直近の改正としては，2004 年の改正を挙げなければならない。これは，まず，民法の前の 3 編の法文を一新して現代語化すると共に，後の 2 編について，見出しを添えるなどして法文を調えたことが 1 つの柱である。また，446 条以下の保証について，新しい規律が導入された。これにより，保証を要式行為とする一般的な規律（446 条 2 項・3 項）のほか，465 条の 2 以下の規定を追加して，貸金等根保証契約に関する規定が置かれた。

さあ，次の Access からが本番

　このように民法は，「財産」「家族」そして何より「人」という，いずれも大きな問題を扱っている。本書の各々の Access はすべて，これらに関わる問題の細部の学習に充てられる。細部を学ぶことは，ときに根気が要るし，メゲルこともあるかもしれない。そのときは，もう一度，人々の生き方に関わる大きな問題にチャレンジしている，ということを想い出して欲しい。これが，私たち著者の願いである。

I 契約が成り立つために

Access 2 | 法的な効果が発生する行為と発生しない行為
　　　　　　——法律行為
Access 3 | 契約当事者となるための条件
　　　　　　——権利能力・意思能力・行為能力
Access 4 | 当事者の意思に問題があって契約が有効にならないとき
　　　　　　——意思の不存在, 瑕疵ある意思表示
Access 5 | 本人の活動を拡大するための必須のシステム
　　　　　　——代理制度
Access 6 | 法律関係を時間的に調整する制度
　　　　　　——時効・除斥期間

Access 2

法的な効果が発生する行為と発生しない行為

法律行為

Access view

　マリナーズのイチロー選手が日本人初の最優秀選手賞（MVP）を獲得し，新人賞とのダブル受賞となったことを覚えているだろうか。MVP獲得によるボーナスを含めて2001年の年俸総額は10億円になったという。イチロー選手が打った1本のヒットは驚くほどの収入を生み出している。では，少年野球団の1人の少年が打ったヒットは何を生み出すだろうか。どちらのヒットも感動は生み出すだろう。ここでは，イチロー選手と少年のヒットに，法的にどのような違いがあるのかを考えてみよう。

1　感動は法の世界に属さない

好きこそものの上手なれ

　まず，少年のヒットとイチロー選手のヒットの共通点からみてみよう。少年もイチロー選手も一生懸命トレーニングや練習を重ねて試合に挑み，見事にその成果をあげた。少年の野球への熱意もイチロー選手に勝るとも劣らないだろう。いやむしろ，少年の方が野球というものへの情熱はピュアなものかもしれない。アマチュアスポーツの美学という考え方もあるだろう。このような選手の野球への

情熱や，それらがぶつかり合って生み出すドラマが，人々の感動を呼ぶ。これらは，試合観戦に出かける人にとっては，非常に重要な事情であることに疑いはない。しかし，法的にみた場合，残念ながら情熱や感動はそのまま意味を持つわけではない。

では，両者のヒットの違いは何か。とりあえず，イチロー選手の場合には高額の収入を生み出しているらしい。ここで気がつくのは，少年はアマチュア選手，イチローはプロ野球選手だということだ。どうやら法的意味合いもこの辺にありそうだ。

2 感動の商品化——ようこそ法の世界へ

イチロー選手を取り巻くビジネス

考えてみると，イチロー選手のヒットが生み出しているのは彼の収入だけではない。ヒットが生み出す感動に財産的な価値がつけられ（商品化され），さまざまなビジネスが成立しているのだ。その財産的価値は，誰が誰に対して払っているのか？ 実は，これは単純ではないことに皆さんは気がついただろうか。

まず，多くのファンが入場料を払ってでもイチローのプレーを見たいと思って球場に押しかける。テレビ局はイチローが出場する試合を中継放送するために高額の放映料を支払うだろうし，スポンサーもつくだろう。イチローグッズの売れ行きも伸びるだろう。イチロー選手の活躍の経済的波及効果はかなり大きいのだ。そして，それぞれの場面で，観戦チケット売買契約，テレビ放映権契約，スポンサー契約，イチローグッズの製造販売委託契約などなど，さまざまな人々によって，さまざまな内容の取引が，さまざまな値段をつけて行われている。もちろん，イチロー選手自身も，ビジネスを行っていることを忘れてはならない。10億円にものぼる年俸は，マ

リナーズ球団とのプロ野球選手専属契約に基づくものであることはいうまでもない。これらのビジネス＝取引こそ法の世界だ。

マーケットを支える法制度

ビジネスの成立は，すなわち，マーケットで需要と供給が一致したということだ。Access 1 を読んだ皆さんは，これを法的には「申込み」の「意思表示」と「承諾」の「意思表示」が一致して「契約」が成立したと説明することを知っている（このことは Access 3 でもう一度詳しく勉強する）。ここでは，このことの意味をもう少し考えてみよう。

イチロー選手のプレーをめぐっては，実にさまざまなビジネスが成立していると述べた。これは，ある企業がスポンサーになるかどうか，テレビ局が野球中継を放送するかどうか，マリナーズ球団は来年もイチローを必要としているかどうかといった，自分自身のニーズについて一番よく把握している当事者自らが，その自由な判断に従って，自分の要求を満たすために自らが算定した財産の価値を払うという「申込み」をし，承諾を得て契約をゲットした結果にほかならない。供給する側も，自己にとってメリットがあると考えるからこそ「承諾」をするのであるが，他方で，よりよいモノをより安く提供するべく競争に励まないと「申込み」がこなくなる。こうして，マーケット全体がより最適な方向へと改善されていくと経済学的には考えられている。

すべては「自由な意思」のために

そして法は，このような自由主義的な競争市場原理を支えている。すなわち，最適な需要が市場に出るためには，当事者が「自由な判断に基づく申込みという意思表示をできるように」しなければならず，同様に，供給も「自由な意思」に基づく承諾によって実現され

る必要がある。そして，そのような申込みと承諾が一致して「契約」が成立した以上，「契約は守られなければならない」。その契約の法的拘束力を確保するための制度を法律は準備している。つまり，法の世界のコアにあるのは「自由な意思」ということになる。

法の世界の仕組み

ところで，これまで法的意味があるとか取引などと曖昧な表現を用いてきたが，ここで整理をする必要があるだろう。

法の世界は，一定の原因があった場合に権利が発生したり，内容に変更が加えられたり，消滅したりするというルールの集合体ということができる。その原因が「法律要件」，結果が「法律効果」である。

契約が成立すれば，当事者はその契約に則って，モノやサービスの提供を受ける権利（提供する義務），その対価を受け取る権利（支払義務）を負うことになるのであるから，契約が「法律要件」，権利義務の発生が「法律効果」だということになる。そして，「法律要件」である契約を成立させる申込みと承諾の意思表示は「法律事実」と呼ばれている。見方を変えれば，「法律要件」というのは法律的に処理される社会的関係，その構成要素が「法律事実」ということになるだろう。法律の勉強をしていく皆さんとしては，これらの概念を使って，法律効果と直接結びつく事象なのかどうかを切り分けていく眼を養っていかなければならないということだ。これは大変なことと思うかもしれないが，ヒントはある。それが法律の条文だ。条文は，基本的にこの「法律要件」と「法律効果」，そして要件となるべき「法律事実」が書かれているものなのだ。

2　感動の商品化──ようこそ法の世界へ

3 法が支えるビジネス・エシックス

取引はないけれど

しかし,法の世界は取引に限られない。たとえば,①イチロー選手のファンがイチロー選手のユニホームを盗んでしまった,②ある会社がイチロー選手に黙って,勝手にイチロー選手の写真をプリントしたTシャツを売ったり,③イチロー選手のプライベートなシーンを隠し撮りして週刊誌に掲載したらどうなるだろうか。イチロー選手は,①の場合には「返せ!」というし,損害賠償も請求するだろう。**所有権**に基づく返還請求権と,自分の物が盗まれたので所有権を侵害する**不法行為**に基づく損害賠償だ(709条)。

②③の場合,勝手に自分の写真を使ったのは肖像権侵害だと主張して,損害賠償を請求するだろう。これは,イチロー選手には,自分の肖像をみだりに他人からとられたり使用されたりすることから守られる権利(**肖像権**)があり,②の会社や③の出版社はこの権利を故意または過失により侵害したので,損害賠償をすべきであるというものだ。これは不法行為である(709条)。

ここには取引はないけれども,まさに法の世界そのものだ。民法は,このような場面を,取引(契約)がないにもかかわらず法的関係が成立する点に着目して,契約外の債権債務関係とか**法定債権債務関係**(法が定めたために成立する債務関係)として規定している。本書ではⅢ部で「契約だけで解決できない問題」として扱われる(不法行為については Access 15 を参照)。いや待て,①②はイチロー選手のプレーをめぐってさまざまなビジネスが成立しており,イチロー選手のユニホームや肖像自体に財産的価値がつくからこそ行われたのだし,③も有名人イチロー選手故にプライベートにも皆の関

20　　Access 2　法的な効果が発生する行為と発生しない行為

心が向かうことを利用してなされたものではないか、と思うかもしれない。たしかに、不法行為の世界がマーケットと無関係に存在している訳ではないだろう。しかし、それは法律要件のレベルでは重要な意味を持っているわけではない。

次にこのような法的ルールの存在意義について、もう少し考えてみよう。

秩序ある自由

先に、法の世界のコアにあるのは「自由な意思」だと述べた。しかし、先の①から③の例で「自由」といっても「わがまま」「すき勝手」が許されている訳ではないことがわかるだろう。①イチロー選手のファンにはユニホームを盗む自由はないし、②の会社や③の出版社にも、イチロー選手の写真を無断で利用してひと儲けする自由もない。このような、むき出しの自由は、かえって市場を無秩序なものとしてしまうであろう。ここに、法制度は、無節操な行為については、他人の権利を侵害するものとしてサンクションを課すこととし、**市場の秩序**を維持するという役割をも担っていることが明らかになる。

つまり、マーケットを支える法制度は、自由意思に基づくビジネスに法的効果を認め、当事者に権利と義務を与えているだけではなく、「自由」を秩序のなかで行使することをも要求しているのだ。だが、考えてみれば、他人の財貨を盗むようなマーケットを介さない行為で自己の需要を充足することなかれ、他人の権利を侵害するような方法でビジネスをすることなかれといった命題は、市場メカニズムが機能するための基本条件そのものであるともいえる。そして実は、市場メカニズムが機能して最適な資源配分が達成されるためには、マーケットに参加した者の各々が、品質と価格を競うフェアーな競争を繰り広げていることが当然の前提とされている。しか

し，他方で，市場はダイナミックなものであるから，個々のマーケット参加者は具体的に何をすべきか，誰も予想も命令できる訳もない。したがってこのレベルでは，基本的には，個々のマーケット参加者が，自らが秩序と考える枠のなかで，自ら価値を見いだすものを最大化させようと「自由」に決断して競争に挑む以外にない。その「自由」な決断を方向付けるのは，法の命題ではなく，より高次の，ビジネス・エシックス（Business Ethics）ともいえるものだ。この意味で，法の命題は，競争ルールの枠づけであり，ビジネスのルールのミニマム・スタンダードを体現しているのである。

民法を組み立てている基本的道具立て

さあ，ここまで読んできてくれた皆さんは，もう民法を組み立てている基本的道具立てについて大まかなイメージができてきたはずだ。民法の世界は，基本的にはビジネスであって，「ある人が何かをやりとりしている」ということのようだ。①「ある人」というは「権利の主体」でこれは Access 3 で勉強する。②では「何か」はどうか。これは，「権利の客体」と言い換えることができるが，単なる感動ではだめで，財産的価値を持った場合にはじめて「やりとり」が行われて，法の世界に入ってきていた。つまり，財産的価値を持つもの，財貨ということだ。財貨は，商品化によりいわば作り出される場合もあれば，イチロー選手のユニホームのように「物」である場合もある。後者はイチロー選手の「所有権」であり，絶対的権利として認められた「財産権」だ。この財産権は，民法上はもちろん（206条），憲法上も保障されている（憲29条）。

次に③「やりとり」というのは，「行為」と言い換えることができる。行為の大部を占めるのは「取引」であり，それはマーケットでの需要と供給の出会い，法的にみれば，申込みと承諾によって「契約」が成立して，権利の移転や創設といった権利関係の変動が

なされることになっていた。しかし,「行為」は取引に限られず,不法行為によっても,不法行為者は損害賠償責任を負うべしという法律効果は生じた。次には,この「行為」についてもう少し詳しくみてみることにしよう。

4 改めて……「法律行為」って何？

「行為」について勉強しはじめると「法律行為」ということばに出くわす。では次に,「法律行為」ということばは何か？ 実は,これは,非常に抽象的で分かりにくい。定義からいえば「意思表示を基本的な構成要素とする法律要件」である。あるいは,こういわれることもある。「意思表示を不可欠の構成要素とし,原則としてその内容どおりの効果が認められる行為」。では,「法律行為」と「契約」はどのような関係に立つのか？ この問いには,明確な回答がある。「契約」は「法律行為」のなかの1つの類型で,他にも「単独行為」と「合同行為」というものがある。

まずは「契約」

なるほど,「契約」は申込みという意思表示と承諾という意思表示が合致して成立するのであるから,「基本的要素」「不可欠の要素」の条件はクリアーされている。契約が成立すれば,法律効果が発生するから前者の定義はよいとして,後者の「原則としてその内容どおりの効果が認められる行為」はどうか。これは,当事者の「自由な意思」の内容が原則としてそのまま契約内容として尊重されることを意味する。これは考えてみれば,契約自由の原則（近代市民法三大原則のうちの1つだった。Access I 参照）の言い替えにすぎないことに気がつく。

法律行為自由の原則の制約

しかし，この自由にも限界がある。麻薬の密輸取引やスナイパーとの殺人契約，あるいは不倫関係を継続させる契約がなされたとしよう。相手方が契約を守ってくれなかったとして，裁判で契約を守れと訴えることができてよいだろうか。裁判所は契約に基づく債務の履行を命じてよいだろうか。これはおかしなことになってしまう。そんな契約は「公の秩序又は善良の風俗に反する事項を目的とする法律行為」として「**無効**」になるのだ（90条）。この「**無効**」というのは，簡単にいってしまえば法的にみれば存在価値がゼロ，「効果が無い」といった意味だが，放っておけば裁判で裁判官が効果のないものとして扱ってくれる訳ではなく，当事者が主張しなければならない。麻薬の代金が未払いであれば，**公序良俗違反**による契約の無効を主張し，これが認められると麻薬の引渡を受ける権利を失う代わりに代金の支払義務からも解放される。この無効を誰がいつまでに主張しなければならないかといえば，原則として制限はない（**絶対的無効**）。しかし，Access 4 で勉強する錯誤に基づく無効や，悪徳業者が暴利をむさぼるような反社会的な公序良俗違反の取引をしたような場合，保護されるべき人以外にまで無効主張を認める必要はないだろう（**相対的無効**といわれる）。それから，存在価値ゼロの無効の行為を後から「追認」したところで有効な法律行為にはならず，無効と知りながら追認をした場合は新たな行為をしたものとして扱われる（119条）。

では，麻薬取引は「無効」，つまり取引はなかったことになるのだから，ブローカーが前払いしていた代金の返還請求はできるのか？　これも民法は許さない。「不法な原因のために給付をした者は，その給付したものの返還を請求することはできない」とし，法は悪には助力しないこととしている（**不法原因給付**：708条）。

単独行為,合同行為

次に「単独行為」,「合同行為」とは何か? これは,当事者の「自由な意思」に基づく意思表示の矢印の「向き」と「本数」による分類だ。「**単独行為**」は,遺言のように,1人の当事者が単独でなす意思表示だけで成立する法律行為,「**合同行為**」は,仲間で団体を設立するなど(もちろん単なるサークル結成ではなく,法律効果を伴う団体,たとえば組合や株式会社を設立しようという意思表示),複数の当事者が,内容と「向き」を同じくする「複数」の意思表示が合致することで成立する法律行為をいう。

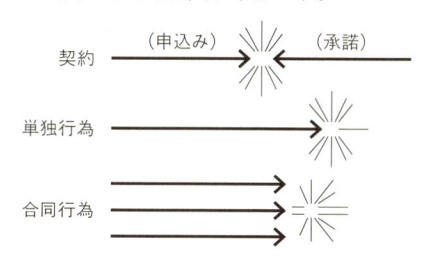

```
契約       (申込み) →※← (承諾)

単独行為           →※

合同行為    →
           →
           →※
```

法律行為の理屈

どうやらあまり「法律行為」といってもあまり難しくないようだ,などとあなどってはいけない。たとえば,「オークション会場にいたとき,たまたま知人が通りかかり,挨拶をしようと手を振ったところ,ちょうどタイミングがよく落札することになってしまった」。本当にこの売買契約は成立するのだろうか。ここに「自由な意思」なんてないのであるから売買契約は……その次が問題だ。「不成立」なのか,「無効」なのか。

正解は,「二通りの説明の仕方がある」。たしかに,オークションの主催者の目から見れば,手を挙げた君の行為(これを「**表示行為**」という)は,まったく落札そのものである。しかし,君の胸に手を当てて考えてみて欲しい。手を振ったのは,挨拶をするためであっ

て，競り落とすためではない，つまり，表示行為に対応する意思はなかったのだから，そもそも意思表示がなされたとはいえないのだという考え方が1つ。意思表示には，表示行為に対応する意思（表示意思）が必要だという考えだ。これに対して，たしかに意思表示はなされたけれども，そんなつもりはなかった，これは勘違いで，競り落とすという「真意」あるいは「効果意思」がなかった。つまり，表示と真意にズレがある「錯誤」であったという考え方である（錯誤については，Access 4 で詳しく取り上げるのでそちらを参照して欲しい）。どちらの考え方をとっても売買契約は有効に成立してしまうようなことにはならなさそうだが，意思表示をどう捉えるかによって説明の仕方が変わってくることがおわかりいただけただろうか。

Access pocket

法律要件と法律効果　法律要件というのは，法律上の効果を発生させる社会関係のことだ。たとえば，「これを買いたい」という申込みに対して「売りましょう」という承諾があれば，売買契約が成立し，商品の引渡と代金の支払という法律的な権利義務関係（これが「法律効果」）を発生させることになる。しかし，宗教上の戒律を守らなかった，あるいはデートの約束を破ったことを理由に，裁判に訴えても，裁判所はこれをとりあげることはしないだろう。ここには，法律効果を発生させる法律要件がないのだ（宗教心やモラルに委ねられた社会関係）。

法律事実を詳しくみてみると，人の精神作用に基づくものと，そうでないものとがある。後者は，「事件」とも呼ばれるもので，期間や時効についての「時の経過」がそうだ（→この問題は，Access 6 で扱われる）。

前者には，「意識」や意思表示や通知などの「行為」，そして，意識の有無や意思内容とは無関係になされた「行為」でありながら「法律要件」となる「事実行為」がある。「事実行為」の例としては，

住所の設定や埋蔵物の発見・加工，事務管理や夫婦の同居がある。不法行為も事実行為の1つだ。

準法律行為　人の精神作用に基づく行為ではあるものの，法律効果については法律が規定しているものを準法律行為という。たとえば，民法19条をみてほしい。次のAccess3で学ぶとおり，未成年者などの制限能力者が無断で行った法律行為は取り消される可能性がある。しかし，それでは取引の相手方は，取引が追認されて有効になるのか，取り消されて無効になるのか分からずに，宙ぶらりんの状態に置かれてしまうことになる。そこで相手方に認められているのが，どちらにするのかはっきりしてくれと迫る，催告権である。ところがこの催告，たとえば未成年者との取引の相手方が，未成年者が成年になって1ヵ月以上経ってから，たとえ「取引はもう取り消せません」との書面を送ってきたとしても，それには「取引を取り消すのか追認するのか確答するよう催告した」効果しか認められず，取消は依然として可能である。それは，民法19条がそのように規定しているからであり，相手方の書面送付は，法律行為ではなく，「意思の通知」という準法律行為だからである。541条の履行遅滞の場合になす相当な期間を定めてなす催告も同様，契約の解除しかできない。弁済受領の拒絶（493条・494条）も同じく準法律行為で，これは「意思の通知」とされる。その他，債権譲渡の通知（467条）のような「観念の通知」も準法律行為の1つとされる。

Access 3

契約当事者となるための条件

権利能力・意思能力・行為能力

Access view

　IT化が進み，学生が日常的にインターネットを利用する時代となった。インターネットで買物をすることも増えてきているが，その裏には，18歳の未成年者である学生が簡単に膨大な買物をしてしまう危険性も潜んでいる。

　民法では，未成年者が膨大な買物をした場合に，その契約を親が取り消すことができることになっている。未成年者に単独では取引をさせないこととして，親に同意権や取消権，あるいは子の取引を代わりに行う権利（代理権）を認めることで未成年者をサポートしているのだ。なぜ，民法では未成年者の権利を制限する制度をとっているのだろうか。

1　インターネット・ショッピング事始め──何が必要か？

インターネット・ショッピングとはいえ，実は純然たる「契約」そのもの

　パソコンを買ってきて，インターネット接続機器を設定し，プロバイダーと契約して……。たしかに，初心者にとってインターネットを使いこなすのは難しい。しかし，「民法」という視点からみた

とき，インターネットを用いているかどうかは特別な意味をもっている訳ではない。もちろん，後で述べるように，インターネット・ショッピングには法的にもさまざまな難問が潜んでいる。しかしまずは手始めに，インターネットも1つのコミュニケーション・ツール，法律学的にいえば，意思表示の一伝達手段ととらえたうえで，インターネット・ショッピングの法律問題を紐解いていくこととしよう。

「契約」とは？

　まず，インターネット・ショッピングを法的に説明してみよう。インターネット・ショッピングも「売買」という，1つの「契約」である。では，「契約」とは何か？　ここではとりあえず，「申込み」という「意思表示」と，それを「承諾」する「意思表示」が合致することで法的な効果を発生させる「法律行為」という，テクニカルな定義を挙げておくこととしよう。売買では「これを買いたい」との「申込み」がなされ，「では，これをあなたに売りましょう」と「承諾」がなされればよい。民法は「売買」たるためには「当事者の一方がある財産権を相手方に移転することを」約束し，「相手方がこれにその代金を払うことを」約束することによってはじめて法的な効果が発生すると規定しているが（555条），「買いたい」「売りましょう」といえば，そのような約束が含まれているとみてよいだろう。

　インターネット・オークションで超レア物が出品されて申込みが殺到した場合，「承諾」は競り落とした者1名に対してしかなされないので，1件の売買しか行われない（インターネット・オークションについては Access 7 でさらに踏み込んで検討することになっている）。

　すでにお気づきだろう。民法では現実が捨象され，きわめて抽象化された概念を使って説明が行われることになるのだ。インターネ

ット・ショッピングも，お魚屋さんで旬の秋刀魚を勧められて3匹買って帰るのも，駅の自動券売機で切符を買うのも，カタログをみて通信販売で健康器具を買うのも，突然自宅を訪問したセールスマンから羽根布団を買うのもすべて，「売買」契約であることに変わりはない。ただ，買い手の購入の意思が口頭で伝達されるのか，機械のボタンを押すことによって行われるのか，郵便によるのか，インターネットを利用するのかの差があるにすぎない。

インターネット・ショッピングに潜む問題いろいろ

意思の伝達手段が法的に意味をもってくるのは，コミュニケーションがリモートな場合だ。その意思表示の効果が発生するのは「発信」時か「到達」時かという問題だ（97条1項と526条1項をみてほしい）。実はこの問題はややこしいので結論だけ。電子メールを使っている人ならば，文字化けしたメールを受け取ったり，送ったはずのメールが届いていなかったりしたことがあるだろう。このようなリスクを考えて，インターネット取引などの電子的取引では「到達」時とする特別法ができている（→電子消費者契約および電子承諾通知に関する民法の特例に関する法律4条）。

以上がインターネット・ショッピングの大まかな法的枠組みだ。では，申込みが承諾され，その通知が到達すれば，法的に有効なインターネット・ショッピングが行われたといえるのか。いやいや，まだまだ問題はある。なかでもこのAccessの課題である「相手方は契約当事者となるための条件を備えているのか」という問題は，最も基本的な問題だ。その他にも，後で勉強する，買った商品が送られてきたら偽物だった，こんなもの本当は欲しくなかったという問題（→Access 4），知らない間に他人が勝手に自分になりすましてショッピングをしてしまい，後から請求書がきたという問題（→無権代理，表見代理の問題，Access 5）など，いろいろと面倒な問題も

ある。インターネットでは，コミュニケーションがリモートで，匿名性があるために，いちいちチェックするのが難しかったり，予防が困難だったりする。これらは勉強が進んでから，是非，もう一度考えてもらいたい。

2 結局のところ，「有効な契約である」ために何が必要？

　突然いろいろな問題がでてきて混乱してしまうかもしれないので，ここで予習を兼ねて問題点を整理しておこう。
　「君がインターネットでCDを買った」としよう。君はCDについて売買契約を行ったことになるが，契約成立の裏にはいったいどれだけの問題が潜んでいるだろうか？　大きく分けて，(1)「君」にはCDを買えるのか？　という権利主体（資格）の問題と，(2)本当に君はCDを「買った」ことになるのかという法律行為の有効性の問題，そして(3)パソコンをもっていない君がインターネット通販の割引特典を受けたいために友人に注文を頼んだ場合，本当に「君」がインターネットでCDを買ったことになるのかという効果帰属の問題に分けられる。

(1)　権利主体の問題	(2)　法律行為の有効性	(3)　他人の行為の効果帰属
①　権利能力 ②　意思能力 ③　行為能力	①　意思表示の有効性 　(ア)　意思表示の有効要件 　(イ)　意思表示の効力発生要件 ②　法律行為自体の有効性 　(ア)　内容の確定性 　(イ)　内容の実現可能性 　(ウ)　内容の適法性 　(エ)　社会的妥当性	・有権代理か無権代理か ・表見代理

(1)の権利主体の問題は,「君」は法律上, まっとうな権利主体なのであろうか, という権利主体たり得る資格を問うものだ。資格には3段階ある。

①そもそも権利主体たり得るのか？→権利能力, ②意思表示できるのか？→意思能力, ③1人でできるのか？→行為能力だ。

(2)の法律行為のなかでも, ①意思表示――申込みと承諾という意思表示が合致して「契約」という「法律行為」になるので, 法律行為の構成要素である「意思表示」が有効かどうかという問題と, ②法律行為自体について, これが有効かどうかの問題とがある。

もう少し細かくみると, (2)①意思表示のなかで, (ア)ちゃんと成立したのか？→意思表示の有効要件, (イ)注文メールはちゃんと到達して効力は発生しているか？→意思表示の効力発生要件の問題に分けることができる。

②法律行為が有効かも問題になる。(ア)内容の確定性, (イ)内容の実現可能性, (ウ)内容の適法性, それから(エ)社会的妥当性がないと法律行為は有効にはならないからだ。

(3)は代理の問題だ。上の例のように頼んだ場合に「君」に効果が帰属することには異論はないだろうが, ハッカーが君になりすまして売買を行い, CDはハッカーの元に「プレゼント」として送られ, 君には代金の請求書だけがきてしまったら, どうだろう。君はきっと自分に効果は帰属しないと主張するだろう（無権代理については Access 5 で学ぶ）。

3　マーケットへの入場制限（その1）――未成年者保護制度

「自分のした契約の相手方は契約当事者となるための条件を備えているのか」という問いは, 取引が行われるマーケットに参加する

資格，入場資格の問題と言い換えることができる。この入場資格が問題となるのはどのような場面だろうか。とりあえず，皆さんが売主になったつもりで心配してみてほしい。子どもが1人でお店にきて①ポケモン・カード，②パソコン，③お酒を買っていった場合を考えてみよう。インターネット・ショッピングなら，次のような事態も考えられる。たとえば，④登録会員の2歳の息子が，親が目を離した隙にパソコンに触ってクリックして百科辞典全集の購入の申込みをしてしまった，⑤中学生がこっそり有料ポルノサイトを閲覧していた場合などなど。

これらの場合でも代金が未払いであれば，子の親に代金を請求すればよいと思うかもしれない。しかし，代金の支払が済んでいたとしても売主は安心できない。冒頭で述べたように，後からでも，親は契約を取り消し，契約をなかったことにすることができる（取消は契約をした子自身もできる。取消権者は120条で規定されている）。これでは子ども相手の商売なんてやっていられないと思うかもしれないが，「未成年者」は法律上，単独で取引を行う資格がないとされているので，売主はそれを前提に有資格者であるか否かをチェックしなければならないのだ。この「単独で取引を行うことができる資格」を**「行為能力」**といい，未成年者はこれが制限された者ということになる。つまり，満20年に達しない者は「未成年者」とされ（4条），「法律行為をするには，その法定代理人の同意を得なければならない」し，これに「反する行為は，取り消すことができる」とされている（5条）。**法定代理人**とは「親」，法律的にいえば「親権者」すなわち父母または養親であり（818条），親権者がいない場合には「未成年後見人」（838条1号）が選任される。結論として未成年者は，マーケットに参加して契約を結ぶには，親の同意を得たうえで行うか，親に代わりにやってもらうかしなければならず，単独で行った行為は後から取り消される可能性があることになる。

未成年者は放っておけない

　どうして，未成年者は勝手に契約することはできないのか。それは，未成年者は社会経験を十分に積んでいないため，契約の意味，とりわけ，代金支払債務を負うことの意味を十分に理解しないままに膨大な買物をして多額の債務を負担してしまったり，だまされて無価値の物を高額で買わされてしまったり，高額の物をただ同然で売り渡してしまったりする危険性があるため，保護するべき必要性があるからである。この限りで，契約の有効性が否定されるリスクは売主が負担している。

過ぎたるは及ばざるが如し——未成年者だって自由は欲しい

　ここで，ちょっと待って，と思うかもしれない。例④の2歳児のようにまだ「あれが欲しい」と明確な意識も持てない，契約の意味も理解できない未成年者の保護の必要性は理解できる。例③のように子どもがお酒を買っていく場合も親の使いではないのか等，チェックが必要なことも理解できる。しかし，例①や②については子ども自身が商品を手に入れたいと思って契約をしたのではないのか。

　まず例①については，先にみた未成年者保護の枠組みの例外に該当することを指摘しなければならない。「法定代理人が目的を定めて処分を許した財産は，その目的の範囲内において，未成年者が自由に処分することができる。目的を定めないで処分を許した財産を処分するときも，同様とする」（5条3項）とされているので，お小遣いでポケモン・カードを買うことは可能なのだ。例②のパソコンもパソコン代として親からお金をもらっていた場合は別だが，未成年者が勝手に買うのは難しいだろう。個々人の社会経験や知的レベルに着目するのではなく，満20歳未満の者を一律に保護することとしているのは，年齢という明確な基準を設けることで取引のリスクを軽減する役割をも果たしている。

Access 3　契約当事者となるための条件

未成年者はいつも素直か？

　しかし，未成年者が年齢を詐称したり，法定代理人の同意があると誤信させるために詐術を用いた場合，もはや，そのような未成年者までは保護に値しないのであるから，その行為の取消はできないとされている（21条）。ここにいう「詐術」とは，相手方に能力者であると誤信させるための積極的手段を用いた場合だけでなく，自分の能力が制限されていることを黙秘していた場合であっても，他の言動とあいまって相手方を誤信させたり，誤信を強めたりすればこれに該当するとされている。

　ここで，インターネット・ショッピング特有のリスクがあることにお気づきだろうか。先に挙げた例の⑤と③を比べてみて欲しい。③のような対面販売であれば，相手の容貌から未成年者である可能性があると判断すれば，身分証明書を提示させる等の手段によって確認をすることが可能だ。しかし，⑤のようなインターネット取引ではそれが容易ではないし，また，だからこそ，未成年者が対面販売では入手できないような商品やサービスを購入してしまう可能性も高まるということもできる。そこで，広く行われているのが，購入プロセスのなかに画面上で年齢を確認する措置である。ここで未成年者が虚偽の年齢を申告し，売主が成年者と誤信すれば，未成年者は取消権を失うという効果を狙っての措置である。しかし，取消権を失わせるに足りる，言い換えれば，未成年者の保護を奪うという効果に見合った年齢確認措置がとられている必要があることも指摘されている。単に「成年ですか」との問いに「はい」のボタンをクリックさせるだけでは足りず，「未成年者の場合は親権者の同意が必要である」旨警告した上で，年齢確認措置をとっていることが必要だろう（経済産業省が2003年6月に公表した「電子商取引準則」参照）。

取引安全と未成年者の自律

　その他にも，未成年者保護の若干の例外がある。たとえば，電車やバスに乗る契約，自動販売機で物を買う契約について，親の同意がないとの理由で取り消されたらどうなるだろうか？　取引の安全が害されること甚だしいだろう（所持品の危険物チェックとは訳が違う）。このような取引類型については，契約の拘束を受けることが社会的慣行として確立しており，取消は認めらないと考えられている。

　女性なら16歳，男性なら18歳の誕生日を特別の思いで迎えたのではないだろうか。これで法律上，**婚姻可能な年齢**になったからである（731条。もちろん，未成年である間は父母の同意は必要。737条）。そのほか，それより前の15歳になれば「遺言」をする資格，「**遺言能力**」が法律上認められているし（961条），未成年者が子を生んだ場合に父子関係を認める「**認知**」も，法定代理人の同意なくして単独でなし得る（780条）。このような身分行為については，本人の意思が尊重されるべきで，行為の性格上，明確な意思形成が可能と判断して特別に規定されているのである。

4　マーケットへの入場制限（その2）——成年後見制度

　これまで未成年者のマーケットへの入場制限について詳しくみてきたが，同様の制限は成年にもある。次には，こちらに目をむけてみることとしよう。

　さて，先に「契約当事者になれる条件」「マーケットへの参加資格」などと簡単にいったが，実は，その条件は多層的である。（未成年者保護制度を理解する限りではあまり気にする必要はなかったのであるが）この点から確認していくこととしよう。資格は三層構造で，

ピラミッドのように，下にある条件（より基本的な）が欠ければ資格を失う関係にある。

資格の三層構造（その1）——権利能力

まず一層目はマーケットの入場券，すなわち，マーケットにおいて権利を取得し，義務を負う主体となり得る資格であり，これを「**権利能力**」という。民法3条1項は「私権の享有は，出生に始まる」と規定し，すべて人間は生まれながらにして当然に権利能力を取得することを明らかにしている。**外国人**であっても「法令又は条約の規定により禁止される場合を除き，私権を享有する」（同条2項）。しかし，生まれていない人間すなわち**胎児**であっても，損害賠償請求と相続に関しては，例外的に，「既に生まれたものとみなす」とされ，私権を享有する主体として扱われる（721条・886条1項，Access 18参照）。人間でない生命体は，イルカのように知能はあっても，アマミノクロウサギのように貴重な種であっても権利能力はない（動物は物と扱われるのだ）。

また民法には，「出生」した人間（「**自然人**」という）ではないが，一定の目的のもとに結集した人の集まりや財産にも，権利義務を帰属させる法技術が認められている。それが「**法人**」である。したがって，民法で「人」といった場合，出生によって権利能力を取得した「自然人」と，成立した「法人」の両者が含まれるので，注意が必要だ。「人とは，権利義務の主体である」と抽象的な説明がなされるのはこのためだ。なお，法人については，Access 20でクイズを交えながら詳しく勉強する予定なので，とりあえずは自然人を念頭に置きながら本書を読み進めばいいだろう。

資格の三層構造（その2）——意思能力

第二層目は，マーケットで取引をする能力である。契約自由の原

則により，マーケットの参加者は，自由に，誰と，何を，どのような条件で契約をしてもよいことになっているが，いったん，契約を締結したら，それに拘束される。契約の拘束力を説明するのは実は簡単なことではないが，とりあえずここでは，自分の自由な意思によって法律関係を形成し，契約違反に対して裁判所が強制力を発動するという形で実現可能性が担保された「契約」という制度に参加したからだ，ということにしておこう。ところで，この命題が妥当するためにはある前提条件が必要なことに気がついただろうか。たとえば，高度の認知症患者Aに親切を装って接近し，まったく無価値の壺を1000万円で買う契約書にサインさせたり，すべての財産を自分の所属する団体に寄付する旨を記載した書類にサインさせた場合，これらの契約はAの自由な意思によってなされたのだから有効になり，Aは契約に拘束されるのだろうか。このような場合，Aはマーケットの入場券はあったが，取引をする能力はなかったというべきであろう。このような，「自己の行為の法的な結果を認識し，判断することができるだけの能力」が「意思能力」と呼ばれる第2の資格である。

　ところで，そのような能力とは具体的にはどれくらいの知的判断レベルだろうか。取引の複雑さや規模によっても異なるが，おおよそ7歳から10歳くらいの子どもの判断能力と考えられている。そして，この「意思能力」がなかった場合の契約の効果は，法的拘束力の前提である自由な意思形成自体ができない以上，「無効」である。民法は規定を置いていないが，判例でも認められている（大判明治38年5月11日民録11輯706頁）。

資格の三層構造（その3）——行為能力

　しかし，意思能力制度があれば，事が足りるわけではない。まず，意思能力を欠く者（意思無能力者）が，自分の行った取引の効力を

否定しようとする場合,「その当時」,自分には「その取引」をするか否か判断できるだけの能力がなかったことを裁判で立証しなければならない。しかし,これには大きな困難が伴うことは想像に難くない。また,意思能力の有無は未成年者の年齢確認などのように比較的容易に確認することができないからこそ,後で取引の効力が否定され,取引の相手方に損害を与える可能性がある。こういった事情から,意思無能力者を定型化し,類型化して,それらの者については一律に,未成年者と同様,単独では取引を行えないこととする,「行為能力」を制限する制度が構想されている。これが,成年後見制度である。

成年後見制度

　成年後見制度は高齢者や知的判断力を欠く障害者の自立を支援する制度ということができ,後で Access 18 において詳しく検討されるので,そちらを参照して欲しい。ここでは取引を行う（法律行為を行う）場面に絞って,概観するにとどめる。では,どのような制限行為能力者類型が準備されているのだろうか。認知症等の進行度合に合わせて,3つのタイプが用意されている。

　①最も重症なのが「成年被後見人」で,「精神上の障害により事理を弁識する能力を欠く常況にある者については,家庭裁判所は,本人,配偶者,四親等内の親族,…（略）…又は検察官の請求により,後見開始の審判を為すことができる」（7条）。後見開始の審判がなされたら,未成年者の法定代理人に相当する者として「成年後見人」が付され（8条）,以降,被後見人の財産は後見人が管理し,被後見人を代表して行為を行うことになると同時に（859条）,成年被後見人の法律行為は取り消すことができるようになる（9条）。

　②中程度に重症,すなわち「精神上の障害により事理を弁識する能力が著しく不十分である」者については「被保佐人」という類型

が準備されている（11条）。補佐開始の審判を受けた者には「**保佐人**」が付されるが（12条），被保佐人は被後見人よりは判断能力があるので，借財または保証をなすこと，不動産その他重要な財産に関する権利の得喪を目的とする行為をすること，訴訟行為をすることなど一定の行為に限って**保佐人の同意**を得なければならないこととし，これに違反すれば当該行為を取り消すことができるとされている（13条）。また，保佐人には，本人や配偶者，保佐人や親族等が家庭裁判所に請求すれば，審判によって特定の法律行為について代理権限が付与されることもある（**代理権付与の審判**：876条の4）。

③最後に，軽度の認知症等，「精神上の障害により事理を弁識する能力が不十分である」者については「**補助**」制度がある。補助開始の審判を請求するには，**本人の同意**が必要である。「**被補助人**」の行為能力は，被保佐人が保佐人の同意を要するとされる13条所定の行為のうち，特定のものについて，本人，配偶者，親族等の他，補助人の請求があり，**補助人の同意**を要する旨の審判がなされた場合には，補助人の同意が必要になり，それに違反して行われた行為は取消ができることになる。このような審判を本人以外が請求するには，本人の同意が必要とされている（15条2項）。また，**補助人**についても保佐人と同様の代理権付与の審判が用意されている（17条，876条の9）。

これら①被成年後見人，②被保佐人，③被補助人，それから，先にみた未成年者とは，いずれも行為能力を制限されている点で共通しており，合わせて「**制限能力者**」という（20条1項・21条。さらに120条・449条も参照）。

Access pocket

人について　「人」ということばは，民法典第1編第2章の題名であるが，本文で述べたとおり，この題名の「人」は厳密には

「自然人」を意味している。これは，第3章の「法人」との対概念として用いられている。しかし，一般的に「人」といった場合には，「法人」も含んだ，権利義務の帰属主体という意味で用いられる。代理でいわれている「本人」(99条) や不当利得により不利益を被っている「他人」(703条) などは後者の意味で理解しなければならない。

　自然人の世界，家族法では，権利義務の主体として「男」「女」と規定されていることもある（731条・733条・773条など）。

　能力いろいろ　　民法上，おおまかにいって権利能力，意思能力，行為能力，そしてあとで不法行為ででてくる責任能力（→Access 15）と4種類の「能力」があるわけだが，意思能力だけは条文に出てこない。実は，以前はいずれも条文にはなく，単に「能力」と書かれていたのを，2004年改正による現代語化で明確に規定されたのだ。それぞれどこに出てくるか探して確認しておこう。

　もっとも残された「宿題」もある。43条の条見出しは法人の「能力」だ。これはナニ能力なのかをめぐっては学説で争われているためだ。勉強が進んでから考えてみてほしい。

4　マーケットへの入場制限（その2）——成年後見制度　　41

Access 4

当事者の意思に問題があって契約が有効にならないとき

意思の不存在，瑕疵ある意思表示

Access view

　2003年2月8日，洋画家・中川一政氏のコレクションが銀座のギャラリーでオークションにかけられ，その中の油彩画「農婦」が当初は「作者不明」で予想落札価格1万円であったのが，直前に調査の結果ゴッホの真作（ホンモノ）と判明，最終的に6600万円で落札された。このニュースは，ゴッホの絵に1万円の値段をつけていたこと，美術品の値段とは何か，日本人のゴッホ好きなど，さまざまな話題を呼んだ。この場合，当初は1万円でも売れればいいと思ってオークションに出品したら6600万円で落札されたのであるから，出品者もオークション主催者も思わぬ大金を手にすることになるし，落札者もゴッホの作品を手にして喜んで大金を払うので，皆が満足した状態であるから，トラブルになることはないだろう。しかし逆に，真作と思って買ったら贋作（ニセモノ）だったらどうだろう。大金を投じて買った人は「贋作を買った覚えなどない」「代金を返せ」と主張してきて，裁判になりそうだ。

1　モノの価値の見極めは難しい

自由はあっても情報は足りない

絵画など買ったことはない，と思うかもしれないが，幼少時代に好きで集めていたおもちゃやおまけ，あるいは亡くなった祖父のコレクションを鑑定してもらったら思いがけない高額の鑑定価格が付くというテレビ番組をみたことはあるのではないだろうか。

　価格は，原則として需要と供給で決まり，それが最適な資源分配を実現するというのがマーケット・メカニズムであるが，法律制度は，需要も供給も当事者の自由に委ね，一度，契約を締結した以上は，契約の遵守を義務付けることによって，そのマーケット・メカニズムが機能する環境を確保している（これは Access 2 でみたとおり）。社会的にはそれで完結している。しかし，個人レベルでみた場合，抽象的に自由に委ねられているといっても，実際には需要サイドの情報を完全に把握できているわけではない。浮世絵などがいい例だ。欧米で高い評価を得た後，日本でもその価値が見直された。テレビ番組の人気の秘密も「うちにもお宝が眠っているのではないか」「ガラクタと思っているものが実はお宝なのではないか」との期待を抱かせる点にある。

価値を算定するリスク

　美術品の世界では，作家が亡くなると作品の価格が上がるといわれているそうだ。作家が生存していれば思いを語る，あるいは作家自身による修復の可能性も残されているともいえそうだが，多くの人は，作家の死去はこれ以上作品数が増えない点にプレミアムをつけるというのだ。ということは作家の生存中に作品を買ってエピソードなども聞いて楽しんでおいて，作家の死後に売れば一番ウマミが多そうだ。ただし，死後にプレミアムがつくような作家である必要がある，という前提条件があることを忘れてはならない。

　つまり，こういうことになる。Access 2 で「自由な判断に従って，自分の要求を満たすために自らが算定した財産的価値を支払うとい

う申込みをし,承諾を得て契約をゲット」といったが,美術品は財産的価値を「自ら算定」することが難しく,その算定にはリスクが伴う。「自ら」行うのは専門知識だけでなく豊富な経験も積んだ鑑定人でない限り困難だ。鑑定人なら「自らの鑑識眼」を頼りに勝負すればよいが,素人なら鑑定人の鑑識眼を信頼し,鑑定価格を参考にいくらで買いたいか「申込み」をして契約を結べばよいということになる。

2 画商の悲劇

見誤った絵画の価値

　ここで,冒頭に挙げた,贋作を買ってしまった買主の問題を考えてみよう。実は,このような事件が実際に起こって裁判沙汰になり,判決もだされている(東京地判平成14年3月8日判時1800号64頁)。この事件を手がかりに,この問題の法律論を検討してみよう。

　事件では売主も買主も画商,つまり,絵画取引のプロであった。ここではフランス19世紀の画家モローの作品とされる水彩画「ガニメデスの略奪」という作品が問題となった(以下,当事者間の取引を「本件売買」,取引された絵画を「本件絵画」という)。本件絵画は3050万円で取引されて代金の支払も済んでいたところ,同じくモロー作「ガニメデスの略奪」がイギリスのオークションに出品されたというニュースが入った。これはどちらかが贋作ということになるとして,モロー絵画の鑑定人の最高権威とされる2名の鑑定人が2点の作品を鑑定した結果,本件絵画は精巧な贋作であるとの鑑定結果が出された。ちなみに,真作の「ガニメデスの略奪」は,18万8500ポンド(約3700万円相当)で落札されている。

価値算定のリスクは誰が負担すべきか

　そこで買主は，自分は本件絵画が真作であると信じて本件売買を行ったのであり，それが取引の重要な要素であったのにそれが真実とは異なるのであるから，本件売買は錯誤（勘違い）であったため無効になると主張，売主に代金を返還するよう求めた。これに対して売主は，買主は自らの鑑識眼をもって，「本件絵画」の「購入」を決心し，購入の意思表示をしてきたのであり，自分はこれに対して「本件絵画」の「売却」をしたのだから売買に何ら問題はない。売主自身も，本件絵画が贋作であると疑っていなかったが，本件絵画が真作であると保証できるほどの鑑識眼はもちあわせておらず，本件絵画購入の判断は買主が行ったものであるといって争った。

　ここで問題になっているのは「錯誤」である。買主が主張しているのは錯誤に基づく無効だ。これは「勘違いがあったのだから取引はなかったことにしたい」という意味だが，主張の理由は容易に理解できるだろう。それにしても，この画商のケース，売主の主張にも一理ありそうである。もう少し詳しく「錯誤」の要件をみてみよう。

3　意思表示を無効にさせるほどの勘違い——錯誤

錯誤いろいろ

　民法では，①意思表示は「法律行為の要素に錯誤」があれば，意思表示は「無効」になるが，②意思表示を行った者に「重大なる過失」があった場合，無効主張はできないと規定している（95条）。

　①からみていこう。まず，「錯誤」とは何か。錯誤の代表例は，取引が円建てのつもりで「¥」ではなく「$」と書いてしまった，オークションで「0」を多く付けすぎてしまった（以上，「表示上の

錯誤」という)，銀座4丁目の格安物件と思ったら東京ではなく炭坑町の銀座だったといった場合(「**内容の錯誤**」という)であり，抽象的には**内心的効果意思**と意思表示の内容である**表示的効果意思**の不慮の不一致であるとされている(大判大正3年12月15日民録20輯1101頁)。判例は，「＄1000で買います」「10000000円で買います」「銀座4丁目の土地1坪買います」といった表示行為を起点として，そこから推測される意思(表示的効果意思)と本人の真意(内心的効果意思)の間にズレがあるのだが，「不慮」つまり本人がそれに気がついていない状態であるとしている。では，画商のケースではどうだろう。画商は，「この絵を3050万円で買おう」と言ったが，その絵を買おうという効果意思も持っている。ズレがあるのは，「この絵はモロー作『ガニメデスの略奪』そのものである」「ならば3050万円支払ってでも入手したい」という，効果意思決定の事情，すなわち「動機」についてである。このような，「動機の錯誤」と呼ばれる錯誤の類型についてもう少し考えてみよう。

ココロは外から見えないけれど

まず，一般論として「動機」は相手方からは見えない，表意者側の内部事情である。この点は，表示上の錯誤や内容の錯誤が表示行為を起点に捉えられたのと異なる。原則として**動機の錯誤**は民法95条にいう「錯誤」ではないとされてきたのはこのためである。ただし，この原則には例外があり，「表意者が当該意思表示の内容としてこれを相手方に表示した場合」には，95条にいう錯誤の俎上に乗る。

画商のケースに目を向けてみよう。このケースで勘違いをしていたのは買主だけではない。売主も真作と信じていた。このようなケースは「**共通錯誤**」といわれる。この場合，買主の錯誤は動機の錯誤であるが，錯誤無効の主張を簡単に認めていると，本件絵画はい

わばババ，どの時点でニセモノと判明するかを賭けて，一種のババ抜きゲームをしていることになってしまいそうだ。また，**1**で述べたことを踏まえれば，買主もプロの画商であり，本件売買も美術品取引で世界的に権威のあるカタログを参照しつつ慎重な吟味を経て成立している。たしかに売主側の主張にも一理ありそうでもあり，難しい問題である。

大いなる勘違い——要素の錯誤

　ここでもう一度，要件①を確認しよう。錯誤による無効主張ができるには，「法律行為の要素に錯誤」がなければならないと規定されている。この「要素の錯誤」とは，法律行為の主要部分であって，この点につき錯誤がなかったら意思表示をしなかったであろうと考えられ，かつ，表示をしないと考えることが一般取引通念に照らして妥当と認められるものをいう（大判大正7年10月3日民録24輯1852頁）。つまり，錯誤なければ意思表示なしという因果関係，それから，錯誤なしには通常人であれば意思表示などしなかったであろうという客観的重要性がなければならない。

　画商のケースで裁判所は「本件売買契約では，売主は，本件絵画が真作であることを表示し，買主はその表示を認識したうえで，本件絵画が真作であると信じたからこそ売買契約締結に及んだというべきであり，本件絵画が真作であることは，本件売買契約の重要な要素である」として，まず錯誤の要件①を満たしているとした。

すこしは相手のことも考えて

　錯誤は，一度「この絵を買う」と言った者が，「あれは錯誤に陥ってしてしまった意思表示なので無効だ」との主張を認めるものであるから，表意者を保護するための制度である。しかし，表意者に重過失があった場合には，取引の相手方の犠牲においてまで保護す

る必要性はもはや存在しない（95条但書）。これが要件②だ。

　画商のケースでは，買ったのも画商というプロではないか，絵画取引にリスクはつきものなのだから，贋作をつかまされたとしてもそれは重過失による錯誤として無効主張はできないというべきではないか，と要件②が問題となった。なかなか難しいが，裁判所は，当事者双方が錯誤に陥って売買契約を締結した画商のケース（共通錯誤）では，「売買を有効にして保護すべき利益が売主にあるとはいえないから，民法95条但書は適用されないと解するのが相当」という判断を下した。

丸紅ダイレクト事件にみる錯誤問題

　ところで，こんなニュースを覚えているだろうか。大手商社の丸紅がインターネット販売でパソコンの値段を1桁間違えて表示してしまい，そんな格安パソコンに注文が殺到，後から「価格は誤りでした」と訂正メールを送り，契約を取り消してもらうよう依頼したものの，結局は表示価格のまま販売することにして2億円以上の損害がでたというものだ。

丸紅，パソコン価格誤表示で損害2億円

　大手商社の丸紅が運営するインターネットのショッピングサイト「丸紅ダイレクト」で，10月末にパソコンの販売価格を一ケタ誤って1万9800円と表示し，約1500台の注文が殺到。丸紅は「信用を裏切れない」とし，販売を受け付けた客に表示通りの価格で販売することを決めた。

　このパソコンはデスクトップの新型で，本来の価格は19万8000円。サイトには先月31日掲載された。ネット掲示板で「激安パソコンが売られている」と書き込まれたこともあり，注文が集中。担当者がミスに気付いて今月3日に価格を訂正し，注文した客に契約

> の取り消しを依頼するメールを送ったが「丸紅を信用して買ったのに」などとの抗議が相次いだ。通常のショッピングサイトでは，注文が入ると自動的に受け付けを知らせるメールが返信される。電子契約法によると，メールが注文者に届いた時点で契約は成立する。ただ，誰が見ても間違いとわかるケースには民法の「錯誤に基づく契約無効」を適用できる可能性がある。
>
> 　　　　　　　　　　　　（日本経済新聞 2003 年 11 月 11 日付朝刊）

　新聞報道によれば，丸紅は最終的に販売に応じたことについては「圧力を受けたからではなく，会社の信用を重んじた結果だ。チェックシステムが未熟だった」と説明している（同日付朝日新聞より）。さて，民法的にみてこの契約は有効なのだろうか。新聞記事にあるように，ここに錯誤があるのは確かだ（表示上の錯誤）。問題は，表意者に重過失があったかどうかであろう。この重過失は，「普通の智慮を有する者のなすべき注意の程度を標準として抽象的に定めるべきもの」（大判大正 6 年 11 月 8 日民録 23 輯 1758 頁）で，表意者に重過失があったことについては，相手の方から主張・立証しなければならないとされている（大判大正 7 年 12 月 3 日民録 24 輯 2284 頁）。それにしてもたしかに 2 万円を切るパソコンというのはあまりに格安だから，たしかに「誰が見ても間違いとわかる」はずで，ここには 95 条但書の趣旨にあるような「相手方の犠牲」がそもそもあるとはいえないというのが新聞記事の趣旨だろう。

4　ココロのキズ——瑕疵ある意思表示

　しかし，どうして錯誤に基づく意思表示は「無効」なのだろう。これは簡単にいえば，「買う」といった表示があるものの，それを

欲しいというココロ（「意思」細かくいえば効果意思）が存在していないから，そんな意思表示は法的に意味を持たないという訳だ（意思の不存在）。しかし，錯誤（勘違い）以外にも「こんなはずでは……」「自分はなんてことをしてしまったのだろう」と思わずにはいられない事態に陥る場面はあるだろう。民法典は，このほかに「被害者」に着目して意思表示の効果を否定する制度を用意している。「詐欺」または「強迫」による意思表示は「取り消すことができる」というのがそれである（96条1項）。「取消」というのは，一度は意思表示として成立するものの，後から効果の否定を主張することである。「買います」「お金を送ります」という意思表示に対応する「買おう」「お金を送ってあげよう」というココロは存在するものの，実は，そう思ったのはダマシやオドシにあったからだという場面だ。このような場合，本来は自由であるべきココロが違法行為によってキズついてしまっている。「取消」が認められるのは，このようにココロのキズがあるからだ（これを意思表示に「瑕疵」があるという）。

だまされたココロ

　近時，新聞によく出てくる「オレオレ詐欺」あるいは「振り込め詐欺」ということばを知っているだろうか。ある日，高齢者のところに突然電話がかかってくる。電話口で若い男が興奮気味に話してくる。「もしもしおばあちゃん，オレだよ，オレ！」レンタカーを運転していたところ，暴力団員の車と接触してしまい，大変なことになってしまった。今日中に示談金を払わなければならないから，今日の3時までにお金を指定の口座に振り込んで欲しいと頼む。高齢者は電話口の男が子どもや孫だと思ってしまえば，「オレオレ」としか名乗らないこの男にもあわてて送金をしてしまうケースが跡を絶たないようである。これは立派な詐欺罪だ。もちろん，それは

正しい。しかし，ここで問題にしているのは，高齢者がオレオレ詐欺師に「お金を送ってあげるからね」といった，その意思表示である。

「詐欺」って何だ？

「詐欺」とは，要するに人をだますことだと思うかもしれないが，民法でいう「詐欺」の要件は実はそう単純ではない。オレオレ詐欺で1つ1つ確かめてみよう。まず詐欺とは何かという点であるが，それは「他人をだまして，その者を錯誤に陥れること」をいう。だます行為は「欺罔行為」といわれる。しかし，「取消」が認められるのは詐欺「による意思表示」であることも忘れてはならない。そこで，民法96条の要件としては，次のものがあるとされている。まず，①「故意」，わざと相手をだますことが必要だ。しかも，この故意は，「相手を欺罔し錯誤に陥れようとする故意」（高齢者をだまして自分のことを息子や孫であると勘違いさせる意図）に加えて，「錯誤によって意思表示させようとする故意」（勘違いしている相手の高齢者に「あなたにすぐお金を送ってあげますからね」といわせる意図）という，二段階の故意が必要と解されている（「二段の故意」などといわれる）。次に，②「欺罔行為」（だますこと。オレオレ詐欺では明らか）が必要だ。③その欺罔行為が違法であることも必要だ。これは，欺罔行為が社会観念上許されない行為であるということだ（オレオレ詐欺の手口は社会的には許されない）。それから，詐欺「による意思表示」でなければならないのだから，詐欺と意思表示との間に原因と結果の関係（これを「因果関係」といいます）がなければならない。これも細かくみると，④詐欺によって表意者が錯誤に陥ったという因果関係（オレオレ詐欺師の電話で赤の他人の話を信じてしまった），⑤錯誤に陥ったために意思表示をしたという因果関係が必要だ（勘違いしたからこそ「すぐお金を送ってあげるからね」とい

った)。

詐欺にあってしまったら

 ということで、オレオレ詐欺にひっかかってしまった高齢者は、「すぐお金を送ってあげるからね」といった意思表示を取り消すことができる（96条1項）。この取消を主張することができるのは、「瑕疵ある意思表示をした者」つまり高齢者本人か、「その代理人若しくは承継人」に限られる（120条2項）。また、取消権には「追認をすることができる時」すなわち、高齢者が、すぐに交流のある子や孫と連絡をとり、自分がオレオレ詐欺にだまされていたことが判明した時点から5年間、または「行為の時から二十年を経過したとき」には「時効によって消滅する」（126条）という期間制限もある。

 取消ができた場合には、「取り消された行為は初めから無効であったものとみなす」（121条）。オレオレ詐欺に引っかかってしまった高齢者がまだ送金をしていなければ、取消をすれば、もう意思表示は最初からなかったことになり、オレオレ詐欺師から約束を守ってくれと請求してきても、支払を拒める。では送金をしてしまっていたらどうかといえば、もちろん、取消はできる。取り消したうえで、支払ってしまったお金を返せと請求する権利があることになる。ただし、オレオレ詐欺師からお金が返ってくる可能性は高くはないという問題が残ることになってしまう。

おどされてキズつけられたココロ

 もう1つのココロのキズ、「強迫」は、だまされるというのではなく、いかにもこわそうな人から「このまま意地を張るとどうなるか分かっているんだろうな」「何が起こっても知らないぞ」などと、相手方に害悪を示して、恐怖心（これを「畏怖」という）を起こさせ、「わかりました、いうとおりに払います」などの意思表示をさ

せることをいう。

　強迫も詐欺の要件とパラレルで，①故意，②強迫行為，③違法性，④強迫行為による畏怖が惹起されたという因果関係，⑤畏怖と意思表示の間の因果関係が必要だ。①故意は，ここでも「相手に畏怖を生じさせよう」との故意と「畏怖によって支払います等の意思表示をさせよう」との二段の故意が必要である。

ココロのキズ——違法行為の被害

　ここまでの説明で気が付いただろう。瑕疵ある意思表示をしてしまった「被害者」というのは，違法行為に遭遇して意思表示をしてしまったという意味だ。

　ここで2つの点に注意してもらいたい。1つは，違法行為による「被害」とリスクを区別して欲しいということだ。たとえば，なぜ，錯誤に陥った表意者は「被害者」といわなかったのだろうか。たしかに，錯誤に陥った画商も丸紅も莫大な金額の損害を被っている。しかし，画商や丸紅の被害は，取引の結果としての損害であり，これは冒頭で説明した取引のリスクであるのに対し，ここにいう「被害」というのは，契約自由の原則を謳歌し，意思表示をするにあたって自由な計算のもとに自分の思うところに従って自分の需要を満足させるために意思表示をする自由が奪われたという意味である。つまり，意思表示をなすにあたっての意思形成プロセス（ココロ）をキズ付けられたという意味での被害者であることを理解して欲しい。

　この意味は，オレオレ詐欺の「被害」とは何かでより明らかになる。それは，お金を振り込んでしまった時点で初めて被害が発生するのではなく，だまされて「すぐにお金を振り込んであげるからね」と意思表示してしまったことで被害が発生しているのだ。取消の効果を振り込んだ前と後で分けて論じた点をもう一度よく考えて

4　ココロのキズ——瑕疵ある意思表示　　　53

みよう。

5 守ってあげよう,「消費者」ならば

若者だってご用心

　出会い系サイトで知り合ったり,突然電話やメールを送ってきた人とメール交換を通して友情や愛情が芽生える時代だ。メール友達とデートする仲になることもある。そんな仲になったところで「私の職場に来てみない？」といわれ,ついていくとそこはアクセサリー店。「私のために買ってちょうだい」「買ってくれないと帰さないから」と勧誘されて,相手との仲を大切にしたい,傷つけたくないと思って契約してしまう。その後,相手とは連絡がつかなくなってしまった……そんなデート商法といわれる被害が若者を中心に増えているらしい。

　ここでは契約は問題なく成立しており,Access 2で学んだとおり「契約は守らねばならない」！　自分でした契約なのだから,その後始末を自分でするのは当たり前といえそうだ（自己責任の原則）。

残念ながら「情報」も「交渉力」も向こうがウワテです

　ここでもう一度思い出してほしい。契約をめぐる法制度の中心には「自由な意思」があった。しかし,現実の世界はなかなかキビシイものだ。抽象的に自由がある,機会は平等だといっても,情報がなければ正しい判断なんてできないし,相手の術中にはまってしまうこともある。

　たしかに,このAccessで学んできたとおり,民法には契約が「自由な意思」に基づかない場合に効力を否定する制度が用意されているから,その制度を活用すればよいといわれるかもしれない。

しかし，デート商法をはじめとする消費者取引では，画商のケースのようにプロ対プロではなく，アマチュアがプロを相手にすることを余儀なくされ，アマチュアにはプロになるチャンスが巡ってくるとは考えにくい。それに，マイホーム購入やガン保険加入を考えているパパさんは，建築や保険のことをくまなく理解しているとは考えにくいから，勧誘されている取引がトクかソンかは，プロである不動産業者や保険代理店のいうことに頼らざるを得ないだろう。両者が持っている情報量と専門知識には圧倒的な開きがあるからだ（情報の格差）。プロといってもセールストークのプロということだって考えられる。デート商法の被害者は，アクセサリーを欲しくて買った訳ではなく，勧誘員に恋愛感情を操られて「買わされてしまった」という方が当を得ているというべきだろう（こちらは「交渉力の格差」という）。ご存知，若者は未成年者として守られているはずだが（→Access 3），ハタチになって能力制度のシェルターから出てきたところを狙われる訳だ。となると，判断力が衰えてきた高齢者が先物取引のようなハイリスクな金融商品のターゲットになるというのも想像に難くない。預金をしていてもほとんど利息がつかない超低金利時代，現役を引退し蓄えた財産と年金で生活している高齢者の虎の子が狙われる被害が跡を絶たない。

このような格差を直視して新たに作られたのが消費者契約法だ（平成12年法律第16号，平成13年4月1日から施行）。この法律は，「消費者」と「事業者」の間で締結される契約（これを「消費者契約」という）に適用されることになっている。

「消費者契約」だとどうなる？

消費者契約法は，消費者は事業者との関係で情報でも交渉力でもハンディを負っていてココロが傷つきやすい点を考慮し，瑕疵ある意思表示は取り消すことができるという制度をより広く及ぼすこと

によって消費者を保護するルールを置いている。つまり①詐欺は「誤認」に，②脅迫は「困惑」へと各々の要件が緩和されている（消費契約4条）。

　①「誤認」により取消が認められるのは，消費者が消費者契約を締結するか否かの判断をするについて影響を及ぼすような「重要事項」について事実と異なることを告げた場合（不実告知，同4条1項1号），セールストークで「干ばつの影響で珈琲豆の値段が上がるから，いま買えば絶対儲かる」など将来の不確実な価格等について断定的な判断を提供した場合（同4条1項2号），そしてメリットだけを告げて故意にデメリットは告げなかった場合（不利益事実の不告知）である（同4条2項）。ここでは，詐欺のような二段の故意や行為の違法性は必要とされていない。また，断定的判断の提供のような評価・判断を告げる行為は詐欺にいう欺罔行為とは考えられてこなかったものである。次に②「困惑」類型をみてみよう。これは，訪問販売で消費者が事業者に「おひきとりください」といったのに「買ってくれなきゃかえらない」というので仕方なくサインしたような場合（不退去，同4条3項1号），消費者が帰りたいといったのに退去を妨害し（監禁，同4条3項2号），困惑して契約をした場合に取消を認めるというものだ。ここでも，民法96条の強迫では必要な二段の故意や行為の違法性は要求されていないのは誤認類型と同様ということができる。しかし，詐欺と誤認の関係に比べると，強迫からみた困惑の方がより要件の緩和された度合いが大きいといわれている。

　そしてこの取消には，「追認をすることができる時から6箇月間」または「当該消費者契約の締結のときから5年を経過したとき」に時効により消滅するとされている（同7条1項）。

「消費者」って誰だろう？

消費者はひとことでいえば「個人」，でも事業または事業のために契約の当事者となる場合は除かれることになっている（対概念である事業者は「法人その他の団体及び事業として又は事業のために契約の当事者となる個人」として定義されている，消費契約2条）。事業とは「一定の目的をもってなされる同種の行為の反復継続的遂行」のことである。たとえば農家でパソコンを買った場合，趣味で使うなら「消費者」，出荷情報管理のためなら「事業者」として取引をしたことになる（インターネット・オークションに半年間で少なくとも52回も腕時計を出品した者を，不当景品及び不当表示の禁止に関する法律にいう「事業者」と扱い，商品について不当に優良と誤認させるような表示の禁止に違反するとの警告が出された例もある）。

ほかにもあるぞ，消費者の武器

ところで，訪問販売や電話勧誘販売取引，エステティックや英会話学校といった「特定継続的役務提供契約」では，消費者はもっと強力に守られていることは知っているだろうか。まず，消費者は法律で定められた書面を受け取ってから8日以内であれば契約の申込みの撤回をすることができる，クーリング・オフと呼ばれる制度を聞いたこと位はあるはずだ（特定商取引に関する法律9条・24条・48条・58条）。それに，クーリングオフ期間経過後であっても6ヶ月以内ならば，不実告知や故意の不告知により誤認して締結した契約は取り消すこともできる（同法平成16年改正による，40条の3，49条の2，58条の2）。もっとも，これは指定された商品やサービス，権利の取引にしか適用されないなど要件が絞られている。

その他に，特別の規定がなくとも一般法である民法も活用できる。事業者は取引の重要事項について説明すべきだったのに説明しなかったので取引をして損失を被ってしまったとして，不法行為による損害賠償責任（709条）を追及するという手もあるのだ（→ Access

15）。

> ### Access pocket ①
>
> **意思の不存在あれこれ**　錯誤は，表示行為に対応する内心的効果意思が欠けているため，効果は「**無効**」つまりもともと意思表示に法的効果はないものとして扱われる。このような表示に対応する意思が欠けている場合を「**意思の不存在**」というが，錯誤はそのなかでも表意者が意思と表示の不一致に気づいていない場合であった。これに対して，この不一致に気づいていながら意思表示がなされた場合はどうだろう。これには2タイプある。1つ目は，そんなつもりもないのにあるような素振りをしたという場合で「**心裡留保**」という。民法では真意でないことを知りながら行った意思表示の責任は自分で取らせることにしている（「意思表示は，表意者がその真意ではないことを知ってしたときであっても，そのためにその効力を妨げられない」93条本文）。もっとも相手方が，単なる素振りだと知っていた場合は，法的効果を認めない（無効）としている（93条ただし書）。その2は，「**通謀虚偽表示**」だ。これは，「相手方と通じてした虚偽の意思表示」である（94条1項）。たとえば，税金対策で資産を手放したことにしておこうと口裏を合わせて廉価で売却したというような意思表示をいう。このような意思表示は無効だ。しかし，これを知らない第三者には対抗はできない（94条2項）。

> ### Access pocket ②
>
> **続編・消費者契約法**　消費者契約法には，本文で検討した契約締結過程に関するルールだけでなく，**不当な契約条項**の効果を否定するという契約内容をコントロールするルールもある。たとえば，ある日，債権取引業者から30万円もの請求書が届くとする。理由を聞くと，レンタルビデオ店で借りたビデオの返却が遅れており，

1日当り1万円の延滞料が加算されているという。たしかに返し忘れたのは悪いが，30万円も支払わなければならないのだろうか，といった問題だ。

　ここでは，結んだ契約に思いもよらないような条項が含まれており，それを盾に消費者に不利益が及ぼうとしている。しかし，契約条項は消費者との交渉の結果確定したものではなく，事業者があらかじめ作っていたものだ。事業者は用意周到に自分に有利になるような条件を設定できるのに，消費者にはそんなチャンスはない。しかも事業者は大量の取引を画一的な条件で行うことができるという，規模の経済のメリットも受けている。ここでも消費者はハンディを負っている。

　そこで，消費者契約法は，通常のケースに比べて信義誠実の原則に反して消費者の利益を一方的に害する契約条項を無効とすると定めている（消費契約10条）。ここで通常のケースといったのは，条文では「民法，商法その他の法律の公の秩序に関しない規定による場合」と書かれている。そのような規定は「任意規定」といわれ，当事者間で条文の内容とは異なる合意をすることも許される（91条をみてみよう）。これは当事者間で取り決めがなされていない場合に，合理的な意思とは何かを探る手掛かりとなる（たとえば489条）。これの対概念は「強行法規」で，それに反する内容の特約をしても無効になる（たとえば借地借家9条・21条・37条）。さらに消費者契約法では，8条と9条で無効となる不当条項が具体的に定められているので是非確認しておこう（いわゆるブラックリスト→Access 9や11も参照）。

Access 5

本人の活動を拡大するための必須のシステム

代理制度

Access view

テレフォンアポインターによるソフト販売で，1セット10万円のソフトをオープニングキャンペーンとして8万円で1ヵ月販売していた。キャンペーン期間は過ぎたがアポインターの男性が自分の成績を上げようとキャンペーン価格で販売してしまった。この場合，買主は8万円で購入することは可能なのだろうか。

1 みんな1人じゃ生きられない！

テレフォンアポインター

君が1人で家にいると，突然名指しで知らない男性から電話がかかってくる。一度会いたいのだが，と言って。そんな経験はないだろうか。あるいは，そんなアルバイトをしたことはないだろうか。その後どうなるかは人それぞれだ。ここでは，そんな話のうちで，なにかしらの契約を結ぶという話だ。たいていの場合，電話の相手は，「是非一度会いたい。とてもいい話があるから。」と言って，君を呼び出そうとする。もちろん，そこで断わってしまえば，その後はないのだが，好奇心に負けて，約束の場所に出向いたとしよう。そうするとその男性は，突然あなたが抽選に当たって，あるソフト

をとても安くで手に入れることができるという話をする。普段だと10万円するが，今日は特別に20％OFFだというわけだ。それでも8万円だから，お金がないと君が断ると，男性はクレジット・カードでも大丈夫だというか，あるいは振り込んでくれればいいというだろう。そして，就職活動や就職してからでも必要になるし，今買っておかないとかえって高くつくことになるからというのはたぶん君に対する殺し文句だ。それで実際に，8万円を支払ってもソフトを手に入れられればまだよい。もっとも8万円というのはとても高いとは思うが，是非必要なソフトならばそれも致し方ないだろう。でも，ソフトの代金は8万円ではなく，実は10万円だから，あと2万円追加で支払ってほしいといわれたらどうすればいいんだろう。今回はそんな話なんだ。

消費者保護はまた別の話

ここで注意してほしいのは，そんな契約自体を取り消すことができるだろうかという話ではないという点だ。もちろん，それができないわけじゃない。でも，それはたとえば，消費者保護と呼ばれる問題であったり，詐欺や錯誤，未成年者の契約による取消であったりする。これらについては，Access 2 や Access 4 などで学んだところだ。そこで，ここでは，それ以外の局面を取り上げることにしよう。

売主は誰だ

まず，何が問題なんだろう。1つ1つみていこう。君は必要だから8万円でソフトを購入した。ここでは，そのソフトが本当は必要なかったという話はひとまずおいておこう。つまり，ソフトの売買契約はきちんと成立していることになる。もちろん買主は君だ。では，売った相手はいったい誰なんだろう。というのは，君がした行

為は法的には「売買契約」になるが，この契約は1人ではできないからだ。つまり，君のような買主ともう1人その相手方である売主が必要だ。そして売主の「売ります」という意思と買主の「買います」という意思の合致があって初めて売買契約が成立する。そうすると，君が買主だとして，売主は誰なんだろう。電話をかけてきた男性だろうか。たしかに，彼と会って，その話を聞いて，決断したんだから，その彼が売主のようでもある。

しかし，もし君がソフマップやヨドバシカメラでそのソフトを購入していたらどうだろう。君が時間つぶしに入ったソフマップで店員の説明を聞いてソフトを買う。このとき君は，そのソフトのメーカーがどこであるのかを気にはするだろう。でも，その店員が売ったと思うだろうか。それぐらいだったら，むしろ，ソフマップで買ったと思うんじゃないかな。そのことは，君がそのソフトを友人に紹介するときに，「これはソフマップで買ったんだが，……」と説明することからも明らかだろう。そうすると，話を戻して君に電話をしてきた男性は売主ではないことになるよね。むしろ売主は，おそらくその男性を雇っている会社だ。だからこそ，君に不足分の代金を支払えと請求してきたわけだ。

代理人

じゃあ，君と直接応対してくれた男性は，いったいどういう役割なんだろう。雇われた従業員。それはそうだろうが，問題は君とその会社との間で結ばれた契約にとっての役割だ。もちろん，売主の側に立っていることは明らかだ。なぜって，売主の代わりに君にソフトを売ろうとしたわけだから。そうすると，今回のソフトの売買については，君と，ソフトの販売会社，それにそのソフト会社に成り代わって，君に電話をかけてきて，実際に販売しようといろいろ努力した男性の三者が登場したことになる。こんなふうに，販売会

社に代わって実際に販売を担当する者を「代理人」というんだ。そして，代理人に代わってもらった販売会社を「本人」と呼ぶ。そうそう，君は，代理人や本人が登場するこのような局面では普通「第三者」あるいは「相手方」と呼ばれることになる。こんなことは，自分たちには関係がないと思うかもしれない。でも，君や君の友人達もお互いに，代理人になったり本人になったりしているんだ。たとえば，君が友人と一緒にパーティーを企画したとしよう。役割分担としては，君がパーティーを主催するとして，いろいろセッティングをする代わりに，買い出しなどは友人に任せているとする。このとき，君の友人は君に代わって買い出しをするわけだ。こんな面倒なことじゃなくても，君が友人の"代わり"に本を買うとか，ジュースを買うとかならよくあることじゃないかな。「ついでに頼むよ」といわれてね。

代理の効果

　ここで，ちょっと考えて欲しい。君が「ついでに買った」本やジュースはいったい誰のものなんだろう。君は自分のために買ったわけじゃないよね。君の友人のために買ったものだ。だとすると，本やジュースは君の友人のものということになる。じゃあ，それはいつからそうなのか。君が本やジュースを販売店から買ったときにもう君の友人のものなのか，それとも君が友人に手渡したときにその友人のものになるのか。普通，君たちが友人に代わって本やジュースを買うとしたら，そのときからその本などは友人のものと考えているのではないかな。実は，民法典もそのように考えていて，民法99条1項は次のように規定している。

　「代理人がその権限内において本人のためにすることを示してした意思表示は，本人に対して直接にその効力を生ずる。」

　ここで，「本人に対して直接にその効力を生ずる」という部分が，

1　みんな1人じゃ生きられない！　　　63

今述べたことにあたる。つまり，君が友人に代わって買った本は友人のものだということを意味している。Access view に戻ると，君に電話をしてきた男性がソフト販売会社の代理人であれば，彼との間でソフトの売買の約束をするということは，結局，ソフト販売会社と君との間で売買契約が成立することになる。

代理制度の意義

なぜ，こんな「代理人」なんてことが考えられているんだろうか。その理由はそれほど難しいことじゃない。たとえば，ソフト販売会社の場合であっても，君の友人の場合であっても，自分で販売をしたり，購入したりすることができない事情があるからこそ，電話をかけてきた男性や君が代わりに販売や購入を行ったわけだ。つまり，こうすることで，「代理人」制度がなかったら行えなかったことができるようになる。言い換えれば，友人である本人は別のところで本を買うと同時に，代理人である君にジュースを買わせるとすれば，2倍行動できることになるわけだ。ソフト販売会社の場合であれば，より広い地域でしかも大量販売が可能になる。このように，「本人」の活動範囲の拡大のために「代理人」が用いられる。

法定代理・代表

では，代理人が使われるのはこの場合に限られるだろうか。実は，このほかにあと2つの場合がある。1つは，未成年者などの本人が法的行為を行うことができないために，それらの者に代わって法的な行為を行う場合だ。このような場合の代理人は「法定代理人」であることが多いが，最近では成年後見制度との関係で「任意代理人」である場合もある。ちなみに今述べた法定代理人と任意代理人というのは，代理人をどのように選ぶのかという点での区別だ。本人が自分の意思で代理人を選択する場合の代理人を任意代理人と呼

び、そのような選択ができないかあるいは困難な場合を想定して、法律上代理人となるものを定めている場合の代理人を法定代理人と呼ぶ。さて、代理人が用いられる最後の場合は、ソフト販売会社のような場合なんだ。とはいっても、すでに述べた販売を担当する代理人の場合ではない。むしろソフト販売会社の活動すべてを代わって行う代理人だ。というのは、会社というのは実際に活動するための人間を必要とするからだ。その意味で、抽象的な存在である法人が具体的に取引を行うための代理人を必要とする。そのような代理人について民法は代表という表現を用いている。

2　誰を信じればいいの？

代理権

では、代理人という制度があるとして、どうすれば、その制度を使うことができるのだろうか。思い出して欲しい。君が友人のために本を買ったとき、君と友人との間では何があっただろう。そう、君は友人から「ついでに頼むよ」と本の購入を頼まれたんだよね。これが、代理人という仕組みを使う上で必要だ。そうでないと、勝手に本やジュースが買うことができてしまう。勝手に買ったのだからそれらの本やジュースは君のものになるが、同時にその代金の支払も君の責任だ。そして、本やジュースを君が友人にプレゼントするのかな。これではいくらなんでもおかしいよね。つまり、君の友人が君に「頼んだ」ことが君の友人に「直接に効力」が生じる根拠なんだ。言い換えると、君がその友人のために買物をする資格を持っているということが重要だよね。この資格のことを「代理権」と呼ぶ。先ほどの民法の条文で言うと、「その権限内において本人のためにすることを示してした意思表示」という部分の「その権限」

のところのことだ。

顕名主義

では，これに続く部分は何を意味しているんだろう。「本人のためにすることを示してした意思表示」だ。ここで意思表示が具体的には契約の申込みや承諾にあたるということはいいよね。そうすると，代理人は誰かと契約するときに，本人が別に存在していて，その本人のために契約を結ぶということをその相手方に示して契約しなければならないということになる。このように，本人が別にいるということを示すことを「顕名」というが，なぜこんな必要があるのだろう。逆の場合を考えてみよう。本人のためであることを示さない匿名のときは，相手方は目の前にいる人物こそが契約の相手方であると考えないだろうか。しかも契約を結ぶかどうかがその人物によって左右されるような場合には，相手方にとってはとても重要な情報がわからないままになってしまう。もちろん，匿名であってもたまたま本人が判明することもあるだろう。たとえば，子どもの代わりにその親が契約を結びにきている場合などだ。しかし，普通は，なかなかわからない。そこで，相手方にとって重要な，「誰と契約するのか」という情報をきちんと明らかにしようとするわけだ。そのために「顕名」の原則が採られているんだ。そして，本人が誰であるかわからない場合には，代理人に契約の効果が発生することになる。つまり，相手方の期待を重視しているわけだ。

ちょっとここで，最初に戻ってみよう。君は，電話で呼び出されて男性と売買契約をしたわけだ。そのとき，その男性はソフト販売会社のためであることをどのように君に示しているんだろう。顕名を行うために一番明確なのは，「小泉純一郎代理人小泉孝太郎」とか「トヨタ自動車㈱代表取締役社長渡辺捷昭」という方法だ。それ以外にも，「三井住友銀行㈱深川支店融資部主任」という肩書きを

名前に付けるという方法でもよい。これらの場合には，本人が誰であって，目の前にいる人物がどのような資格で行動しているかが明確であるからだ。じゃあ，君の場合はどうだろう。君が行ったソフトの売買契約では，ソフト販売会社名の入った書類を受け取っていないだろうか。普通は，クレジット契約や代金振込などの必要性もあって，そのような書類が準備されているはずなんだ。でも，そこには，君と直接応対した男性の名前はないかもしれない。そんな場合はどうだろう。つまり，顕名の原則があるはずなのに，代理人として行動しているという表示がない場合だ。こういう場合には，なぜ顕名である必要があるのかから考えればよい。それは，相手方が誰と契約するのかを誤解しないようにするためだったよね。そうすると，相手方がそれを知っている場合や普通なら気づいておかしくない場合には，顕名でなくても，つまり代理人であることを示していなくてもよいということになる（100条但書）。

　もっとも，原則は顕名だから，本人のためであることを示さなかった場合には，代理人が自分のために契約を行ったことになる（100条本文）。

　ここまでのことをまとめてみよう。代理権があって，本人のためであることを示して，契約すれば，代理人にではなく，本人にその契約の効果が発生することになる。そして本人であることを示さなくても，相手方がそれを知っている場合などは，同じように本人に契約の効果が発生する。

無権代理

　では，君と契約した男性が代理人でもなんでもなかったら，どうなんだろう。それを決めるのが代理権だということはすでに述べた。その代理権がなかった場合には，代理人（と称する人物）には本人を代理する権限（資格）がないのだから，本人に契約の効果は発生

しないことになる。このような場合を，**無権代理**というんだ。君の場合であれば，ソフト販売会社にはその契約でなんの効果も発生しないことになる（113条1項）。もっと具体的に話をしようか。こういうことだ。君が男性と，たとえば，お金を振り込んだら，ソフトを会社から送りますという内容で契約したとする。よくある方法だよね。その彼が会社の代理人であれば，契約は会社と君との間で成立しているのだから，この契約に会社は従わなければならない。でも，代理人じゃなかったら，会社との間で契約が成立しているわけではないし，そもそもそんな契約自体を知らないわけだ。だから，君が代金を振り込んでも，ソフトが送られてくるとは限らない。君としては困った事態になる。だって，お金は払ったのにソフトが送られてこないからだ。だったら，必ずソフト販売会社との間で契約が成立するようにしたらどうだろうか。たしかに，今挙げた例だと君は助かるよね。でも，誰かが勝手に君の代理人として契約を結んだ場合はどうだろう。たとえば，君の代理人と名乗る人物がソフト販売会社と契約をして，代金後払いでソフトを購入してしまったら。このとき，契約の効果が君に及ぶとすれば，君は受け取ってもいないソフトの代金を払わなくてはいけない。同じように，先に挙げた例だと，ソフト販売会社も代金を受け取らずにソフトを送らなければならなくなってしまう。

無権代理人の責任

つまり，**代理権**があるかどうかが重要なわけだ。そこで，ちょっと考えて欲しい。今述べた無権代理の場合に結んだ契約はどうなるんだろう。本人には契約の効果は及ばない。では，代理人と称する人物が契約の相手方だろうか。たとえば，君の場合であれば，電話をしてきた男性は，少なくとも自分ではソフト販売会社の代理人として行動しているわけだ。彼の立場で考えると，それは本人である

ソフト販売会社のために契約を結んでいるわけだから，自分，つまり代理人に効果を帰属させようというつもりはないよね。つまり，そんな意思を有していないわけだ。そのために，代理人にも契約の効果は帰属しない。そんな中途半端な状態でほっておいていいのだろうか。

そこで，民法典は 117 条 1 項の規定を設けている。

「他人の代理人として契約をした者は，自己の代理権を証明することができず，かつ，本人の追認を得ることができなかったときは，相手方の選択に従い，相手方に対して履行又は損害賠償の責任を負う。」

ここにあるように，代理権を証明できなかった代理人は，契約の履行をするか損害賠償の責任を負うことになる。どちらになるのかは，相手方の選択によるんだ。だから，男性が代理権を証明できなかった場合には，君が選択して，彼に契約どおりソフトを送ってもらうかそれとも支払った代金などの損害の賠償を求めることができるわけだ。契約の履行を選択した場合，彼はソフト販売会社からソフトを入手してそれを君に送ることになるだろうね。もちろん，後払いが契約内容であれば，そのソフトの代金を君は支払わなければならない。なぜって，この場合には結局ソフトの販売契約が君と無権代理人との間で結ばれたのと同じことになるからだ。ただ，これも代理権がないことを君が知っていれば話は別だ。また，うっかりして知らなかった場合も同じだよね。そんな場合には，代理権を証明できなかった代理人に責任を追及することはできない（117 条 2 項）。

無権代理行為の追認と催告

でも，ソフト販売会社にとって代金さえ確保できれば，ソフトを君に送っても損はしないよね。つまり無権代理で結ばれた契約であ

っても，本人にとって有利であれば，契約の効果が発生することを本人自身が認めてもいいわけだ。このように，本人が無権代理契約の効果が自分に帰属することを認めることを「追認」という。上で挙げた117条1項にも本人の追認がない場合に無権代理人への責任追及ができるとなっているのは，本人が追認すれば，相手方にとって無権代理人に責任追及する必要がないからなんだ。でも，同時に追認するかどうかは本人の意思次第だ。そうすると，追認が行われるまでは，相手方にとっては，本人との間で契約関係が成立するのかそれとも無権代理人に責任追及するのかという不安定な状態になる。もちろん，本人が追認をしない（追認拒絶）と決めれば，相手方は無権代理人に責任追及すればいいわけだから，少なくとも相手方はどうすべきか迷うことはない。つまり，相手方としては，本人が追認するかどうかを早く決めてもらえばいいわけだ。そこで，民法典は，無権代理の相手方に対して，本人に無権代理行為を追認するか追認拒絶するかの決定を迫ること（催告）を認めている（114条）。たとえば，「2週間以内に追認するかしないか確答せよ」というわけだ。この期間内に返答がなければ，追認を拒絶したことになる。また，相手方はより積極的に契約そのものを取り消すこともできる（115条）。そうすることによって，相手方は不安定な状態から脱出できるわけだ。

3　何を信じればいいの？

表見代理

では，まったく代理権がなかったわけではなくて，本人から与えられている代理権の範囲を超えて，代理人が契約した場合はどうだろう。最初に挙げた99条にも「その権限内において」という文言

が使われていた。範囲を超えた部分は代理権がないわけだから、無権代理ともいうことができる。しかし、まったく代理権がないわけではなく、基本となる代理権はあるよね。そんな場合にはどうするんだろう。君が抱えているソフトの代金の問題もこれにあたりそうだ。つまり、テレフォンアポインターは会社から10万円で販売する権限を与えられているはずだ。ところが、この範囲を超えて8万円で販売してしまったからだ。またこのほかにも、代理権が実際には与えられていないにもかかわらず、代理権を与えたという表示が行われている場合や代理権が実際に与えられたが、後に消滅した場合なども、同じように、代理権の範囲やその存在について問題となる。これらは「表見代理(ひょうけんだいり)」と呼ばれている。このような表見代理と呼ばれる場合には、相手方は、代理権の存在を信頼して取引を行っているわけだし、他方で、本人の側では代理権の存在を推測させるような客観的な事情を作り出しているともいえる。そのため、このような場合での相手方の信頼や取引の安全を保護するために、その法的な効果を本人に帰属させることが行われている。つまり、表見代理の場合には、本人が代理人のした契約による責任を負うことになる。もちろん、このような形で責任を本人に負わせようというだから、本人にも責任を負わされてもやむを得ないような事情があり、他方で、相手方にも代理権の存在を信頼してもやむを得なかったという事情があることが必要だ。

代理権授与による表見代理

　まず、代理権を与えていないにもかかわらず、代理権を与えたかのような表示をしたために、この表示を信頼して取引に応じた相手方を保護しようとする場合がある（109条）。これは「代理権授与表示による表見代理」と呼ばれる。たとえば、君の前に現れた男性には実はソフト販売会社から販売に関する代理権は与えられていなか

ったのだが，同時に彼がソフト販売会社の「代理店」であるという表示をしていた場合だ。この場合に，「代理店」という代理権を与えたかのような表示がある以上は君が代理権の存在を信頼するのはもっともなことといえるよね。だから，本人の側で，君が代理権がなかったということを知っていたかあるいは知らないことについて過失があると証明できないと，無権代理行為の責任を負うことになるんだ。

代理権踰越の表見代理

次に，与えられている代理権の範囲を超える場合がある（110条）。これは「権限踰越の表見代理」と呼ばれる。この場合には，何らかの基本になる代理権（基本代理権）があって，その代理権の範囲を超えたところで無権代理行為が行われるんだ。しかし，相手方からすれば，その行為が代理権の範囲内であると信頼していることがあり得るよね。そんな場合に，その相手方の信頼を保護するわけだ。具体的には，代理権があると信じ，かつ，そう信じるについて正当な理由が相手方にある場合だ。たとえば，君の例でいえば，君にソフトを勧めるにあたって，販売権限を有していることを示したかどうかが問題となるだろうね。その上で，キャンペーン期間だけの値引きであるという事実に君が気づかなかったことについて君に過失がないなら，ソフト販売会社は君に8万円でソフトを売ることになる。他方，君に過失があれば，ソフト販売会社はそのような責任を負わないことになる。そして，この正当理由があることについては，君が証明しなければならないとされている。

代理権消滅後の表見代理

最後が，代理権消滅後の表見代理だ。これは，代理権が何らかの理由で消滅した後に，無権代理行為が行われた場合なんだ。なぜこ

の場合を保護するのかといえば，代理権の消滅は第三者からはきわめてわかりにくいからだ。とくに，代理権授与の表示が残っていると，代理権はまだ存在しているかのように見えることになる。それを信頼した相手方を保護しようというわけだ（112条）。たとえば，君が自分の持っているジーンズを古着屋で売ろうと思って，古着屋に売却を頼んだとするよね。よくある委託販売という奴だ。ところが，そのジーンズがほんとはとても値打ちのあるものだと知って，売却を止めてくれるように電話で店に連絡したとする。ところが，電話を受けた店が君のジーンズの展示を止めようとしたその直前にそれを買った人がいたとする。こんな場合には，厳密に考えると，売却のための代理権は消滅しているわけだが，まだ，店に展示してあったために第三者にすれば店に売却の権限があるように見えるわけだ。そこで，この相手方が代理権の消滅を知っていたかあるいは知らないことについて過失があることを君が証明できなければ，君はそのジーンズを失うことになる。なぜって，代理権があるかのような表示が残っている以上は相手方はそれを信頼してもやむを得ないからね。

代理制度の将来

　さて，以上で，代理制度そのものの説明は終わることになる。しかし，ここで説明した代理制度はもっぱら「任意代理」による場合，それも通常の取引を想定したものだ。代理には，すでに説明したように，「法定代理」もあるし，また，今後活用が期待されている「任意後見契約」制度もある。法定代理は未成年者の場合や成年被後見人の場合がそうだ。これらのうち，任意後見契約制度にしても成年被後見人の場合の成年後見人にしても，今後の超高齢化社会の到来に向けて，本人の生活や療養看護，財産管理などを担うために設けられた。その意味で，代理制度は今後ますます身近になること

はあっても，縁遠くなることはないだろう。

> ### Access pocket ①
>
> **代理と使者**　　代理というのは，結局，他人が行うはずのことを代わって処理する制度といえる。このような他人の行うはずのことを代わって処理する制度として代理のほかに「使者」という制度がある。
>
> 使者とは，本人の意思をそのまま相手方に伝えるための仕組みである。代理との違いは，通常，次の３点にある。第１は，使者は代理人と異なり，意思を決定するわけではなく，単に伝達するにすぎない。第２に，使者は伝達ができればよいのであるから，代理人とは異なって意思能力さえも必要ないと解されている。第３に，使者を介して行われた意思表示や法律行為の要件が問題となるときは，意思表示をした本人について判断されるべきであって，使者について判断されるわけではない。もっとも，このように使者と代理人を区別するとしても，実際の問題は，相手方から見て目の前にいるものが使者であるのか代理人であるのかいずれであるのか判別できない場合である。本人にとっては使者にすぎないとしても，相手方からは代理人であるかのように見える場合には，表見代理を類推適用することによって保護すべきであるとの見解が主張されている。

> ### Access pocket ②
>
> **無権代理と相続**　　無権代理行為がなされた後，相続によって本人と無権代理人が同一人物になる場合がある。正確には，無権代理人の地位を本人が相続するかあるいは本人の地位を無権代理人が相続する場合などである。これらの場合に具体的に問題になるのは，追認があったとして，無権代理行為でなくなるかどうか，あるいは，追認を拒絶することができるかどうかである。無権代理人が本人の

地位を相続した場合には，無権代理人は信義則上追認を拒絶できず，無権代理行為は当然に有効になるとするのが判例・学説の立場である。他方で，本人が無権代理人の地位を相続した場合には，本人が追認を拒絶することは信義則に反しないと解されている。もっとも，この場合には無権代理人の責任も相続によって承継するので，結局は，117条による責任を負う。その際，相手方が履行責任を選択しても，本人はその履行を拒否できると解されている。結局，この場合には相手方は損害賠償を請求するしかないことになる。

Access 6

法律関係を時間的に調整する制度

時効・除斥期間

Access view

マスコミをにぎわせたハンセン病訴訟において熊本地裁は，ハンセン病の予防のために設けられていた法律（ライ予防法）の廃止につき厚生大臣および国会議員が犯した立法不作為について，国家賠償法上の違法・過失があることを認める判決を出した。この判決では元ハンセン病患者には国に対して損害賠償請求訴訟を起こす権利が消滅したという国側の主張が退けられた。この判決をうけて小泉首相が上訴を断念したということを覚えているだろうか。「権利が消滅する」とはどういうことなのか。この判決では，なぜ消滅しなかったのか。

1 権利はいつでも使えるの？

ハンセン病訴訟

　君は，ハンセン病訴訟を覚えているかな。大きなニュースになったし，その後もいろんな機会に特集が組まれている。どんな訴訟だっただろうか。ライ予防法に基づき強制隔離をされた元患者がその強制隔離が本来不要であるにもかかわらず，改められなかったことによって被った損害の賠償を国に対して求めたものだ。この訴えの適否のほかに，強制隔離から20年以上経過している場合には，元

患者が訴えを起こすことが許されるのかが問題となったんだ。

消滅時効とは

では，元患者の債権は，いつまでに行使しなければいけないのだろうか。あるいは，期限なしに，言い換えれば，いつ行使してもよいのだろうか。元患者という被害者が損害の賠償を求めているんだから，いつ行使してもよいようにも感じるかもしれない。しかし実際には，元患者たちが国などに対して有している損害賠償債権は，いつでも行使できるわけではない。とくに，行使しないまま何年もたってしまった場合には，もはや権利そのものが消滅してしまうことになる。つまり，権利があるといっても，いつまでもそのままというわけではなく，一定の時間の経過によって権利が消滅する。この仕組みのことを「消滅時効」という。そして消滅時効によって権利が消滅する場合には，権利が行使されたか否かは問題ではない。言い換えれば，加害者が被害者に損害賠償債務を弁済してなくても，その損害賠償債務自体が消滅する。つまり，ハンセン病訴訟の場合には国は賠償責任を果たす必要がないことになる。

消滅時効期間

では，具体的に何年たてば権利が消滅するのだろうか。民法にはこの点についていくつかの規定がある。第1が，君が友人にお金を貸したときに成立する貸金債権などの一般の債権についてだ。この場合には原則として10年間たてば消滅する（167条1項）。他方でこれよりも短い期間もある。これが第2だ。これに含まれるものにはさまざまな種類の原因で発生する債権があり，それぞれ5年，3年，2年，1年という期間の経過によって消滅する（169条〜174条）。そして，Access viewのような損害賠償債権の場合の特別規定が第3だ。この場合には，事故の加害者とその事故によって発生し

た損害を被害者が知っているならば，3年の期間が経過することによってその損害賠償債権が消滅する（724条前段）。そして，第2と第3の消滅時効はいずれも短期消滅時効と呼ばれている。これらの場合には，特別な理由によって原則である10年の期間の経過を要せず，より短い期間での消滅を規定しているわけだ。なお，所有権は時効によっては消滅せず（167条2項），その他の財産権は20年という消滅時効期間が定められている（同項）。そうすると，財産権のうち，債権は原則10年の消滅時効にかかり，物権は，所有権を除いて20年の消滅時効にかかることになるよね。

制度趣旨はどこに

では，なぜこのような規定があるのだろうか。先ほど，権利が行使されたかどうかに関わりなく，時間の経過によって権利が消滅すると述べた。交通事故の場合を例に挙げて考えると，権利を有しているのは，交通事故の被害者だ。受けた被害を，金銭の形ではあれ，きちんと賠償を受けることによってこそその保護が図られるはずだ。それにもかかわらず，時間の経過によって賠償を求める権利が消滅してしまうのは，妥当だろうか。妥当でないなら，民法はとんでもない法律だということになる。とすると，何か理由があるはずだ。まず，10年で消滅するという原則的な場合について考えることにしよう。

そこで仮に，消滅時効制度がないという状況を考えてみよう。すると，どんな問題が起きるだろうか。たとえば，友人からお金を借りている場合はどうだろう。返したときにきちんと領収証をもらうだろうか。またもらったとして，それをきちんと保管しているだろうか。もし，保管していないなら，君がその借金を支払ったこと自体を証明できないかもしれない。そうなると，君はきちんと支払ったにもかかわらず，再度支払わなければならない。このように，弁

済したであろう債務者が時間の経過によってその事実，すなわち弁済したという事実を相手方に証明する手段が失われ，その結果二重に弁済を迫られるという危険を防ごうという点に消滅時効制度の存在意義があるといえそうだ。

では，消滅時効の存在意義はこれだけだろうか。たとえば，長い間権利が行使されない場合を考えてみよう。この場合には，権利を行使されるはずの債務者にとってみれば，権利行使がない状態が長く継続することによって，もはや権利が行使されないだろうという一種の信頼が生まれることになる。さらに，そのようにして権利が行使されない期間が継続すると，それを前提として別の法律関係や生活関係が作り上げられるようになる。そこで，長く継続した事実状態を尊重し，保護する必要がある。このために消滅時効が存在すると考えるのである。この場合には，結局，債権者と債務者以外の第三者を保護する制度だと理解していることになる。他方で，権利者が権利を行使しないということを，いわば行使できる地位を「放棄」したと捉えることもできる。つまり，権利者は権利を直ちに行使すればいいのに，自分の意思で行使しないのだから，そのような状態が継続しているのならば，もはや権利を消滅させてもよいと考えるわけだ。このような考え方は，「**権利の上に眠る者は保護しない**」という法格言に表れている。たとえば，君にしても，いくら債務があるからと言ってもそれが10年近く請求されなければ，もはや請求されないと考えないだろうか。あるいは，逆に君が債権者であるとしても，10年近く放置していた権利を敢えて行使するだろうか。そこまで放置していたというのはもはや権利を行使しないという意思の表れだと考えられてもおかしくはない。

でもここで注意して欲しいのは，これらの理由づけというのはそれぞれ一長一短がある点だ。たとえば，最初に挙げた**証明の困難**を回避するという理由は，消滅時効によってすでに弁済した者だけを

1　権利はいつでも使えるの？　　79

保護するのであればまったく異論はない。しかし，実際には弁済していない者も時間の経過によって「不当に」保護してしまう。また，第2の積み重ねられた**事実状態の尊重**についても，債権者と債務者のほかに他の者がまったく関係していないとしても，やはり時間の経過によって権利が消滅することになる。さらに第3の「**権利の上に眠る者は保護しない**」の場合には，権利者が権利を行使しないことに対する「非難」を含んでいる。しかし，権利者が権利を行使するかどうかは権利者の任意であるし，意図的に行使しない場合も考えられる。たとえば，お金の貸し借りで，貸主が返済を猶予しようとしているときだ。そんな場合にも債権者が権利を行使しないことは「非難」に値するのだろうか。また，この「権利の上に眠る者は保護しない」という考え方の場合には，そもそも債務者が弁済しているかどうかは問題とならないわけだから，義務者がその義務を果たさないことを法が承認するという不道徳な制度だともいえるよね。このように，時効制度の理由づけはそれぞれ一長一短があって，どれか1つに絞り込むことはできない。むしろ，これらの理由づけがそれぞれ複合していると考えられているんだ。

短期の特殊性

さて次は，**短期消滅時効**について考えてみよう。この短期消滅時効と普通の時効との間での大きな違いは期間の点だ。そうすると考える必要があるのは，なぜ短い期間での消滅が認められているのかだ。まず，交通事故の場合の損害賠償債権が3年の短期消滅時効にかかるのはなぜかを考えてみよう。条文は，民法724条前段だ。それによれば，「不法行為による損害賠償の請求権は，被害者又はその法定代理人が損害及び加害者を知った時から三年間行使しないときは，時効によって消滅」する。ここで明らかなように，被害者は加害者が誰で，自らの被った被害（損害）がどれほどのものである

かをきちんと認識していることが前提となっている。普通は，自分が被害を受けていて，その原因となった者もわかっているわけだから，損害の補塡を求めるはずだ。そうであるにもかかわらず，3年もの間そうしなかったわけだから，もはや債権を消滅させてもよいというわけなんだ。ではなぜ，3年間なのか。被害者側と加害者側の双方の事情をみてみよう。交通事故の場合が典型的であると考えることができるが，被害者の側では加害者の不法行為に対して強弱はあるにせよ「許せない」との感情を抱くものではないだろうか。そうであるにもかかわらず，3年も経過したならば，その感情も静まっていると考えることができるので，再び波乱を生じさせることは好ましくないという「政策的な」配慮がある。他方で，加害者の側の事情はこうだ。被害者が3年もの間，損害と加害者を知っているにもかかわらず，権利行使をしない以上は，もはや請求する必要性を被害者が認めていないなどの事情があると加害者の側が信頼することが普通であり，この信頼は保護に値するというわけだ。

　このほかの短期消滅時効の場合はどうだろうか。たとえば飲食店での飲食代金が1年という短期消滅時効にかかる（174条）のは，不法行為の理由づけとは異なる。この場合の飲食店での代金などはいわば日常的な取引によって生じている。そのような取引で君は代金を支払ったという証拠になる領収証などをきちんと保存しているだろうか。もしかすると保存どころか，受け取りもしないんじゃないかな。なぜだろう。面倒だから。それほど高い値段だったわけじゃないし。そんなところじゃないだろうか。つまり，日常的な取引によって生じる債権の場合には金額的にも大きなものは珍しく，領収証などをきちんと保存しておくことがあまり期待できないわけだ。そこで，先ほど述べたように，証明手段を失うことからの保護という趣旨から，より短い期間での消滅時効が定められているんだ。

2 時間の流れは一定なの？

時効の起算点

　債権は，今述べた期間の経過によって，消滅することになる。この期間のことを**時効期間**というのだが，では，いつから時効期間は始まるのか。また，一度始まると途中で止まることはないのだろうか。まず最初の疑問について，民法166条1項は，「消滅時効は，権利を行使することができる時から進行する。」と規定している。つまり，権利を行使できる時が起算点だ。そもそも消滅時効は，ある一定の期間権利の行使がないことを理由に権利を消滅させる制度だ。そうすると，権利の行使ができないにもかかわらず，時効期間が進んでいくというのは変だ。というのは，権利を行使できるにもかかわらず，権利行使をしないからこそ，その権利が消滅するわけだ。つまり，権利行使ができる状態になって始めて，時効期間が進行すると考えるべきだからだ。この規定は，それを表している。

時効の中断

　では，第2の疑問だ。時効期間はいったん進み始めると止まらないのか。たとえば，君が民法の教科書を買うためのお金を友人から借りたとしよう。返す約束の日を過ぎてもまだ返していなかったとするよ。この場合，このまま10年たってしまえば，時効になる。ところが，友人がそろそろ返してくれないかと言ってきたり，逆に君が借りたお金は必ず返すとその友人に言った場合に，それにもかかわらず時効期間が進むというのはおかしいよね。なぜなら，返してくれないかというのはまさに権利を行使しているわけだし，君の方から必ず返すと言った以上は権利を行使されてもやむを得ないか

らだ。そこで、このような場合には、それまで経過した時効期間の意味を失わせようとするわけだ。これを「時効の中断」という。

　この時効の中断が生じるのは、「請求」、「差押え・仮差押え・仮処分」、「承認」だ（147条）。請求や差押・仮差押・仮処分は、債権者の権利行使にあたる。さらにこの請求には、裁判上の請求（149条）、支払督促（150条）、和解および調停の申立て（151条）、破産手続などへの参加（152条）、催告（153条）があり、これらのうち催告以外は、いずれも裁判所を利用した手続だ。また、催告は、裁判手続以外での請求だが、この催告だけでは中断せず、裁判上の請求をその後6ヵ月以内にする必要がある。ここからもわかるように、中断のためには、単なる権利行使だけではなく、裁判所によって権利の存在を確定する必要があるんだ。他方、承認は、債務者が債権者の権利の存在を認めることだ。その方法はとくに定められていないし、裁判所が関与しなければならないわけでもない。請求とずいぶん違うが、それは、不利益を承知で債務者が債権者の権利の存在を認めたのだから、裁判所の関与なしに権利の存在を確定してもよいというわけだ。結局、時効の中断事由は、権利の存在が確定する事由だといえるよね。

　さて、中断した時効だが、いつまでも中断したままではない。中断した事由が終了すれば、新たに時効期間が進行することになる（157条）。ただ、気をつけて欲しいのは、10年の消滅時効の場合に、8年目に時効中断事由があり、その後その中断事由が終了したからといって、あと2年たてば時効が完成するわけではない。すでに述べたように、中断によってそれ以前の時効期間は無意味になるわけだから、中断事由の終了によって、新たに0から時効が進行し、やはり10年たたないと時効は完成しない。

3 時間がたてばそれでいいの？

援用と援用権者

　では，時間がたちさえすれば，権利は勝手に消滅するのだろうか。実は違う。債権が時効によって消滅するためには，時間の経過だけは足りない。消滅時効によって利益を受ける者が「きちんと」時効によって債権が消滅したことを主張しなければいけない。そうしないと，時効に基づいて裁判をすることができない（145条）。このことを「**時効の援用**」といい，その主張をする者を「**時効の援用権者**」と呼ぶんだ。なぜ，援用が必要か。時効によって保護すべきなのは，債務をきちんと弁済したのに，それを証明できないために，再度弁済しなければならない債務者だったよね。でも時間の経過だけならそれに限定されない。たまたま時効期間が過ぎるまで債権者から請求されなかったためにまだ支払っていない債務者も時効の利益を受けることができる。しかし，そのような形で利益を受けることは，理由なく義務を免れることなので，当事者も望まないだろうとも考えられる。そこで，時効の利益を受けるかどうかをその当事者の良心に委ねようとするわけなんだ。

　次の問題は，援用権者だ。すなわち時効の利益を主張する者とは誰かだ。条文上は，「時効は，当事者が援用しなければ，裁判所がこれによって裁判をすることができない。」（145条）となっていて，「当事者」としかわからない。債務者自身による時効の援用はもちろん問題ない。そうすると，時効が援用されれば利益を受けるが，自らは時効によって消滅する債権の債務者ではない者が，この「当事者」になるのかだ。だが，援用の必要性が債務者の良心に委ねられた結果だとすると，債務者自身が援用していないのに，他の者が

援用することは許されないようにも思えるよね。この点について、裁判所は「時効により直接の利益を受ける者」を判断基準にしている。もっとも、具体的にどのような立場の者に時効の援用を認めるのかについてはなお議論されている。

時効利益の放棄

では、時効による利益を受けることを当事者が潔しとしない場合には、どうなるのだろうか。当然だが、時効にならないのだから、負っている債務は消滅せず、弁済が必要になる。これを「**時効利益の放棄**」と呼ぶ。ただ、時効利益の放棄は、時効の完成後に行わなければならず、時効完成前にあらかじめ時効利益を放棄することは認められていない（146条）。たとえば、君がお金に困って、最近問題になっている「ヤミ金融」からお金を借りたとしよう。そのとき、貸す側は、時効によって自分の権利が消滅するのを避けたいよね。そこで、君にお金を貸すときに、あらかじめ、時効期間が完成したとしても時効を援用しませんとか、永久に時効にならず、支払を請求できると約束させるかもしれない。君はお金を借りるという弱い立場だから、貸す側の要求を拒否できないよね。つまり、あらかじめの放棄を認めると、取引上の有利な地位を利用して一方的に不利な立場が債務者に押しつけられかねない。逆に、時効完成後の放棄は、利益を受けることができる者がその意思で放棄するわけだから、問題がないわけだ。

4 権利は消滅するだけなの？

取得時効

ここまで時効による権利消滅を考えてきた。しかし、時効には消

滅時効だけではなく，権利を取得するという効果をもたらす「取得時効」がある。これは，主に所有権，それも不動産所有権について問題となる。たとえば，仮に元君が建物を建てて長くその敷地を利用しているとしよう。この元君に対して博君がその土地は自分の物だから，出て行けと主張したとする。このとき，その土地がどちらに帰属していたのかを問わず，元君が長く利用していたために，時効によって所有権を取得したとして，元君に対する博君の明渡請求を退けようというのが，取得時効だ。

この取得時効には，期間の異なる2つのものがある。一方は，期間を20年とする長期取得時効（162条1項）であり，他方は，期間を10年とする短期取得時効だ（同条2項）。この長期取得時効についても，その趣旨を消滅時効と同様に3つの理由に求めることができる。第1は長く継続した事実状態の保護で，第2はそのような状態を放置していた権利者への制裁，つまり「権利の上に眠る者は保護しない」であり，最後は真実の所有者によるその所有権の証明が困難な場合の救済だ。短期取得時効の趣旨の特殊性については，後で述べるとして，どちらにも共通するのが，「所有の意思」をもって「平穏かつ公然」に「他人の物」を「占有」することだ。そして異なるのが，期間の点と，占有者の主観的態様の点だ。つまり，期間の点では，20年と10年。占有者の主観的態様の点では，善意悪意を問わないのか，占有の始め善意無過失でなければならないのかである。これらを共通点から1つずつ考えてみよう。

まず，所有の意思をもってする占有だが，これは，所有者と同様に排他的に支配することを意味し，「自主占有」という。しかし，占有者の内心を知ることは困難だから，自主占有であるかどうかは，占有の原因となった事実から客観的に決定される。つまり，売買契約に基づく場合や，境界を越えて自分の土地として占有している場合は自主占有であるが，賃貸借契約に基づいて占有している場合な

どはそうではない。次に「平穏かつ公然」だが，暴力的でなく，隠してもいないことを意味する。「他人の物」については，条文上自分の物を時効取得するのはあり得ないからだ。しかし，取得時効の趣旨を証明の困難からの救済と考えるならば，他人の物だけでなく自分の物であっても取得時効の対象と考えることができる。

短期の特殊性

　期間については，20年と10年とに分かれているが，これは主に占有者の主観的態様に対応したものだ。いずれの期間の場合であっても，その間占有が継続している必要がある。では，その占有者の主観的態様の点だ。短期取得時効は，長期取得時効と異なって，占有者に善意無過失を要求している。すなわち，自分の所有物であると信じ，かつそう信じることについて過失がないことを求めている。このことは，短期取得時効における占有が権原に基づいて開始されたということを意味する。つまり，短期取得時効は取引の安全を保護するための制度ということになり，長期取得時効とはその趣旨が異なっている。このことは，実際に取得時効が用いられる局面を考えても明らかだ。第1が，隣り合った土地の境界が不明確である場合に，自己の土地と信じて隣の土地を長く使用していたときだ。この場合には長期取得時効が用いられることが多く，その趣旨である長期の事実状態の継続や証明困難からの救済が当てはまる。第2が，売買契約の効力が後になって無効・取消によって失われた場合にその売買契約を前提としてさらに転売を受けていた者が存在するときで，第3が，売買契約が行われた後，対抗要件を備えないまま長期間経過し，元の売主が第三者に二重に売却したときだ。これらは結局取引の安全のために取得時効を認めるということになる。というのは，これらの場合には，本来対抗要件によって問題が解決されるはずであるが，その解決の妥当性を補充する手段として用いられて

いるからだ。

なお，民法の現代語化に際して，短期取得時効の対象が文言上「他人の不動産」に限定されていた点が改められ，「他人の物」となった。この点は，従来の学説も他人の動産であっても短期取得時効の適用を認めていたため，あまり異論のないところと考えられる。

5 時効だけじゃない！

除斥期間とは

以上，時効についていろいろ考えてきた。最後に，時効以外の時間に関するルールを取り上げておこう。Access viewのハンセン病訴訟では，実は元患者の損害賠償請求権の短期消滅時効が問題になったのではない。724条後段の長期の期間を経たときに権利が消滅するという規定の適用が問題となった。具体的には，「不法行為の時から二十年を経過したときも，同様とする。」という規定だ。これは，除斥期間を定めた規定だと理解されている。

では，除斥期間とはいったいなんだろう。除斥期間とは，その期間内に権利を行使しなければ，その後はいっさい権利を行使できなくなってしまうという期間だ。このような期間を設けた趣旨は，この期間の経過によって権利関係を確定するという点にある。つまり，上の例では，加害者が誰かや，損害の発生やその程度を被害者が認識してはじめて消滅時効が問題になるわけだが，そうなると，被害者の認識によってはいつまでも権利関係が確定せず，不安定な状況が継続することになる。そのような事態を防ごうというわけだ。

判別基準

時効以外に除斥期間という時間に関するルールがあるわけだから，

ある具体的な期間制限規定が消滅時効期間であるのか除斥期間であるのかの判別が問題となる。たとえば，民法724条は前段が3年の短期消滅時効，後段が除斥期間の規定だが，同じように，1つの権利について長期と短期の2種類の期間制限規定がある場合には，長期の期間を除斥期間と解する場合が多い。これとは異なって，2段階で権利を行使するような期間規定の場合，具体的には解除権に基づく原状回復請求権の場合などは，第1段階の形成権行使，すなわち解除権の行使については除斥期間であり，第2段階の請求権行使，すなわち原状回復請求権については消滅時効期間と解されている。さらに，短期の期間制限のみがある場合もある。このときは，その期間の経過によって権利関係が確定することを期待しているわけだから，やはり除斥期間ということになる。

相違点

では，除斥期間と消滅時効とはどこが違うのだろうか。第1が中断の有無であり，第2が援用の要否である。これら以外にも効果の遡及の有無や期間進行の停止の有無が異なるほか，さらに，起算点も異なる。消滅時効の場合には，債権を行使しうる時点が時効期間の起算点だ。だから，724条前段は，権利行使の前提である加害者と損害の認識を被害者に求めているわけだ。これに対して，除斥期間の場合には，その起算点は権利の成立時点だ。不法行為でいえば，不法行為の時点がこれにあたる。ところで，Access view のハンセン病訴訟では，この起算点をどの時点と考えるかが問題となった。被告である国の主張は，ここで問題となる不法行為をライ予防法に基づく強制隔離行為だとし，それは訴訟提起から20年以上前のことであるというものだった。ところが，裁判所は，問題となる不法行為自体を，強制隔離を行った一時点のものと捉えず，その後ライ予防法が廃止されるまでの間継続されていたとして，法廃止時点が

不法行為の時点であって，いまだ20年経過していないという立場だったんだ。つまり，この訴訟では，除斥期間を超えて権利行使が認められたわけではない。そうすると，除斥期間が経過したとしてもなお権利行使が認められるという例外はまったく認められないか。この点について，除斥期間の経過を主張することが権利の濫用や信義則に反する場合があるのではないかという考え方が提唱されていた。しかし，裁判所は，除斥期間は当事者の援用を必要としないから，除斥期間経過の主張自体は権利濫用や信義則違反にあたらないとの判断を示している。

Access pocket

援用と時の経過　時効については，時効の完成，時効期間の経過によって権利の取得と消滅が生じるというのが民法の規定である（162条および167条）。しかし，同時に裁判上において時効を主張するためには援用が必要である（145条）。この両者の関係はいったいどのように考えればいいのだろうか。つまり，時効の効果発生はいつなのか，である。時効期間の経過を重視する立場と援用を重視する立場とがある。前者は，確定効果説と呼ばれ，援用を訴訟法上の問題と位置づけ，時効の完成だけで時効の効果が確定的に発生するという見解である。これに対して後者は，援用が行われるまでは時効の効果は確定的には発生しないという不確定効果説である。裁判所は，時効の完成について当事者の意思が関与する余地を認める判断を示しており，不確定効果説を支持していると考えられる。

援用権者　援用権者の範囲については，とりわけ消滅時効にかかわって議論が行われてきた。本文でも述べたように，債務者自身が援用権者であることは当然である。また連帯債務者や保証人，連帯保証人が援用権者の範囲に含まれることについては異論はない。さらに，物上保証人や抵当不動産の第三取得者についてもその範囲に含まれるとの判決が現れている。

効果の遡及　　確定効果説に立つにせよ，不確定効果説に立つにせよ，その効力は，時効期間の当初（起算日）にさかのぼる（時効の遡及効：144条）。

時効の停止　　時効の中断のほかに，時効の停止と呼ばれる制度がある。これは，時効完成の間際に，時効の進行を一時停止して，時効の完成を延期するものである。もちろん，そのためには延期するに値する事情が必要である。それは，時効中断をもたらすために必要な請求などの行為が不可能であるかあるいは著しく困難な場合である。具体的には，天災などの発生である。

完成後の承認　　時効完成の事実を知らないままに債務者が債務を「承認」した後に，改めて時効の完成を主張できるか。この場合には，債務者が時効完成後に債務を承認したことによって債権者にとってみれば，債務者はもはや時効を援用しないという期待を持つに至る。そのため，債務者はもはや債権者の期待を裏切る時効の援用を信義則上許されなくなると考えられている。

権利失効の原則　　除斥期間以外に権利の消滅を導くものとして，「権利失効の原則」がある。これは，権利者が信義に反して長く権利を行使しないままである場合には，義務者の側で生じた権利を行使しないであろうという期待を保護するために，権利が失効し，消滅したとする考え方である。もっとも，わが国においては根拠となる条文がない。

II 契約が成り立つと どうなるか

Access 7	契約関係の重複と物の引渡——債権の意味と物権の意味
Access 8	契約内容が不十分にしか実現されないときの責任 ——債務不履行
Access 9	契約目的物にキズがあった場合の売主の責任 ——瑕疵担保責任
Access 10	契約当事者に関係ない原因で事故が発生してしまった場合の責任分担——危険負担
Access 11	契約の実行を確保するための制度——保証
Access 12	債権の優先的実現のために物に対して生じる権利 ——抵当権／入門
Access 13	交換価値と利用価値の交錯——抵当権／展開

Access 7

契約関係の重複と物の引渡

債権の意味と物権の意味

Access view

宇多田ヒカルのプレミアムライブチケットがインターネットのオークションで十数万という価格で取引されたという。このようにライブチケットをオークションでしかも実際の価格よりも高値で取引するケースが増えている。このようなオークションで実際には1枚しかないチケットについて3人と契約してしまった場合に，チケットを引き渡すことができるのは1人だけである。後の2人はどうなるのか。

1　3回売って，ごめんなさい。

道義的責任

たとえば，君が売主だったとしよう。君はどうする。まず，謝る。「ごめんなさい。もうありません」。許してくれるだろうか。では，他に何ができるだろうか。逆に君が買主の1人だったら，謝ってもらえばいいだろうか。

ライブまでに時間があって，まだ他にチケットがあるなら，売主の君はそれを2枚手に入れて渡せばいいかもしれない。買主の君も，それならライブを見ることができるし万々歳だ。でも，そんなに都

合良く行くかな。宇多田ヒカルのプレミアムライブチケットだと、1枚が十数万円だ。ほんとにプレミアがついている。こんなチケットは手に入らないからこそ高値なわけだ。そうすると、売主の君は今からチケットを手に入れようとしても間に合わない。さあ、どうする。

法的責任

とはいっても、あれこれ一度に考え出す前に、1つ1つ順序よく考えていこう。

まず第1に考える必要があるのは、いったい売主の君は何をしたのか、だ。インターネットオークションに問題のチケットを出品し、買主になろうとする人からの申込みを待っていたわけだ。このような出品者の行為自体は、各地の迷惑防止条例などで禁止されていなければ、問題とならない。そしてそこへ、何人かから買いたいという申出があった。さて、そのうちの誰か1人とだけ約束ができあがれば、それで契約成立だ。ところが、今回は、どういうわけだか3人と契約ができてしまった。君は、3人からお金までもらってないだろうか。もしそうならどうなるだろう。チケットは1人分しかないわけだから、当然残りの2人には受け取ったお金を返さなければならないだろう。それ以上に、その2人が使った費用まで考えなければいけないだろうか。たとえば、そのチケットを手に入れるために使ったインターネット接続料金などはどうだろう。他にもお金に換算できないものもあるかもしれない。さらに、もし買主が誰かにプレゼントするためにチケットが欲しいと思っていたらどうだろう。しかも君はその買主との間で売買の約束をしたわけだ。当然買主はこれでプレゼントできると考えていただろうし、もしかしたら、プレゼントする相手に話してしまったかもしれない。そうなると、買主からその相手にまで問題が広がっていくことになる。

1 3回売って、ごめんなさい。

95

売買契約と債務不履行

では民法はどんな解決策を用意しているのだろう。どうすれば契約が成立するかはすでに Access 4 で扱ったから覚えていると思う。簡単におさらいすると、物を売りたい人と買いたい人がいて、売りたいという意思と買いたいという意思が合致したときに「売買契約」が成立する。そして、いったん成立した売買契約がきちんと行われなかった場合、つまり、実現しなかった場合が今回の問題の一部だ。民法学の世界では、「債務不履行」という。とくに世の中に1つしかないものをすでに売ってしまって、もう売ることができない場合が「履行不能」という。その効果は、損害賠償請求権が買主に発生することになる。もちろん、その要件や損害賠償の範囲についてはいろいろと検討しなければならない。ところが、もう売ることができないというわけではない場合には、単に、買主への売買の目的物の引渡が遅れているにすぎないことになる。このような場合を「履行遅滞」と呼ぶ。この場合にもその効果は、損害賠償請求権が買主に認められることだ。もっともこのほかに、いずれの場合にも、実は買主は売主との間で結ばれた売買契約を解除することができ、そうすると、売買契約はなかったことになる。契約がなかったわけだから、売主だった君は、買主から受け取った代金を所持していることはできない。つまり、買主に代金を返還しなければならないことになる。そうすると、代金を返した上で、売主の君は買主に買主が被った損害を賠償することになる。さて、これ以上の詳しいことは次の Access 8 で扱うことになっている。ここでは、別のことを学んでもらおう。

2　1つの物を2回売ると，2倍お得なの？

売買と債権

　それはいったい何なのか。ここまでは，君が同じチケットについて3つの契約を結んだという前提で話をしてきた。でもちょっと待って欲しい。チケットは1つしかない。なぜ契約は3つ成立するのだろうか。

　そもそも契約によって何が生じるのだろう。君がチケットを売るという契約，つまり売買契約を結んだことによって，君は，買主にチケットを渡さなければならなくなった。その代わり，買主は君にチケットの代金を支払うことになる。君たちが結んだ売買契約は，このことを約束したものだ。このことを民法は555条で次のように規定している。

　「売買は，当事者の一方がある財産権を相手方に移転することを約し，相手方がこれに対してその代金を支払うことを約することによって，その効力を生ずる。」

　君はチケットを相手に渡すことを約束し，相手は君にその代金を支払うことを約束することが売買契約の内容だ。そうすると，君が売買契約を結んだことでしなければいけないことは，チケットを渡すという「行為」ということになる。また，君の相手方がすべきことは「代金の支払」という行為だ。つまり君たちはお互いにすべき「行為」を約束した。言い換えれば，互いに「行為」をするように求めることができる。このような人に一定の行為を要求する権利を「債権」という。だから，売買契約を結んだというのは，買主は売主に物を引き渡すよう求める権利（債権）を取得し，売主は買主に代金の支払を求める権利（債権）を取得したことになる。そうする

と，債権を取得したにすぎないわけだから，それが実現するかどうかは，また別の話なんだ。同時にこのことは，君がチケットの売買で行なったように複数の契約を可能にすることにもなる。もちろん実現するのは1つだけだとしても，契約はいくつもできるわけだ。なぜなら，債権はある特定の人との関係で成立している権利にすぎないからだ。それに対してチケットを渡すことのできる買主が1人に限られるのは，チケットに対する権利，つまり所有権がその物については1つしか成立しないからなんだ（これを一物一権主義という）。しかしこのことは直ちに買主が物の所有者になるということを意味しない。なぜなら，物の所有者になるということはその物を自由に使用し，また処分する権利，つまり所有権（206条）を取得することだ。そんな内容の権利が1つの物に2つ成立するとなると，いったい誰が所有者なのかわからなくなってしまうからだ。

3 持主になるって，どうするの？

所有権取得と対抗要件

では，買主はどうやって所有権を取得するのだろうか。普通は，今回の君の話のようなチケットを例として考えるのではなく，もっと重要な財産である不動産，つまり土地や建物を例として考えるんだ。だからって，チケットと建物とで考え方が大きく違うということはない。原則は同じだ。ではその原則は何だろう。チケットの場合には，そのチケットを引き渡せば，チケットの所有者が君から買主になることは当然だろう。そうすると，売買契約をしてからチケットの引渡の間はいったい誰が持主なのか。そこで参考になる条文は実は2つある。一方は176条で，他方が178条だ。このうち176条は，物権の移転，つまり所有権移転の効力が生じるのは「当事者

の意思表示のみ」によると規定している。すなわち，売買契約は売買の対象となった物の所有権を移転するという約束を含むものだから，この契約を結んだ売主と買主はその2人の意思表示だけがあれば，所有権が移転することになる。つまり，チケットの売買契約が結ばれたことによって，チケットの所有権は売主から買主に移転することになるわけだ。ところが，民法典は引き続いて178条で次のように規定している。

「動産に関する物権の譲渡は，その動産の引渡しがなければ，第三者に対抗することができない」

これは，チケットが買主に引き渡されないと，売主と買主という当事者以外にはチケットの所有権が移転したということを「対抗」できないということだ。対抗できないということの内容は，ここでは「法的に主張できない」という意味だと，さしあたり理解しておいて欲しい。この2つの条文をあわせて考えると，当事者の間ではチケットの所有権は売買契約によって移転するが，他の人に対してチケットの所有者になったことを主張しようとすると，チケットの引渡を受けなければならないということになる。逆にいえば，引渡が終わるまでは，買主は売主以外の者（第三者）との関係で自己がチケットの所有者であることを主張できない。これこそが，最初に君が陥った問題の出発点だということになる。つまり，売買契約を結んだだけでは，チケットの所有権の移転を他の者，ここでは同じように売買契約を結んだ他の2人との関係で主張できないということになる。そして，この3人のうち誰か1人がチケットの引渡を受けると，その者が他の者に対しても自己が所有者であることを主張できるようになり，残りの2人は所有権を取得できないことが確定する。

売らない自由と割り込む自由

では，なぜこのような仕組みになっているのだろうか。売買契約だけで所有権が移転してしまう仕組み，とりわけ売買契約当事者間だけでなく他の者に対する関係でも所有権の移転を主張できるようにしないのはなぜだろうか。2つの側面がある。1つは，最終的に所有権の移転が行われるまでは，売買契約をやめることができるということだ。これは，もちろん，まだ契約を結んでいない者とより有利な契約を結ぶために最初の契約をやめることもできるし，そもそも気が変わって売らなくするという選択もできるということでもある。このことをさして，売買契約を結んで目的物の引渡を受けることができるか否かは他の買受け希望者との「自由競争」だとして，その範囲で売主が二重に契約することは許されると考える立場がある。しかし，いくら自由競争とはいっても，すでに契約が結ばれたあとからいわば「割り込む」のは倫理的にみて許されない，つまり「フェア」ではないと考えることもできる。そこで，あとから「割り込んだ」者から受け取った代金をすべて最初に契約していた者が受け取ることができるという見解も主張されている（代償請求）。もっとも，このように考えたとしても，二重に売買契約をするのはすでに財産がなく，債務超過に陥っている者であることが多い。そうすると，いくら代償請求ができるとしても，あるいは損害賠償請求ができるとしても，目的物の所有権を取得できなければ，きわめて大きな不利益を被ることになることは明らかといえる。そうすると，君が契約をした相手にとってはチケットが手にはいるかどうかこそが重要だということになる。

意思主義と形式主義

今度はすこし違う面から説明してみよう。チケットについての売買契約を結べば，少なくとも当事者の間では所有権が移転する。こ

のように売買当事者の意思だけに基づいて所有権の移転が可能になることを,「意思主義」という。しかし,この意思主義の場合には2つの問題が生じるんだ。第1は,意思だけで所有権が移転するということは他の人からすれば,いったい誰が所有者なのかが不明確になり易いということになる。つまり,チケットをこれから買おうと思っている人にとってみれば,いつ所有権が移転したのかがわかりにくいために,誰と売買契約を結べばよいかがわからないわけだ。そこで,所有権の移転のためには当事者の意思だけではなく,他の誰がみてもわかるように形式をともなった方がよいという考え方が登場する。これを形式主義という。ただこの考え方だと,形式を信頼することになるから,何かの拍子に形式だけは行われたが,実は当事者の間ではまだ売買の合意がなされていないという場合には,形式がある以上所有権は移転しているはずだという結論になる。このときは,まだ売っていないにもかかわらず,所有権を失うわけだ。この2つの考え方,意思主義と形式主義は,日本が民法典を作るときに参考にしたフランスとドイツのそれぞれの民法典で採用されている。フランスは意思主義,ドイツは形式主義。日本の民法典はこの部分についてはフランスにならっているので,意思主義だということになる。では,前に紹介した178条はいったいどのような意味があるのか。これが意思主義第2の問題でもあるんだ。当事者の意思だけで所有権が移転するとなると,他の者にとって所有者が誰であるかが不明確になる。そこで,178条のように引渡を受ければ,他の者との関係で所有権を主張できるとしたわけだ。こうすることによって,売買契約を結んだ者は,自分が所有であることを主張したければ,「引渡」を受けなければならなくなる。裏返せば,売買契約をしても引渡を受けずに自分の所有権を主張するよう努力しない者は,保護しないということになる。これが,二重に売買された場合に,先に引渡を受けた者が優先するということの根拠付けなん

だ。

引渡

 ところで、引渡というのは、いったいどのように行われるか。すぐ思いつくのが、実際に動産を相手方に渡すという方法だ (現実の引渡：182条1項)。しかし、これに限られるわけではない。たとえば、すでに相手方が所持している動産を一度自分に引き渡してもらってから、再度相手方に渡すのでは、余分な手間と時間が必要だ。そこで、相手方に「引き渡す」という意思を表示するだけで「引渡」が行われる (簡易の引渡：182条2項)。また逆に、相手方の動産を以後は自分のために占有してくれるという場合を考えることもできる。この場合にも、現実の引渡を複数回行うのではなく、相手方が以後自分のために占有代理人になるとの意思を表示すればよい (占有改定：183条)。さらに、目的物を第三者に預けてある場合には、その第三者から現実の引渡を受けて、さらにこれを相手方に引き渡すよりも、預けたまま、以後は相手方のために保管してもらえばよい。そこで、その第三者に以後相手方のために占有するように指図するという方法もある (指図による占有移転：184条)。「現実の引渡」を除くこれら3つの方式は、実際に物の所在を変更するというのではなく、占有権を移転するものである。しかしこれらはいずれも178条にいう「引渡」に該当する。このことは、対抗要件として考えたときに、逆に不安定さをもたらしかねない。それは、こういうことだ。当事者の意思の合致があれば、売買契約は成立し、その結果として売買の目的物の所有権は売主から買主に移転する。その上で、買主は、自己の所有権移転を他の人に対しても主張しうるようにする目的で、178条の対抗要件を備えることになる。それが、引渡である。ところが、目的物の現実の引渡以外にも引渡に当たる方式があり、それらの方法を採れば、目的物の所在する場所は引渡

の前後で変化していない。つまり，引渡がなされていても外見上の変化がまったくない場合が考えられる。そうなると，他の人に対して自己の所有権が移転したことを主張するとはいっても，外見から完全に明確になるわけではないことになる。このことが，対抗要件の機能を果たすうえで引渡が不完全であり，不安定さをもたらすことにつながるんだ。

不動産売買

ところで，今まではチケットの売買を念頭において考えてきた。ここでちょっと対象を変えて，君の家，つまり不動産を売買することを考えてみよう。この場合も基本となる条文は176条だ。つまり，売買契約が結ばれたときは所有権は移転するという意思主義によることになる。動産の場合と違うのは，動産についての178条に代わって，177条が第三者への対抗要件を規定している点だ。

この177条によれば，不動産の売買にあたって「登記」をすれば他の人に対して自己の所有権取得を対抗できる。つまり動産との大きな違いは，「引渡」か「登記」かという点だ。そして，登記とは，登記所に備え付けられている登記簿に，不動産1つ1つ（「一筆」という）ごとに所有者は誰で，いつ誰から取得したのかを記録することによって行われる（→もっとも，現在では登記簿はほとんどコンピュータ化されている）。そのため，日本国内の土地と建物すべてについて登記簿が作られている。この登記簿への登記という方法は，動産の引渡と違って，記録を作成するわけだから，少なくとも所有権の所在についてはより明確になる。その意味では，動産についても「引渡」ではなく「登記」を対抗要件にすればいいのではないかと思うかもしれない。ところが，不動産は数が多いようでも無限に存在するわけではないのに対して，動産はほとんど数限りなく存在する。つまり，登記を対抗要件にしようとすると身の回りにある物

すべてを登記しなければいけなくなるわけで，それは結局不可能を強いるということになるんだ。そこで，たとえば，動産といっても重要な動産，たとえば自動車などについては「登録」制度があり，それが対抗要件としての役割を果たしている。さらに，法人の行う動産の譲渡について「動産譲渡登記」という制度が設けられた。この「登記」は引渡とみなされる（動産及び債権の譲渡の対抗要件に関する民法の特例等に関する法律3条）。

4 友達からちゃんと買ったのに!?

公示

　さて，いま対抗要件としての役割と言った。それは，買主が他の人に対して自己の所有権の取得を対抗することだ。立場を変えて，他の人から見れば，対抗要件を備えているということは，自己の権利取得を広く示していることになる。これが「公示」と呼ばれる機能なんだ。では，公示されていれば，つまり対抗要件を備えていれば，必ず所有者だろうか。動産の場合は引渡によって公示がなされるわけだが，引渡は所有権の移転が行われたときにだけなされるわけではない。たとえば，君が浜崎あゆみのDVD "COMPLETE LIVE BOX" を友人に貸したときもDVDは君から友人に引き渡されるよね。そうすると，君とその友人以外の他の人（第三者）からみれば，君の友人がDVDを君から買い受けたのか，それとも借りたのかは直ちにはわからない。

即時取得

　もし，君の友人，仮に章夫君としようか，その章夫君が君から借りたDVDを自分の物だといってさらにその友人博君に売ってしま

った場合を考えよう。博君からみれば、DVDは章夫君のところにあるわけだから、章夫君が所有者だと思ったわけだ。そこで、博君がDVDの代金を章夫君に支払ってDVDも受け取って持ち帰ったら、DVDの所有権はいったい誰のところにあるのだろう。君だろうか、それとも博君だろうか。そもそも章夫君は君からDVDを借りていただけで、所有権の移転を受けていたわけではないから、章夫君は所有者ではない。その章夫君が自分の物ではない物の所有権を博君に移転することはできないはずだよね（→この点に関連して、そもそも第三者の物を売買することもできる（**他人物売買**）が、その場合には章夫君が君から所有権を取得して、その所有権を博君に移転する必要があり、そのような義務を章夫君が負うことになる〔560条〕）。そうすると、君にとってはありがたい結論だけど、博君にとっては、きちんとお金も払ったのに、君から取り返されてしまうことになる。だからといって逆に博君に所有権が移転しているとすると、今度は売った覚えもない君がDVDの所有権を失うことになる。こんな場合にどう解決するか。民法は192条という条文を用意している。

「取引行為によって、平穏に、かつ、公然と動産の占有を始めた者は、善意であり、かつ、過失がないときは、即時にその動産について行使する権利を取得する。」

これは、即時取得あるいは**善意取得**と呼ばれる規定だ。その内容を上の例に当てはめてみると、博君がDVDを受け取ったときに「取引によって」「平穏かつ公然」で「善意」「無過失」だと、博君はDVDの所有権を取得するというわけだ。もっともこれだけではなんだかわからないよね。もうちょっと詳しく説明しよう。無理矢理奪いとったとか、誤って持ち帰ったというのではなく、たとえば、売買契約などの取引に基づいて、DVDを受け取った場合が、「取引によって」「平穏かつ公然」ということになる。そして、「**善意**」「**無過失**」とは、章夫君が所有者ではないことを博君が「知らない」

4 友達からちゃんと買ったのに!?

かまたは「知らないことについて過失がない」ことを意味する。博君にすれば、章夫君が自分のものだといってDVDを売ろうといったわけだし、しかもDVDは現に章夫君の部屋にあったわけだ。こんな場合には本来であれば、所有権を取得することのできないはずの博君をとくに保護しよういうのがこの条文の趣旨なんだ。何でこんな規定があるのかが疑問だよね。博君はなぜ保護されるのだろう。それを考えてみよう。博君からすると、確認できるところはきちんと確認しているわけだ。しかも売買契約に基づいて代金も支払っている。もし、これ以上にDVDが本当に章夫君のものであることまで博君がきちんと調べなければいけないとすると、どうなるだろう。博君は章夫君がどこでDVDを買ったのかを調べ、さらにその人（店）もどこから手に入れたのかを調べないといけなくなるよね。結局、そのDVDが世の中でどのように売られてきたのかを全部調べないと、安心してDVDを買うことができない。それではとても大変だよね。そこで、民法は取引を経由して所有権を取得する場合に192条の規定によって所有者であるという外見を信頼したものを保護することにしたわけだ。このことを**公信の原則**という。動産の売買の場合には対抗要件である「引渡」が公示手段として不十分なために、公信の原則でその不十分な部分を補っているともいうことができる。

債権の譲渡

では、話を変えて債権の場合には、どのように譲渡されるのだろうか。ここまでは、売買契約の対象はDVDであったり、チケットであったり、あるいは不動産だった。しかし、売買契約から生じるのは、債権だと最初に話したね。この債権自体は譲渡できないのか、それがここでの問題だ。結論から言えば、債権だって譲渡することができる（466条）。とくに、代金の支払を目的とする債権のような

金銭債権は実際にもよく譲渡の対象となっている。そうすると、債権の譲渡はどのように行われるのか。当事者間、すなわち債権者と新たに債権者になろうとするもの（新債権者）との間の合意によって債権は譲渡される。その債権の債務者の合意は原則としては不要だ。もっとも、債務者にすれば、債権者が誰であるかは誰に返済すればよいのかという点で重要だから、債権者との合意によって債権の譲渡を禁止する特約を締結しておくこともできる（**債権譲渡禁止特約**：466条2項）。

債権譲渡の対抗要件

次に問題になるのは、当事者間の合意によって行われた債権譲渡を第三者との関係でどのように主張するのかである。この点に関わって、譲渡にあたって第三者との関係が問題となることは、不動産や動産の場合と同じだ。ただ、債権譲渡の場合の第三者は2つに分かれる。1つは、譲渡される債権の債務者であり、もう1つは、その債務者をのぞく第三者だ。債務者にとっては、債権譲渡によって従来の債権者と新たな債権者のいずれに債務を履行すればよいのかが問題となる。他方で、債務者をのぞく第三者にとっては、従来の債権者と新たな債権者のいずれが権利者であるのかが問題である。これらの問題を解決するために債権譲渡の対抗要件は、従来の債権者から債務者への債権譲渡の**通知**または債務者による**承諾**を求めている。さらに、債務者をのぞく第三者との関係では、これらの通知や承諾に**確定日付**を付さなければならない（467条）。この通知や承諾の先後関係によって、債権譲渡の優先劣後が決定される。なお、ここで通知や承諾の先後関係というのは、通知や承諾に付された確定日付自体の先後ではなく、通知が債務者に到達した日あるいは承諾がなされた日の先後だ。確定日付を要求している制度の趣旨からすると、本来は、その確定日付自体の先後で優劣が決定されるべき

4 友達からちゃんと買ったのに!?

なんだが，債務者がより判断しやすいのは通知や承諾それ自体がなされた日の先後であるため，債務者の認識を中心において解釈されているわけだ。

さらに，確定日付を付した通知・承諾に代わって，一定範囲の債権の譲渡に関しては**債権譲渡登記**という公示手段もある（動産債権譲渡特例法4条）。これは，債権の譲渡をより簡易な手段で可能にすることを目的とする。

二重譲渡の結末

さて，債権譲渡まで説明したところで，最初に戻ろうか。君が売買契約をしたチケットの話だ。もし君がすでにそのうちの1人にチケットを「引渡」していれば，その人がチケットの所有者として他の2人との関係で権利を対抗できるわけだ。そしてその2人は，君に売買契約を結んだにもかかわらず君がチケットを渡さないことを理由として損害賠償を請求する。君はその損害賠償から逃れることはできない。それが契約をした君の責任だからだ。もうわかっていると思うが，チケットを渡したか否かが重要なわけで，売買契約の順番は決定的ではない。つまり，2番目に契約しようが3番目に契約しようが，引渡を受けた者が他の者との関係で所有権の取得を対抗できるからだ。では，まだチケットを渡していないとすれば，どうなるのか。売買契約を君と結んだ3人が3人とも自分が所有だということを他の2人に対抗できない状態にある。その意味で最終的な所有権の帰属は不確定のままというわけだ。

Access pocket

物の種類と対抗要件　家の所有権移転について177条が適用され，DVDやチケットの所有権移転について178条が適用されるのは，民法典の物の定義による。85条は，「この法律において『物』とは，

有体物をいう。」と規定して，民法典で物として扱われるのが「**有体物**」であるとしている。この有体物に当たるか否かは現在では，排他的な管理が可能であるか否かによって判断される。さて，物に当たるもののうちで，不動産と動産の区別は，86条による。それによれば，「土地及びその定着物」は**不動産**であり（1項），それ以外の物はすべて**動産**である（2項）。その上で，とくに**無記名の債権**は動産とみなされている（3項）。この規定によってDVDやチケットは動産として扱われるわけである。

なお，ライブチケットは，それ自体としては物であるが，重要なのは印刷された物としての価値ではなく，そのチケットを持参すればライブを聴くことができるという点にある。つまりライブを聴く権利を表したものであって，その点からは債権がチケットという物（券）と一体化している。

そして動産の所有権移転の対抗要件は原則として引渡であるが，その公示方法としての不完全性から，特別法によって公示手段を設けている場合がある。たとえば，自動車や航空機，建設機械などは特別法によって**登録制度**が存在する。このような登録制度の存在する動産の場合には民法192条の規定の適用は排除されるというのが，裁判所の立場である。

他方で，不動産の所有権移転の対抗要件である登記については，民法典ではなく，**不動産登記法**に詳細な規定が設けられている。財産法を理解するためにはあわせて学習すべき法律の1つとなっている。また，不動産の所有権移転には公信の原則は適用されないが，同時に不動産という重要な財産の取引について善意無過失の買主を保護する必要もある。そのため，たとえば94条2項の類推適用によって本来あるべき権利状態を公示していない登記を自ら作出した所有者との関係では，その登記を信頼した買主を保護するという解釈が行われている。他方で，そのような不実の登記を作出したのではない所有者と「**背信的悪意**」をもって不動産の登記を得た者との関係においては，所有者は自らの登記がなくとも所有権を主張する

ことができる。このように，具体的な事実との関わりの中で，具体的な妥当性を求めた解釈が行われ，紛争の解決がめざされている点には十分着目しなければならない。

Access 8

契約内容が不十分にしか実現されないときの責任

債務不履行

Access view

ブリッジリゾート社はゴルフ場を建設し，会員になった人から入会金・預託金の支払を受けた。ブリッジリゾートのパンフレットでは，ゴルフ場の付帯施設として，「南欧の高級リゾートを思わせる瀟洒な外観とゆったりした客室」を備える高級ホテルが建設され，それも使えることが強調されていた。多くの会員は，この宣伝を重視して入会した。ところが，ゴルフ場の完成後，ブリッジリゾートは，資金繰りが苦しくなりいつまでたってもホテル建設に着手しない。会員のなかには，もう入会の契約をとりやめて入会金・預託金をとりかえしたいと思う人もいる。可能だろうか（なお，ブリッジリゾートは契約時は本当に高級ホテルを造る予定だったとする。もし，初めからホテルを造るつもりはなく会員をだましたのなら，詐欺だ。Access 4 参照）。

1 契約を守らないこと——債務不履行

債務不履行とは

契約を締結すると，当事者は債務を負う。Access viewの場合では，ブリッジリゾートはゴルフ場を建設し，利用できるようにする債務

を負い，会員は入会金・預託金や利用料を支払う債務を負う。理由もなく債務を履行しないと，「債務不履行」という状態になる。債務不履行のとき，債権者は民法のいくつかの制度で救済を受ける。詳しいことは後でみるが，そのなかに，「**解除**」がある。これは契約をとりやめにすることである。Access viewのケースでは，会員は解除できれば，払った金銭を取り返すことができる。ブリッジリゾートは，ゴルフ場はできているのだから責任はない，と言うが，会員側は，ホテル建設も大事だから，責任をとって金を返せ，と詰め寄っている。はたして解除ができるのか？　この検討をめざして債務不履行制度に Access していこう。

売買契約がもたらすこと

先にもう少し単純な例で考えていこう。

> 火車商事がブリッジエステート社から建物を代金1000万円で購入した。火車商事は代金を支払ったのに，ブリッジエステートは期日になっても建物を明け渡さない。

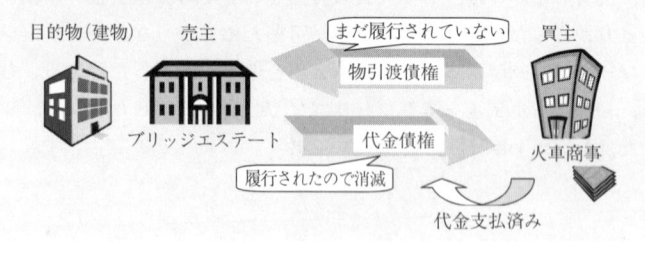

この契約は売買契約（555条）である。ブリッジエステートは売主として，目的物（建物）を引き渡す債務と，所有権登記を移転する債務を負う。火車商事は買主として代金支払債務を負う。したがって，引渡については，火車商事は債権者であり，ブリッジエステートは債務者である。逆に，代金支払についての債権者は，ブリッジエステートであり，債務者は火車商事。少しややこしいが，慣れ

ないといけない。また，売買契約はこの債務発生に加え，所有権の移転という物権変動も生じさせる。売買契約により，ブリッジエステートから火車商事に建物の所有権が移る。

履行遅滞と履行不能

さて，設例ではブリッジエステートは引渡債務を履行していない。このとき，建物が焼失とか損壊でなくなってしまっていて（**滅失**という）履行ができなくなっていたとしよう。これを「**履行不能**」と呼ぶ。区別しなければならないのは，履行が可能であるのに債務者が履行しない場合で，こちらは「**履行遅滞**」という。民法は，債務不履行についてこの2つの場合を規定し，それぞれの場合に異なる内容の法的な処理の制度を用意している。だから，この2つを頭にいれるのは債務不履行を勉強するときの第一歩になる。

履行不能の場合，債務者の帰責事由の有無で2つの制度に対応を振り分けている。**帰責事由**とは落ち度・責められるべき事情があることで，たとえばブリッジエステートの従業員が火を出したのなら，売主＝引渡債務者自身の帰責事由による履行不能になる。また，建物を二重譲渡し第二買主に登記を移転したときも，第一買主に対する引渡債務は履行不能になる。これらのときは，債務不履行制度の適用がある。これに対し，債務者に帰責事由がないのに履行不能が起きたとき（たとえば，天災・類焼や第三者の行為で建物が滅失したとき）は，**危険負担**の制度が働く。危険負担は Access 10 で勉強する。

2　債権者の武器は3つ

債権者の3つの法的手段

履行遅滞の場合で，火車商事があくまで建物の入手を実現しよう

とするとき（言い換えれば，債権者が契約どおりの債務の履行を求めるとき），民法414条の「**強制履行**」を求めることになる。これは，その名が示すように，裁判所の手続を通じて強制的に債務の履行を実現する制度である。これがあれば，買主＝引渡債権の債権者の保護としては十分のようにみえる。

しかし，売主が履行しないなら，契約にさっさと見切りをつけて代金を取り返そうと買主が考えることもあるだろう（そして，建物購入を思い直したり，他の売主を探すわけである）。むつかしく言い換えれば，履行遅滞を理由に契約を消滅させ，すでに履行した給付の返還を求める債権者の選択。これが，民法541条の**解除**である。火車商事は，解除をすれば，売買契約を消滅させて支払った1000万円を取り返すことができる。解除があると，契約当事者は受け取った給付を互いに返還しなければならない（545条1項本文）。これを**原状回復義務**という。ブリッジエステートの1000万円の返還義務も原状回復義務の一種である。このように，民法は，履行遅滞が起きたとき，債権者に，あくまで契約を貫徹する法的手段（強制履行）と，契約を取りやめにする法的手段（解除）を用意し，その選択ができるようにしているのである。

債務不履行のとき，債権者の保護のために民法が用意している法的手段はもう1つある。火車商事がねばり強く要求したり強制履行を申し立てて，引渡が実現したとしよう。しかし，その引渡は期日に遅れて実現したのだから，火車商事は引渡の期日どおり履行されていれば得られていたはずの使用による利益を奪われている。これは一種の損害であるといえる。また，業を煮やした火車商事が契約を解除した場合でも，建物の市場価格が1200万円だったとしたら，1000万円支払うことで1200万円の価値あるものを手に入れて200万円分得をするはずだったのに，それを取りそこねたという損害が起きている。このように債務不履行により債権者に損害が生じたと

き，債務者は，民法415条により**損害賠償義務**を負う。ブリッジエステートは，先の例では使用利益相当額の賠償義務，後の例では200万円の賠償義務を負う。債権者が強制履行を求めても，それに加えて**損害賠償の請求**もできることは民法414条4項が定めており，民法545条3項が解除について同様のことを規定している。

では，債務者の帰責事由による履行不能のときはどうなるだろう。このときは，債権者＝買主の引渡債権は自動的に損害賠償請求権に形を変える（転化する）（415条後段）。ブリッジエステートが火車商事に売却済みの建物を他の者に二重に売却し登記までこれに移転してしまったとすると，買主である火車商事の引渡債権は自動的に建物の価値の額の損害賠償請求権に化ける。価値が1200万円ならその額の請求権になる。そして，火車商事は反対給付の債務（代金支払債務）を存続させたまま1200万円の損害賠償請求の履行を求めてもいいし，契約を解除して反対給付の債務を免れ，得するはずだった200万円だけを損害賠償として請求してもよい。あとのときの解除の規定は民法543条である。

代金が支払済みなら，解除しなければ火車商事は1200万円を全額損害賠償としてとれることになる。解除すれば1000万円は原状回復として，200万円は損害賠償として請求できることになる（取れる額は結局同じ）。代金が未払いであれば，解除すれば火車商事は代金債務を免れ200万円の損害賠償請求権だけ取得することになる。解除しなければ，1200万円の損害賠償請求権を持つが，代わりに1000万円の代金債務も負い続ける。

このように，民法は債務不履行のときに，債権者に強制履行，解除，損害賠償請求の3つの法的手段を与えている。この3つはワンセットにして覚えておくとよい。

強制履行のやり方

　一口で強制履行といっても，そのやり方は債務の中味によって異なる。

　設例のように売主のブリッジエステートの引渡債務が履行遅滞になっているときは，引渡請求権の債権者（買主）の火車商事は，執行官にブリッジエステートの関係者を追い出してもらって建物を現実に受け取ることができる（民執168条1項）。このように，債務の内容どおりの給付を裁判所を通じて実現する方式を「**直接強制**」という。引渡債務のほか金銭債務でもこれが使われる。金銭債務の直接強制は，債務者の責任財産を競売等で換金して，それで得られた金銭を債務に充てる形で行われる（同43条以下）。

　設例を変えて土地の売買だったとして，ブリッジエステートはその土地の上にある建物を解体して火車商事に土地を明け渡す契約になっていたとする。ブリッジエステートが代金を受け取ったのに建物を壊すのを遅滞しているとき，どうやって強制履行をするのだろうか。裁判所は物を壊すことまではしてくれない。しかし方法はある。火車商事が解体業者に依頼して建物を解体し，その費用を債務者のブリッジエステートに請求する，というやり方。このように，直接強制ができない場合で他人でも履行が可能な債務について，第三者にそれを実現させ費用を債務者から強制的に徴収する方式を「**代替執行**」という（414条2項，民執171条）。

　2つの方式でも対応できない場合もある。住環境の保持のために，近所の人と，騒音を出さないとか，高い建物を建てない，という契約をしたときがそうである。一定の行為をしない債務を**不作為債務**という。この場合は，直接強制や代替執行はできない。執行官が四六時中騒音が出ないように監視するのは非現実的であるし，債務者の代わりに他の人に静かにしてもらっても無意味だ。そこで，不作為債務等債務者自身が履行しなければ意味のない債務の履行を強制

するために,「間接強制」という方式がある（民執172条）。これは，不履行の間はずっと一定の金銭の支払義務を債務者に課するという方法である。間接強制が認められると，債務者が不履行をしているとそれだけ払わされる金銭が増えていく。いつかは債務者が音をあげて合意どおりの履行をするだろう，ということがねらわれている。

　以上のように強制履行の方式には3つのものがある。説明したところから分かるように，他人が代わりに行うことができない債務の強制履行には，間接強制の方法しかないことになる。ところが，そういう債務の中には，債務者にプレッシャーをかけることが不適当なものがある。たとえば，作家に小説を書いてもらう契約や，彫刻家に作品を作ってもらう契約。芸術家にプレッシャーを加えても，かえってあせるだけで創作に必要なインスピレーションなどわいてくるはずもなく，逆効果であろう。したがって，こういう場合には間接強制も認められず結局強制履行はできないと解されている。

　では，強制履行できない債務は法的義務として無意味なのだろうか。決してそうではない。思い出して欲しい。債権者には損害賠償請求，解除という手が残っている。

債務不履行損害賠償請求の仕組み

　債務不履行により損害が生じているとき，債権者は，債務者にその損害を金銭により賠償することを求めることができる。民法415条が定める，債務不履行に基づく損害賠償請求権である。この要件は，履行遅滞や履行不能など債務が適正に履行されていない状態にあること，およびそれが債務者の帰責事由に基づくこと，の2つである。**帰責事由**とは債務者の落ち度のことである。いくら債務を負っているといっても，債務者は，自分に落ち度がないときまでは賠償責任を負わされない。これが原則である（**過失責任の原則**→Access pocket）。設例でいえば，建物が近所で出た火によって類焼したとか，

2 債権者の武器は3つ

立派な建物をねたんだ者によって破壊されたというのであれば，引渡債務の履行不能について，債務者ブリッジエステートの帰責事由はない。債務者の帰責事由によらない履行不能は，危険負担の制度の守備範囲（Access 10）。

では，要件はそろっているとして，債権者は実際にどの範囲の賠償金をとれるのだろうか。債務不履行損害賠償請求の範囲を決めるのは，民法 416 条である。ブリッジエステートが，火車商事との契約後，不当にも別の者に建物を売りこれに所有権登記も移転してしまったとしよう。これはブリッジエステートの帰責事由による履行不能。この時点で建物の市場価値が 1200 万円だったとしよう。怒った火車商事は，支払済代金分も含めた損害の賠償請求訴訟を決意したが，その訴訟のときまでにさらに建物の市場価格が上がり 1500 万円になっていたとする。または，火車商事は，八州銀行に 1500 万円で建物を転売する契約をすでにしていたとしよう。こういうとき，火車商事は履行不能時（債務不履行時）の価格を基準にして 1200 万円の賠償金しかとれないのか，それとも訴訟時の価格または転売価格を基準として 1500 万円の賠償金がとれるのだろうか。

結論からいうと，火車商事が 1500 万円の賠償金をとるには条件が 1 つある。これに対し 1200 万円の賠償金はつねに取れる。このことが民法 416 条からでてくる。まず，民法 416 条 1 項は，債権者が被った損害のうち，「**通常損害**」についてはつねに賠償の対象になることを定めている。債務不履行時の目的物の市場価格は，この通常損害にあたる。したがって，火車商事は最低でも 1200 万円の賠償を受けられるわけである。

これに対し，債務不履行後に目的物の価格が上昇した場合のその価格や転売価格は，同条 2 項の「**特別損害**」にあたる。特別損害は，それが生じる事情（「**特別事情**」という。たとえば，目的物の価格上昇

が予測できる市況であったこと、転売契約が締結されていること）について債務者に予見可能性があることを条件として、賠償の対象になると定められている。そうしておかないと、普通は予想もできない事情で増大した損害にまで債務者が賠償義務を負わされることになって、高額賠償のリスクを恐れて誰も契約を締結しなくなることになりかねないからである。というわけで、不動産価格が上昇し続けることや転売契約が締結されていることがブリッジエステートにとって予見可能であったときに限り、火車商事は1500万円の賠償金を取ることができる。

予見可能性の判定時のとり方でこんなに違う

ところで、この債務者にとっての予見可能性はいつまでに生じていなければならないだろうか。こまかいことのようにみえて意外に大事。転売価格の例で考えよう。ブリッジエステートの方からみると、転売契約のことが契約締結時に分かっていなければ、債務不履行時までに知らされたとしても1500万円の賠償金は支払わなくてよいのだ、と主張したい。というのは、債務者ブリッジエステートには、自分は、もし不履行をしてもせいぜい1200万円の賠償金を払うリスクを負うぐらいだろうと思って契約をしたのであり、そのリスクが1500万円にも及ぶのであれば契約をしなかったか、もっと代金をつりあげる交渉をしていたはずだ、という言い分があるから。転売契約によって賠償金が高額に及ぶリスクがあるのなら、はじめから言ってくれ、聞いていない以上はそんなリスクまで負わされるいわれはないよ、というわけだ。この言い分が通れば、債務者は、特別事情が契約締結時に予見可能でなければ、特別損害の賠償義務を負わされない。

これに対し、債権者火車商事もだまってはいまい。ブリッジエステートは、契約締結の後に予見可能になった事情による特別損害の

賠償を課したら，契約に過大なリスクを伴わせることになるというが，そもそも，契約を締結しただけでそのリスクが現実化するわけではない。賠償義務を負わされるのは，債務者の帰責事由によって債務不履行が生じたときだけである。となると，賠償義務を負いたくなければ，債務者は単に履行をすればいいだけの話ではないか。つまり，ブリッジエステートが他の者に売るなどという裏切りをせず，ちゃんと火車商事に対する債務を履行していれば，何も問題はなかったのである。また物が壊れたとしても，債務者に落ち度がなければ，やはり賠償義務は生じない。履行しようと思えばできるのにしない，または履行不能を回避できたのにしなかった場合だけ民法は賠償義務を負わせているのであり，そんな不履行をしておいて賠償金が高額だとケチをつけるのは筋違いだ，というわけだ。

このように，民法 416 条 2 項の**予見可能性の判定時**には，契約締結時説と債務不履行時説の 2 つの解釈がある。一般的な解釈は，後者。すなわち，債務者にとって債務不履行時までに特別事情について予見が可能になっていれば，特別損害の賠償は認められるという，債権者に有利な解釈が一般的で，判例でもある（大判大正 7 年 8 月 27 日民録 24 輯 1658 頁）。

解除の仕組み

解除がされると契約当事者は，互いに受け取った給付を返還する義務を負う（545 条 1 項本文）。これを**原状回復義務**という。設例をすこし変えて，ブリッジエステートは建物を引き渡したが，登記の移転を遅滞し，待ちきれなくなった火車商事が解除をしたとしよう。売主だったブリッジエステートは受け取った代金を返還し，買主だった火車商事は受け取った建物を返還し原状（契約締結時の状態）を回復するのである。これをもう少し法律論的に言い換えると，解除によって契約が消滅するので，給付を受けた当事者はそれを保持

する法的な根拠を失って，返還義務を負う，となる。

このように解除は，給付の実現や保持を正当化する債権を消滅させる効果をもつ。契約がもたらすのは債権の発生に限られるわけではない。契約の，もう1つの重要な効果は，**物権変動**である（176条）。解除は契約の効果を奪うのだから，売買契約のように物権変動をももたらす契約なら，その効果も否定する。設例でいえば，売買契約によって火車商事にいったん所有権が移転していたとしても，解除があればブリッジエステートは所有権を回復する。売主の保護は，原状回復として建物の実際の返還を受けることと（債務消滅の帰結），同時にその所有権を回復すること（物権変動の効果が奪われることの帰結）ではかられる。しかし，これが完全に生じるのは目的物の所有権が買主にまだあった場合である。設例でいえば，火車商事が八州銀行に建物を解除前に譲渡してしまっていたときは，話が違ってくる。民法545条1項但書は，解除があっても，八州銀行のような第三者の権利（所有権）は害されない，としている。したがって，八州銀行が所有権を得ていれば，ブリッジエステートは建物の所有権を回復することはできない（もっとも，判例は八州銀行のような第三者が保護されるためには対抗要件（登記）を備えることまで必要であると解している）。

解除のために必要なこと

では，解除するための要件をみていこう。履行不能による解除の場合は簡単で，債務者の帰責事由によって履行不能が起きたことである（債務者の帰責事由によらない履行不能は危険負担制度によって処理される）。**履行遅滞による解除**をするには，後でみるように履行期が到来しているのに（412条），債務者が弁済提供をしていないことが必要である（492条）。また，債務者が**同時履行の抗弁権**（533条）を有していると履行遅滞にならない。さらに民法541条はこれ

らに加え，債権者が相当な期間を定めて催告することを要件としている。履行遅滞により直ちに契約を消滅させる権利を生じさせるのでなく，債務者に履行のための最後の機会を設けて契約の消滅という結末を回避する余地を与えているのである。どの程度が「相当」かは契約の内容によって異なる。普通は金銭の支払より不動産の引渡の方がより長い猶予が与えられる。

Access view のケース——付随的債務

　売買契約の引渡債務や代金支払債務のように契約にとって中心的意味をもつ債務が不履行になれば先の要件で解除ができる。しかし，契約もいろいろだ。中心的な債務に加えて，それよりは重要度の落ちる付随的債務が契約によって生じることもある。Access view のケースのように，ブリッジリゾートが，中心的な債務（ゴルフ場の建設，ゴルフ場利用の提供）のほかに高級ホテルを建て，これも利用できるという付加価値を宣伝していたようなとき，後者も契約の内容になりうる。当事者の意思表示の合致さえあれば，どんな内容でも契約の効力を認めて法的保護を与えることが契約自由の原則である。これに基づいて実にさまざまな契約が生み出されている。そうすると，契約上の債務として種々のものが作り出されることになるから，どのような債務について不履行があれば解除できるかは，大事な問題になってくる。

　一般に，付随的債務も，契約目的に照らして重要な意義がある債務であれば解除ができると解されている（Access view のケースで，最高裁は，高級ホテルの利用を前提に入会金・預託金が高額になっているときは，高級ホテルの建設は，契約にとって重要な意義をもちうる，と判断した。最判平成 11 年 11 月 30 日判時 1701 号 69 頁）。逆にいえば，重要でない債務については，不履行を理由に解除できない。解除は契約自体を取りやめにする強力な効果をもつので，それに見合うだ

けの事情がなければ認められないわけだ。では付随的債務の不履行のときに解除ができなければ債務者はなんの制裁も受けないのかというとそうではなく，損害賠償義務はもちろん生じる。

3 債務不履行についてもうちょっと詰めておこう

遅滞による責任の要件

　これまでの説明で，債務不履行には，履行遅滞と債務者の帰責事由による履行不能があることが分かった。このうち，履行遅滞のときに債権者が法的手段をとるための要件について，もう少しみておきたい。

　まず，履行遅滞のためには，履行期（履行をするべき時期）が到来していることが必要である。民法412条がこれを定める。設例では引渡の期日が指定されている。期日は，「何月何日」という形で明確に固定された日時で定めることが多いが，たとえば「火車商事が現在の社屋を引き払ったとき」というように不確定的に定めることもある。前者を「確定期限」といい，このときは期日の到来と同時に履行期になる（同条1項）。後者は「不確定期限」と呼び，こちらのときは，債務者が期限の到来を知ったときから履行期になる（同条2項）。どちらの期限も定められていないときの履行期は，債権者が履行を請求したとき以降である（同条3項）。

　次に必要なのは，この履行期に債務者が「弁済提供」をしないこと（492条）。民法493条が弁済提供のやり方を定め，原則として債務の内容どおりの行為を債務者が実際に行うことが要求されている。たとえば，ブリッジエステートの登記移転債務のときは，必要書類を整えて登記所や司法書士事務所に行き書類を火車商事に渡そうとすること，である。火車商事の代金支払債務なら，現金か支払の確

実な小切手を用意してそれを渡そうとすること。このようにして弁済提供をし，債権者に受け取ってもらったら（「受領」という）履行は完了し債務は消える。ここで注意してほしいのは，債権者が受領を拒否して履行が完了しなかったとしても，債務者としては弁済提供をしておけば履行遅滞にならない，ということだ。民法492条はその定めである。言い換えれば，債務者としてできることをすべてしておけば，債務は消えていなくても債務不履行による責任を負わされない，ということである。したがって，履行遅滞に必要なのは「履行期に履行がないこと」である，というとちょっと不正確で，厳密には「履行期に弁済提供がないこと」と表現するのが正しい。

　最後にもう1つ。履行期に弁済提供をしなくても履行遅滞による責任が生じないことがある。それは，**同時履行の抗弁権**（533条）が成立する場合である。これは，契約当事者の双方の債務が履行期を迎えているときでも，相手方が弁済提供をしないなら，こちらも弁済提供をしなくても責任を負わされないという制度である。設例を変更して，引渡・代金支払の期日は来ているが，火車商事も代金を払っておらず弁済提供もしていなかったとしよう。このときは，火車商事は，ブリッジエステートが弁済提供をしないことを理由に解除をしたり，強制履行を求めることはできない。つまり，ブリッジエステートは履行を拒絶しても責任を負わされない。契約当事者の一方が，履行期にある債務について自分も弁済提供をしていないのに，相手に履行を求めることだけはできるとしたら不公平だから，この制度がある。

　履行遅滞のときに債権者が利用できる法的手段は先に述べたが，債権者がそれを使うためには，実はこの3つハードル（履行期の到来，債務者が弁済提供をしていないこと，債務者に同時履行の抗弁権がないこと）がすべてクリアされなければならない。

遅滞でも不能でもない債務不履行

一般に，債務不履行には，履行遅滞と債務者の帰責事由による履行不能のほか，「**不完全履行**」があるとされている。たとえば，新品のパソコンを購入したのに，渡された製品には欠陥があって使えなかった場合が，これにあたる。形の上では引渡があるので，履行遅滞とはいえない。取替えや修理をすれば，履行をやりなおせるかもしれないので，履行不能ともいえない。しかし，債務が適正に履行されていないのは確かなので債権者に法的手段を与える必要はある。そこで，このように，外形的には履行はされたものの履行が不完全である場合は不完全履行と呼ばれ，債務不履行の起き方の3つ目に加えられている。

新品なのに欠陥のあるパソコンが渡されて不完全履行になるとき，買主（債権者）には，**完全履行請求権**（取替え・修理の請求権）がある。買主は，その請求権の不履行を理由に，履行遅滞に準じて法的手段をとることができると考えられている。これに対し，限定品だった，オーダーメードだった等の理由で取替えや修理が不可能のときは，履行不能に準じた処理がされると解されている。

Access pocket

解除ラインアップ　解除は，履行遅滞による解除（541条），履行不能による解除（543条）のほかにも種類がある。民法542条は**定期行為**（遅滞があれば直ちに意味を失う契約。たとえば，結婚式までにウェディングドレスを製作する契約）について，遅滞があれば催告をせずに直ちに解除ができるとしている。さらに，契約のタイプに応じて民法が個別に規定する解除権もある。たとえば，購入した建物に虫食いがあって住むことができないときは，建物の瑕疵を理由に契約を解除できるが，これは民法570条・566条で定められている（なお，売買の目的物に瑕疵があるケースは本文中に述べ

た「不完全履行」とみることもできる。Access 9 参照)。土地建物等の賃貸借契約で、賃借人が勝手に又貸しをしたり賃借権を人に譲ったりすると、地主・大家(賃貸人)は契約を解除できるが、これは民法612条で定められている。解除事由が民法で規定されているこれらの解除権を、**法定解除権**という。解除権には、法定解除権のほかに**約定解除権**がある。つまり、当事者は、契約を締結するときに一定の場合に解除ができると定めておくこともでき、この合意があれば約定どおりに解除ができる(540条1項参照)。

債務不履行と不法行為　他人に生じた損害を金銭により賠償させる義務を生じさせる制度として、**債務不履行損害賠償請求**(415条)のほかに、**不法行為損害賠償請求**(709条以下)もある。前者が、契約から生じた債務を履行しないことを理由に債務者に賠償義務を負わせる制度であるのに対し、後者は、契約関係にない者の間で、一方の者(加害者)が他方の者(被害者)の利益を違法に侵害したときに、賠償義務を発生させる制度である。前提として契約関係が必要かそうでないかが、両者の根本的な違いである。違法な行為から損害を被った人を救済するのが損害賠償請求だが、民法は、契約から生じる債権を持つ債権者を、不履行を受けたときに救済する債務不履行損害賠償請求と、契約の有無に関係なく、他人から権利を侵害された者(被害者)を救済する不法行為損害賠償請求の2つを定めている。この2つを頭に入れておくのはとても大事だ。両者の違いはいろいろあるが、重要なのは、債務不履行では、債務者(請求を受ける方)が自己に帰責事由がないことを証明しなければ賠償義務を負わされるのに対し、不法行為のときは、被害者(請求をする方)が加害者の「過失」を証明しなければ賠償を請求できないことである。これを、債務不履行では、債務者が自己に帰責事由がないことにつき証明責任を負うのに対し、不法行為では被害者が、加害者の過失について証明責任を負う、と表現する。もう1つ挙げておこう。債務不履行損害賠償請求権の消滅時効期間は、民法167条1項により10年であるが、不法行為損害賠償請求権のそれは3

年である（724条。もっとも，起算点が「損害及び加害者を知ったとき」であることと，20年の期間制限もあることは，要注意。Access 6 参照）。不法行為を勉強するのは，Access 15 になる。

過失責任の原則　　損害賠償義務は，請求される方（債務者または加害者）に落ち度がなければ発生しないのが原則である。これを「過失責任の原則」という。この原則から，債務不履行損害賠償請求では債務者の帰責事由が，不法行為損害賠償請求では加害者の故意・過失が要件となっている。これに対し，種々の理由から，帰責事由・過失がなくても賠償義務が負わされる制度がある。これを「無過失責任」と呼ぶ。具体例は，Access 9，Access 15 で取り上げる。

Access 9

契約目的物にキズがあった場合の売主の責任

瑕疵担保責任

Access view

いまや小学校でもパソコンの授業がある時代であり、大学生であれば個人でパソコンを持っている人も多い。パソコンの価格が下がってきているとはいえ、高価な買物になるので、慎重に選んで買うことになるだろう。お金があまりなければ、新品ではなく中古品を選ぶというテもある。しかし、パソコン内部の欠陥は外観からは分からない。その内部の欠陥が原因で壊れてしまったら、買主は、売主にどのような責任を問えるのだろうか。

1　買った物に欠陥があったとき

買主が望むこと

買った物がちゃんと使えないとき、どうするだろう。とりあえず買った店にもっていっていろいろ聞いてみる。それで、単なる勘違いや操作の間違いが分かったのなら、一件落着。正しい操作を教えてもらえば、ちゃんと使える。

そううまく話が収まる場合ばかりではない。物に欠陥があり、正しい操作をしても適正に使用できないことが明らかになったらどうだろう。パソコンを例にとれば、正しく接続したのに画面が表示さ

128

れないとか，起動と同時につねにフリーズしてしまうとか，OSに対応しているのにアプリケーションソフトを実行できないとか，パソコンをまともに使えない状態をイメージしてほしい。代金を払ったのに物が使えないなら，買った意味がない。このとき，買主は何を望むだろうか。まずは，取替えか修理だろう。多くの場合，店はそれで対応してくれる。それ以外にも，売買契約を取りやめにして代金を取り返したい，と思うかもしれない。それから，たしかに欠陥があるが，影響は深刻でなく概ねちゃんと使えるというときは，買主は，代金の一部を返してもらえればよい，と考えることもあろう。たとえば，他の点ではまったく支障なく使えるのだが，パソコンのフロッピーディスクドライブだけが壊れて使えなかったとしよう。これもれっきとした欠陥だが，しかし買主はデータのやりとりにフロッピーディスクはほとんど使わず，他の方法を使っているとしよう。フロッピーディスクが使えなくてもたいして困らない買主は，取替えや修理を煩わしく感じ，かわりに代金の1割ぐらいを返してくれればいい，と思うかもしれない。

　買主のこれらの要求のために，どんな制度があるのだろう。

瑕疵担保責任とは？

　中古品のパソコンを買ったとしよう（中古品に限定する理由はだんだん明らかになる）。これに欠陥があったときに買主を救済するのは，民法570条で規定されている瑕疵担保責任の制度である。民法570条本文では，民法566条が準用されている。両者をあわせて読むと，買主には次の権利が与えられることが分かる。

　売買の目的物に「隠れた瑕疵」がある（570条本文）場合，買主は，それによって契約の目的が達成できないときは解除をすることができ，それ以外のときは損害賠償請求をすることができる（566条1項）。買主は，瑕疵を知ったときから1年以内にこれらの権利

を行使しなければならない（566条3項。この期間制限は除斥期間である。除斥期間については，Access 6 参照）。

「瑕疵」とは，目的物が，通常有するべき性質・品質が欠けていることであって，要するに欠陥があることである。先に挙げたパソコンが使えない例は，もちろん瑕疵にあたる。

瑕疵が「隠れた」ものであるとは，取引で通常要求される注意を払っても気づくことができないことを指す。瑕疵を知りながら，あるいは不注意で見逃して購入した買主は保護しなくてもよい，との考えである。

この「隠れた瑕疵」ある物が給付されたことが要件である。大いに注目してほしいのは，売主の過失が要件になっていないことである。瑕疵担保責任は，売主に過失がなくても生じる。すなわち，**無過失責任**である。これは，過失責任の原則に対する例外である（「過失責任の原則」については，Access 8 の Access pocket を参照）。

「隠れた瑕疵」が認められ，かつ，それによる契約目的の不達成も認められると，買主は解除ができる。解除の効果は，Access 8で出てきた債務不履行による解除と同じで，原状回復義務の発生である。つまり，払った代金の返還を求めることができる。そして，契約目的の不達成が認められないときは，損害賠償請求だけができる。この損害賠償責任の範囲については議論があるが，異論なく認められるのは，瑕疵による価値減少分の代金減額である。フロッピーディスクドライブだけ壊れているという先の例では，それによってパソコンの価値が2割減少すると判断されたとすると，買主は，代金債務を契約の額の8割に減額することを請求できる。払っていたのなら，契約の代金額の2割について返還請求ができる。

民法570条により，買主は，代金を全部または一部取り返すことができることは分かった。では，中古のパソコンの売買で，パソコンの取替え・修理を売主に求めることはできないのだろうか。素朴

な疑問だが、これを考えるにはけっこう込み入った議論を知っておかないといけない。

2　一方の説——法定責任説

「特定物のドグマ」と法定責任説

　瑕疵のある中古品を購入したとき、取替え・修理を求めることができるか。これは、むつかしく言い換えると、買主に完全履行請求権があるか、という問題。というのは、瑕疵ある物の引渡を受けたときに取替え・修理を要求できるというのは、買主が、引渡債務の履行が不十分であることを理由にして改めて売主に完全な履行を求めることができる、ということだからである。

　実は、この問題には、瑕疵担保責任をめぐる著名な学説上の論争が直接に関わってくる。この論争では 2 つの説が対立しているが、どちらに立つかによって重要な点で結論が変わってくる。学説の状況では今なお両者が拮抗しているので、伝統的な説（法定責任説）から説明しよう。

　瑕疵担保責任を議論するとき、売買契約は 2 つの種類に分けられる。「特定物売買」と「不特定物売買」（「種類物売買」とも呼ぶ）である。両者の違いは、売主が実際に引き渡すべき物が契約締結時にすでに決まっているかどうか、にある。契約締結時に渡すべき物が確定している売買契約が特定物売買であり、そうでない売買契約が不特定物売買である。特定物売買の典型例は、不動産の売買である。実際に裁判で瑕疵担保責任が争われるケースの多くは、土地・建物の瑕疵をめぐる紛争である。中古のパソコンや車などの売買も、普通は特定物売買にあたる。特定物売買では、契約で決めた物そのものを渡すことが重視される。これに対して、不特定物売買とは、契

約時は物の種類だけを定めておき、実際に引き渡すものはあとで決めることにしてある売買である。新車や新品のパソコンについて種類だけ指定して売買したとき、たとえば、トヨタ製のカローラ品番○○を1台とか、ソニー製のバイオ品番××を1台という決め方で契約をしたときである。売主である自動車ディーラーやパソコン販売店は、契約の後に、メーカーから取り寄せたり倉庫から出したりして実際に渡す物を決めるのが普通だろう。このように、物の個性よりも種類を重視するときの売買契約が、不特定物売買。

売買がこのどちらに該当するかによって扱いを変えるのが「法定責任説」である。この説の出発点は、「特定物売買においては、瑕疵ある物を給付しても債務不履行にならない」という前提である。これを**特定物のドグマ**と呼ぶ。つまり、特定物売買では、売主の債務は、瑕疵ある物であってもそれを引き渡すことに限られ、買主は、売主に債務不履行の責任を問うことはできない、というのである（債務不履行制度については、Access 8 参照）。特定物売買の場合、契約で指定された物だけが契約の目的物である。それは瑕疵があっても同じであり、契約で指定された物である以上はそれを渡せば売主は自己の債務を完全に履行したことになる。瑕疵がある物でも、それが契約で指定されているのだから、売主は契約どおりに履行したといえるからだ。

570条の存在理由

しかし、債務不履行ではないから買主は解除や損害賠償請求ができないとしてしまって、何の手当てもしないと、買主にあまりに酷である。代金を払って物を購入したのに、瑕疵があっても買主に何の救済も与えられないとしたら、当事者間のアンバランスは明白である。そこで、民法は、この不均衡を是正して買主を救済するために、特別に、「法定の」制度を民法570条によって設けたのである。

つまり、「特定物のドグマ」に立つ以上買主の救済のために債務不履行制度を使うことはできないが、しかしまったく救済しないわけにもいかないので、債務不履行とは別個の制度が作られたのである。以上が、法定責任説の基本的な立場。

特定物売買での完全履行請求権？

　以上を踏まえて、ようやく、中古のパソコンに瑕疵があったとき完全履行請求権が認められるか、を検討できる。法定責任説だとどうなるだろう。法定責任説の出発点は、「特定物のドグマ」であった。これに従えば、瑕疵ある物を引き渡しても完全な履行をしたことになる。そうすると、売主はいったん完全な履行をした後は重ねて履行をする必要はない。結局、買主に完全履行請求権はない。買主は、取替え・修理を求めることはできない、という結論になる。

　へんな結論だ、と思うかもしれない。実際、これをおかしいと考えるのが後述の契約責任説である。しかし、ちょっと考えてみて欲しい。今、中古品を考えているから、取替えは困難だろう。では修理は？　中古パソコン店に専門知識や一定程度の技術があるのなら、修理は可能だろう。しかし、つねにそうとは限らない。建物の売買も考えてみよう。建築会社が建物を販売することも多いだろうが、そうでない普通の人が引っ越し等でいらなくなった家を売却することも、なんらめずらしいことではない。瑕疵のある建物を売ったからといって、普通の人が修理を求められても困るだけである。要するに、物の売主だからといってつねに修理や取替えの能力があるとはいえない。法定責任説は、このことを重視して「特定物のドグマ」を出発点に据えるのである。

不特定物売買での瑕疵ある物の給付

　ところが、新車や新品のパソコンの売買などの不特定物売買のと

きは事情が違う。不特定物売買のときで瑕疵ある物を渡してしまっても、同じ種類のものは世の中にたくさんあるのだから、売主は、難なく代わりの物を引き渡すことができる。新品の売買で瑕疵あるパソコンを渡してしまったら、メーカーから別の物を取り寄せればいいだけの話だ。このように、不特定物売買で瑕疵ある物を給付したときは、いまだ完全な履行はあったといえず、紛れもなく債務不履行になる。もっとも、形の上では引渡があるので履行遅滞とはいえないし、また履行不能でもないので、不完全履行である（「不完全履行」については、Access 8 を参照）。買主は、まだ完全な履行を受けていないから完全履行請求権をもつ。つまり、取替えまたは修理を求めることができる。それに代えて、債務不履行を理由に損害賠償請求・解除をしていってもよい（415条・541条による。これらについても、Access 8 を参照のこと）。このように、不特定物売買では、完全履行請求権や債務不履行の制度で買主の救済は十分に実現できる。したがって、債務不履行とは別個の制度として買主を救済しようとする民法570条は、不特定物売買には適用されない。法定責任説は、このように考える。

瑕疵担保責任と債務不履行責任の違い

法定責任説は、瑕疵ある物の給付があっても債務不履行責任は生じないのだけれども、いわば必要最小限の保護が瑕疵担保責任によって買主に与えられるのだ、と考える。そうすると、瑕疵担保責任と債務不履行責任は、同じ解除や損害賠償請求を与える制度ではあるけれども、内容的に違ってくる。

第1に、瑕疵担保責任は無過失責任である。対価的なバランスをとるために買主に最低限の保護を与えるのが瑕疵担保責任の目的であり、売主に制裁を加える目的の制度ではないから、帰責事由がなくても責任が生じる。第2に、最低限の保護なので、瑕疵担保責任

としての損害賠償責任は，いわゆる信頼利益の賠償に限られる。信頼利益とは，契約が有効であることを信じたことによって買主が受ける損害，と言われるが，ようするに，転売利益のような履行利益（履行があったら買主が得ていたはずの利益）には及ばない，ということ。信頼利益賠償の代表例は，先に挙げた代金減額である。第3に，民法566条3項により，解除や損害賠償請求には1年の期間制限がある。以上，債務不履行責任とずいぶんと違いがあるが，これは瑕疵担保責任が債務不履行責任とは別個の特別の責任だからだ，と法定責任説は言う。

3　他方の説──契約責任説

契約責任説──「瑕疵ある物の給付は債務不履行である」

　これまでは法定責任説に立って瑕疵担保責任を眺めてきた。ところが，学説上は，「契約責任説」という反対説がとても有力に主張されており，法定責任説との論争が続いている。契約責任説からも瑕疵担保責任を眺めておこう。

　契約責任説は，そもそもの出発点からして法定責任説と異なる。つまり，契約責任説では，瑕疵ある物の給付は，特定物売買であろうが不特定物売買であろうが，売主の債務不履行にほかならない，というのが前提である。「特定物のドグマ」を否定するわけである。そうすると，瑕疵ある物が引き渡された場合，特定物売買のときでも，買主には完全履行請求権があることになる。買主は解除や損害賠償を望むかもしれないが，それらも債務不履行の効果として認められることになる。契約時に渡すべき物が決まっているのだから瑕疵ある物を渡しても売主の債務は履行されたとみるべきだ，という「特定物のドグマ」を，契約責任説は，現実離れの形式的な理屈に

すぎないとして厳しく批判する。物の引渡に加え，通常備えるべき品質・性質のある状態で物を引き渡すということも，売主の債務なのであり，それは特定物売買か不特定物売買かで変わらないはずだ，その証拠に民法570条をどれだけ読んでもそんな区別など出てこないではないか，というのである。

「特定物のドグマ」を否定すると，瑕疵ある物が引き渡されたとき，特定物売買でも不特定物売買でも売主の債務不履行になる。契約責任説によれば，民法570条は，瑕疵ある物が給付されたときの売主の債務不履行責任を定めた規定である，と理解される。いやちょっと待て，債務不履行損害賠償請求や解除は，それぞれ民法415条以下や民法541条以下で規定されていたではないか，どうして重ねて民法570条が必要になるのか？ Access 8を読んである人は，そう疑問に思って欲しい。実は，この点について，法定責任説はとても分かりやすい回答を用意していた。特定物売買では，瑕疵ある物の給付は債務不履行にならないから買主救済のために独自の制度が必要になるのであり，それが民法570条だ，という答え。では，契約責任説はどう答えるのだろう？

570条の存在理由──契約責任説ヴァージョン

契約責任説は，瑕疵ある物の給付は売主の債務不履行にあたるのだが，だからといって民法415条以下や民法541条以下をそのまま適用すると不都合なので，必要な修正を加えたのが民法570条である，と説明する。瑕疵ある物の給付も債務不履行ではあるが，しかし履行遅滞や履行不能とは様子がずいぶん違う。履行期に物を渡さないとか，債務者の落ち度で物を壊すとか，誰の目にも明らかな不履行とは違い，瑕疵ある物の給付は売主にも買主にも気づかれないでおきてしまうのが通常。この違いを無視して民法415条以下・民法541条以下の一般の債務不履行を適用すると不都合なので，その

適用を排して，民法570条が要件・効果にわたり必要な修正を加えている，という見方が契約責任説である。

修正されている第1の点は，損害賠償請求の要件である。瑕疵担保責任としての損害賠償責任は，無過失責任である。これは，売主も知らないうちに瑕疵ある物を渡してしまうのが普通だろうから，賠償責任の発生に売主の過失を要求すると買主が救済される余地はきわめて限られてしまう，という考えに基づく。もう1つの重要な修正点は，期間制限である。こちらは売主に配慮した仕組みで，買主が瑕疵に気づいてから何年もたってから瑕疵担保責任を問うことができるのは不当である，という考えに基づく。知らないうちに瑕疵ある物を給付してしまった売主は，物を引き渡したことで債務を完全に履行したのだ，だから債務不履行責任を問われることはないのだ，と安心してしまっており，そう思い込んでいたとしても無理からぬところである。売主のこの利益に配慮して期間制限が設けられた，と考えるのである。

契約責任説によれば，修正された点以外は原則どおりである。だから，瑕疵ある物が給付されたとき，特定物売買でも，買主には完全履行請求権がある。瑕疵担保責任としての損害賠償責任の範囲も，原則どおり履行利益にまでおよび，民法416条によって画定される（416条による損害賠償範囲の画定については，Access 8 参照）。これらの点，法定責任説と違ってくる。

そして，契約責任説によれば，民法570条は，特定物売買だけでなく不特定物売買にも適用される。これが最も重要な違いだ。

3 他方の説──契約責任説

4 まとめ

タネ明かしと論争の整理

　この Access では，最初，買った物に瑕疵があるときに売主に対して取替え・修理を求めることができるか，という問題だけ提起してすぐには結論を示さなかった。また，民法 570 条を説明するために，はじめはわざわざ中古品の売買に話を限定した。そうした理由について，もう見当がついただろうか。法定責任説・契約責任説のどちらに立つかで，結論が変わるからである。取替え・修理の要求は，完全履行の請求だから，法定責任説では不特定物売買でしか認められないが，契約責任説によれば不特定物売買・特定物売買を問わずに認められる。民法 570 条については，法定責任説なら特定物売買に適用が限られるが，契約責任説なら不特定物売買にも適用がある。

判例は独自の解釈をとる

　激しく対立する 2 つの説のうち，判例がとっているのはどっちだろう？　これがあまりはっきりしない。判例によれば，不特定物売買のとき，買主が瑕疵を知りつつ「履行として認容」して目的物を受領したときは，民法 570 条が適用されるが，そうでないかぎり，売主は，一般債務不履行（415 条・541 条）の責任を負う，という（最判昭和 36 年 12 月 15 日民集 15 巻 11 号 2852 頁）。不特定物売買にも条件付きではあるが民法 570 条の適用を認めているので，純粋な法定責任説とはいえない。しかし，原則としては不特定物売買では一般債務不履行責任が生じるとしているので，基本的には法定責任説に立っているといえる。もっとも，きわめて例外的な場合に民法

570条の適用を認める,独自の立場だと目される。なお,判例は,契約責任説には立っていない。なぜなら,契約責任説なら,買主がどんなつもりで受け取ろうとつねに民法570条の適用が認められるべきであり,かつ一般債務不履行責任の条文の適用は排除されるからである。

強化される瑕疵担保責任

かつて,欠陥住宅がとても騒がれた。ずさんな建築による被害が相つぎ,テレビ番組で特集が組まれることもあった。ここで勉強したとおり,建物を買ったのに欠陥があれば,買主は売主の瑕疵担保責任を問うことができるのだが,必ずしもそれがうまくはたらいていなかったのも原因の1つ。そこで,新築住宅について売主の瑕疵担保責任が強化された。1999年に制定された,「住宅の品質確保の促進等に関する法」95条がそれである。この法律は,2005年に社会を揺るがした,マンションの耐震強度偽装問題において,被害者救済の法として,一躍脚光を浴びた。責任期間は10年,その責任は契約で排除できないとされた(つまり強行規定)。そして,売主の瑕疵修補義務が明文で規定された(請負契約の規定の準用なので,すこし分かりにくいが)。売主の完全履行義務である修補義務については,法定責任説にたてば,買主保護のための特別な救済が付け加えられたことになる。契約責任説にたてば,規定がなくても当然認められる権利が確認的に定められたことになる。同じように瑕疵担保責任の強行規定化が実現した大事な例が,2000年制定の消費者契約法8条1項5号である。これにより,消費者に物を売った事業者は,契約で免責を定めても瑕疵担保責任を免れることはできない。このように,現代的な立法によって瑕疵担保責任は強化されている。

Access pocket

保証書　Access view のように欠陥商品を買ってしまった場合，新品のときなら，普通は，不特定物売買なので瑕疵担保責任なのか債務不履行責任なのかなどとしちめんどうなことは考えず，商品についている保証書をつかって，取り替えてもらうか修理してもらう。では，この保証書は瑕疵担保責任と似たものなのか，というとちょっと違う。通常，保証書を出すのはメーカーなので，保証書によって義務を負うのもメーカーだ。それに対して瑕疵担保責任を負うのは売主。だから，メーカーは保証書を出すことで，独立の契約（品質を保証する契約）に基づいて，取替え・修補の義務を負っていることになる。買主としては，民法570条・債務不履行責任を使って，たとえば解除をして売主から代金を取り返してもいいし，または，保証書に基づいてメーカーに所定の義務を履行させてもいい。

他の担保責任，製造物責任　民法570条は，買った物に物的な瑕疵があったときの買主救済制度である。買った物がちゃんとつかえないケースは，実はほかにもある。たとえば，土地を買ったが，その土地を借りている人がいたようなときは，買主は土地を実際に使えないこともある（所有権の登記と賃借権の対抗要件の具備の先後によって，賃借人が買主に賃借権を対抗できるかが決まる。対抗問題の一例である。賃借権の対抗要件は，借地借家法10条・31条に規定がある。対抗問題については，Access 7, 12 を参照）。だったら，買主は買った意味がない。このときの買主は，民法566条により，解除したり損害賠償請求をすることができる（借地借家10条3項・31条2項）。民法566条は，物を買ったら他人の余計な権利（賃借権以外にもいろいろ挙がっている）が物についていたときに，買主を救済する規定である。このように，物を買っても，権利関係に問題があって買主が害されるときについても，民法は規定を設けている。ほかの主な例を挙げると，民法561条は買った物がそもそも他人のものだったとき，民法567条は物に抵当権等がついていた

とき，それぞれ適用される。このように，売買の物について問題があって買主を救済する担保責任の制度には，瑕疵担保責任のほかに権利上の瑕疵を理由とする担保責任もある。

　物に欠陥があってちゃんと使えないとき，売主から代金を取り返したり賠償金をとるのが瑕疵担保責任の制度だった。では，テレビが欠陥によって火をふいて，ケガをしたとか家財道具が燃えたという損害を被ったときはどうか。この場合，買主は，売主から代金をとりかえすよりも，欠陥商品を作ったメーカーを訴えてメーカーに損害を賠償させたいだろう。その方がお金があるし，そもそも欠陥製品を作ったことで責任を負うべきはメーカーだからだ。でも，メーカーは直接買主に売ったのでない限り売主ではないので，瑕疵担保責任・債務不履行責任（契約責任）は負わない。となると，不法行為責任だけが頼りだ。このときに適用されるのが，製造物責任法3条である。そこでは，賠償責任の要件として「故意または過失」が要求されていない。無過失責任を課すことで，被害者救済を充実することがめざされている（不法行為の成立には原則過失が必要であることはAccess 15，不法行為責任と債務不履行責任（契約責任）の違いは，Access 8を参照）。このように，生じる損害によって救済の制度が変わってくる。製造物責任法3条但書が，損害が物自体にだけ生じているときは同条が適用されない，と定めているのも，そのためだ。このときの買主は，瑕疵担保責任か債務不履行責任の制度で（売主に責任を負わせて）救済されるので，製造物責任による救済は不要，というわけ。

4 まとめ

Access 10

契約当事者に関係ない原因で事故が発生してしまった場合の責任分担

危険負担

Access view

神戸の友人の両親が新築の一戸建てをローンで購入したが,阪神大震災によって倒壊してしまった。ローンは残ったままで仮住まいを余儀なくされている。このような状態が阪神大震災後多く生じている。

では,倒壊が引渡の前だったらどうなるのだろう？ やはりローンは残るのだろうか,それとも消えるのだろうか？

1 履行不能になった契約に待っていること

履行不能になった債務はどうなるか？

建物が倒壊したり焼失したケースのように,契約締結後に履行が不可能になった(履行不能になった)ら債務はどうなるのだろう。なくなった物は渡しようがないので,売主に物の引渡の義務がないことは確かである。では,売主はなんの義務も負わないのだろうか。民法は,履行不能に対して,債務者に**帰責事由**があるかないかで対応を決めている。債務者に帰責事由があるとき,たとえば売主が自分の失火で建物を滅失させたときは,債務者に損害賠償義務が課せられる(415条)。これが,債務不履行による損害賠償請求の制度で,

詳しくは Access 8 でやった。売主の落ち度によって引渡債務が履行不能になったときは、その債務は損害賠償義務に転化するから、売主の義務はなくならない。このように、債務者の帰責事由の存否が大事なポイントだ。

では、震災や台風による倒壊のように売主に落ち度がないときはどうなるだろう。帰責事由があるときは、まさに売主に引渡が不能になったことの責任を問うことができるから損害賠償義務が課せられるのである。そうすると逆に、帰責事由がないときには売主に賠償義務を負わせるわけにはいかない。自分に落ち度のない履行不能のときにも賠償義務を負わされるとしたら、契約を結ぶのは危険きわまりない行為になってしまい、誰も契約をしようとしなくなるだろう。だから、物の引渡債務は、損害賠償義務に形を変えることもなく、不能になった時点で消滅する。売主は、義務を完全に免れるのである。このように、債務が履行不能になった場合で、それについて債務者の帰責事由がないときは、債務は消滅する。民法に規定こそないが、当然の前提とされている。

では、反対給付をする債務は？

売主に落ち度がないのに物がなくなったら、売主は義務を免れる、という訳であるが、何か忘れていないだろうか。売買契約によって物の引渡債務の他に何が生じるかというと……代金債務だった。そういえば、この代金債務はどうなるのだろう。売主の義務がなくなってしまうとき、買主の義務つまり代金債務も一緒になって消えるのだろうか、それとも代金債務だけ残るのだろうか。買主から見れば、当然、代金債務も消滅してもらわなければ困る。消滅しなければ、買おうとした建物はやってこないわ、金だけ払わされるわで、踏んだり蹴ったりだからである。履行不能のリスクは売主が負うべきだ、というわけだ。逆に、売主から見るとどうだろう。売主は、

1 履行不能になった契約に待っていること

代金債務に残って欲しい。なぜなら,売主は,自分で費用をかけて建物を作ったり購入したりしたわけだから,代金債務が消えたらそれが無駄になる。売主の方は,買主にリスクを負わせたい。このように,選択肢としては,代金債務を消滅させてリスクを売主に負わせる解決方法と,逆に代金債務を存続させて買主にリスクを負わせる解決方法の二通りを考えることができる。民法がとった選択はどっちだろう。

2　民法が選んだリスク割当──債権者主義と債務者主義

売買契約のときの危険負担

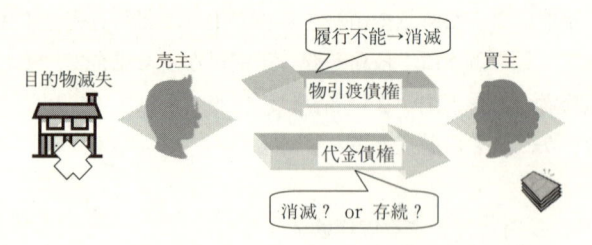

契約において,一方の債務が債務者の帰責事由によらないで履行不能になったとき,他方の債務(反対給付をする債務)は存続するのか消滅するのかの問題を「**危険負担**」という。危険負担の条文は,民法534条以下である。**売買契約**については民法534条が規定している。これによれば,売主に帰責事由がないのに引渡債権が履行不能になったとき,代金債務は存続する。つまり民法は,買主にリスクを負わせる選択をした。買主は,履行不能になった債権(引渡債権)の債権者である。売買契約に関する民法534条のように,反対給付をする債務(代金債務)を存続させる解決をとるとすると,履行不能になった債権(引渡債権)の債権者(買主)がリスクを負わ

144 **Access 10**　契約当事者に関係ない原因で事故が発生してしまった場合の責任分担

されるので，この解決を，危険負担における「債権者主義」と呼ぶ。債権者が危険（リスク）を負担させられる解決方法，という意味である。これが適用されると，Access view のように，建物が地震によって引渡の前に壊れてなくなっても，ローンという代金債務は残る。買主には悲劇だ。

　ここで，当然の疑問がわく。なぜ，買主は踏んだり蹴ったりにされ，売主の権利は手厚く保護されるのだろうか。次のようにいわれている。買主は，契約があれば目的物を確実に入手できる。そうすると，契約後に目的物の市場価値があがっていくなら（たとえば，建物の市場価格がもともと 1000 万円だったのが 1500 万円になったとするなら），買主は代金（たとえば 1000 万円）との差額分（500 万円），まるまる得をする。このように，買主は契約をするだけで得をする可能性を手に入れたのだから，そのメリットにみあうだけのリスクを負わせることがバランスがとれてよい，というのである。売買契約の危険負担について債権者主義をとらず，売主にリスクを負わせることにしたらまずい。というのは，物が壊れないとき，売主は契約どおりの代金しかとれないから，価格上昇により得をするのは買主だけである。物が壊れた場合で，もしリスクが売主に負わされることになっていたら，代金債務は消滅するので，やはり売主だけが損をして買主は損を回避できる。どっちにころんでも，売主だけが不利益を負わされ，買主に都合のいい結果になる。だから，メリットを得ている買主にリスクも負わせてバランスをとる必要があるのだ。

　これが売買契約における危険負担の債権者主義（534 条）の趣旨説明。なんとなくわかったような気もするけど，なにか釈然としない。実際にも学説では，この説明には説得力がなく，民法 534 条は現実ばなれした規定なので，適用を制限することが強く主張されている。売買契約以外のときの危険負担をみたあとで，民法 534 条の

扱いがなぜおかしいのか考えよう。

売買契約以外のときの危険負担

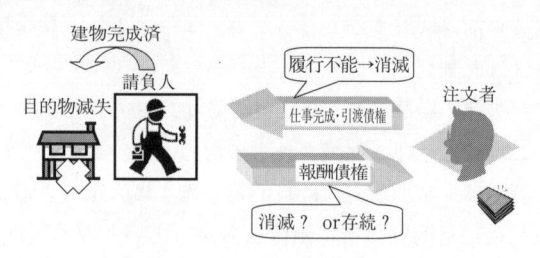

建物完成済
請負人
目的物滅失
履行不能→消滅
仕事完成・引渡債権
報酬債権
消滅？ or存続？
注文者

　これまでは、売買契約のときの話。民法は、ほかの契約でも、履行不能になった債権者にリスクを負わせているのかというと、そうではない。民法は、536条1項において、売買契約以外のタイプの契約のときは、リスクは債務者が負担することを定めている。これは、履行不能になった債務の債務者からその債権（反対給付を求める債権）を奪う扱いなので、債務者がリスクを負う解決方法という意味で、危険負担における「**債務者主義**」と呼ばれる。契約から生じた債務が履行不能になったとき、売買契約以外の契約のときなら民法536条が適用され、売買契約のときだけ534条が適用される。だから実は、民法の危険負担に関する原則は、民法536条1項の「債務者主義」なのである。数ある契約のタイプのなかでも最も重要な売買契約だけ、先の理由から例外として**債権者主義**が採られている。

　他のタイプの契約としては、**請負契約**（632条）を考えるとよい。その典型例は、建物建築請負契約である。建築業者が建物の建築を注文者から請け負ったときのように、請負人（建築業者）が一定の仕事を完成すること（建物を建築し引き渡すこと）を約束し、注文者がそれに対して報酬を支払う債務を負うのが請負契約である。請負人が建物を建築してあとは引き渡すだけというときになって、地震

が起きて建物が損壊したとしよう。今から作り直そうとしても，時間がかかり過ぎてとても無理だというなら，請負人の仕事完成・引渡債務について，債務者の帰責事由によらない履行不能になる。請負人は，自分に落ち度がなければ債務を完全に免れる。ここまでは，売買のときと同じ。では，反対給付の債務，つまり注文者の報酬支払債務はどうなるのだろうか？　先に述べたことをあてはめると，この契約は売買契約ではないので，民法534条は適用されず，適用されるのは民法536条1項。この条文は，債務者がリスクを負うと定めていた。履行不能になったのは仕事完成・引渡債務なので，その債務者というと請負人である。請負人がリスクを負わされるということは，報酬支払債権を失う，ということだ。

このように，売買契約以外の契約に関しては，民法536条1項において危険負担について債務者主義が定められており，これが適用されると，債務者は反対給付を求める債権を失う。請負契約の例では，請負人は，材料費や人件費をかけて建物をつくっても，それらを補塡するはずだった報酬支払債権を失ってしまい，利益も出ない。どうしてこういう扱いなのだろうか。

それぞれの立場になってみよう

注文者の方からみてみよう。注文者は請負契約により，報酬支払債務を負うが，これは，その代わりに請負人が建物の完成・引渡債務を負うからである。注文者は自分の債務には，対応する見返りがあるということを意識しているし，だからこそ請負契約をする。それなのに，仕事完成・引渡債務がどんな状況になっても，まったく報酬支払債務に影響がないとしたらどうだろう。たとえば，請負人の帰責事由によらない履行不能が起きたので，仕事完成・引渡債務は消滅したが，注文者の報酬支払債務だけ残るとしたら。そうだとすると，注文者は，契約後にどんな事態が起きても，なにがなんで

も報酬支払債務だけはきちんと履行します，という約束をしたのと同じ結果になる。もし本当にそんな約束をしたのなら，自己責任だから注文者に報酬を支払わせてよいだろう。しかし，契約当事者の意識は完全に逆である。注文者は，請負人の債務履行によって建物が得られると思って，そのためなら仕方ないと債務を負うのだ。建物が入手できなくても，報酬だけよろこんで払いましょうとは決して思っていない。このように，契約当事者は，ほとんどの場合，相手方の債務という見返りがあるから自分も債務を負うのだ，という意識をもっている。危険負担における債務者主義は，契約当事者のこの意識を反映したものである。つまり，契約後の履行不能によって一方の債務が消滅するときには，もう一方の債務も消滅させるという扱いが，当事者の契約に対する意識に合致するのである。売買契約におけるような債権者主義では，この意識に反して，見返りがあってもなくても，とにかく自分の債務だけは履行させられてしまう。民法がそんな仕組みを全面的にとっていたとしたら，みな契約を避けるだろう。

　請負人からみてみよう。たしかに，債務者主義により請負人は，費用は自腹を強いられるし，儲けもなくなるので不利益を被る。しかし，注文者が報酬支払債務を負ったのは建物入手という見返りのためだというのは，請負人だって先刻承知。請負人だって，初めから建物を作りもせず渡しもしないで報酬が得られるとは思っていまい。それに，引渡前に建物が壊れることに備えてあらゆる措置をとることができる人がいるとしたら，それは請負人である。手元にまだ目的物があるのだから，天変地異や類焼，他人による破壊に備えるために，保険をかけたり，十分な補強・防護措置をとったり，ぬかりなく監視をしたり，こういったことができるのは請負人である。リスクを負わされるのは，請負人だって注文者だって嫌だ。でも，あえてどちらかに決めないといけないとしたら，仕事完成・引渡債

務の債務者，すなわち請負人とすることが妥当である。なぜなら，引渡前にリスク回避をより容易にすることができたのは請負人であるし，当事者の普通の意識を考えても，注文者は見返りがなくなったときまで金を払う趣旨で契約しないし，請負人だってそんなことを期待していないはずだから。

債権者に帰責事由のあるときの債権者主義

では，注文者に帰責事由があるときはどうだろうか？　このときは，注文者の報酬支払義務は消えない。落ち度のある者に負担を負わせるのは公平にかなっているからである。民法536条2項で，このことが定められている。履行不能になった債権（仕事完成・引渡義務）の債権者がリスクを負わされるので，債権者主義である。この扱いには異論はない。

3　買主に危険を負担させて本当にいいのか？

さて，売買契約のときは，買主に落ち度があろうがなかろうが債権者主義がとられ，買主の代金支払義務は存続する定めになっていた。この扱いには批判が強い。

第1に，民法536条1項の債務者主義の趣旨は，売買にもあてはまると考えられる。その趣旨とは，リスクの回避について，請負人の方が注文者より容易であるということだったが，同じことは売主にもいえる。物の引渡まで注意深く管理・保管を行えるのは，買主でなく，売主なのだから，当事者に帰責事由がない事故のリスクは，売主が負うべきであろう。第2に，民法534条に関する趣旨は先に説明したが，これにはトリックがある。たしかに，物の市場価値が上昇することがつねに決まっていることだったら，同時にリスクを

負うべきだ，といえるかもしれない。しかし，物の価格は値下がりする可能性もある。値上がりするか値下がりするかあらかじめ分からないのに，つまり，買主が得をするか損をするか分からないのに，得をすると決めつけて，買主にリスクを押しつけるのは，説得力がない。

そこで，民法534条によって買主にリスクが負わされないようにするための解釈が唱えられている。1つは，民法534条を排除する当事者の合意を広く認めていくべきだ，という考え。実際，任意規定の民法534条の適用を明確に排除する条項をもつ契約は，かなり使われている。契約に明文がなくても，柔軟に，当事者の意思による民法534条の排除を認めよう，というのである。もう1つは，民法534条は，実質的に危険を支配している当事者にリスクを負わせる趣旨の規定であると捉えて，実質的に物の支配が移転したとき（物が実際に引き渡されたとき，不動産の場合で登記が移転されたとき，代金支払のあったとき，が考えられる）に売主から買主に危険が移転する，という解釈である。このような解釈によって，売買で債権者主義がとられていることの不都合を回避するべきだ，とされている。

Access pocket

危険移転時　売主や請負人の債務の履行が不能になる場合を考えてきたが，では，代金債務や報酬支払債務が履行不能になる場合は考えなくていいのだろうか。いいのである。なぜなら，金銭債務は履行不能にならないからだ。明文はないが，そう扱われている。

本文では，建物の売買を例にとって売買の債権者主義（534条）を説明した。条文がそのまま適用されると，当事者の特約がない限り契約時に危険が買主に移転する。これは，建物のような特定物売買（契約時には渡すべきものが確定している売買契約）のときにあてはまる。**不特定物売買**（契約時に渡すべきものが確定していない

売買契約）のときは，危険移転時は，渡すべき物が確定したときである（534条2項・401条2項）。売主が買主のところへ持っていく内容の引渡債務であったとき（**持参債務**という），渡すべき物が確定するのは，弁済の提供（492条・493条）のときである。逆に買主が売主のところへ取りに来る約束の引渡債務であったときは（**取立債務**という），売主が渡そうとする物を分離して買主に通知したとき，渡すべき物が確定して危険も移転すると解されている。

Access 11

契約の実行を確保するための制度

保証

Access view

マヤさんは友人の結婚式が続いた6月末,とうとうお小遣いが底をついてしまった。でもサラ金に手を出すのはいけないと親からきつくいわれていたので,預金をしている銀行のフリーローンを利用することにした。ところが,その後マヤさんは体調を崩して入院,退院して自宅にもどると,サラ金業者から請求書がきていた。

1 問題は借金の返済・債権の回収にあり

　マヤさんは銀行からお金を借りている。この,いわゆる借金契約,逆の立場からいえば貸金契約は,金銭消費貸借契約という。そして民法587条をみてみると,「消費貸借は,当事者の一方が種類,品質及び数量の同じ物をもって返還をすることを約して相手方から金銭その他の物を受け取ることによって,その効力を生ずる」とある。
　ということは,この契約は,借りたお金つまり貸金を受け取ってはじめて効力が発生する契約なのだから(これを要物契約といい,これにより約束どおりお金を貸す義務という問題はないという建前になる),契約の効力が発生した後は,もっぱら借りたお金を返す,すなわちきちんと「返済が行われるかどうか」だけの問題になる(こ

のような，一方当事者のみが債務を負う契約を**片務契約**という）。債権の回収という問題だ。

借金の利息の話

　でも，どうしてここでマヤさんはサラ金業者を避けたのだろう。それは，マヤさんの両親は，サラ金業者は利息が高いし，娘がコワイ目に遭ってはいけないと心配しているからだ。ちょっとここで，「利息」の問題について考えてみよう。

　ところで「**利息**」って何でしょう？　一応，「元本の利用の対価」と説明されている。利息は，元本額と使用期間の一定の比率で計算され，この比率が**利率**と呼ばれているものだ。元本が金銭であれば「金利」と言い換えることができ，いわば貸し借りされる「オカネの値段」だ。民法上，借主は当然に利息を付けて返済しなければならないとはされておらず，一応，特約の有無によるものとされているが（民法590条をみてみよう），ほとんどの場合に利息の合意があるのはご承知のとおりだ。タダではおカネは借りられない。そして金銭消費貸借はオカネの取引なのだから，その値段にあたる利率も原則として需要と供給により決まる，法的にいえば契約自由の原則により当事者が自由に決めることができるのが原則だ。他方で民法は，当事者間で取り決めがない場合についての一応のルールを置いている。「利息を生ずべき債権について別段の意思表示がないときは，その利率は，年五分とする」（404条），つまり年利率5％となっている。このルール（**法定利率**という）はあらかじめ交渉の機会がない者同士に債権関係が成立した場合などに活躍する。契約に基づく利息付きの債権なら，たいていの場合，取り決めがあるだろう。しかし，である。利息は実はいろいろな法律で規制されているのだ。

　貸主と借主の立場を想像してみよう。友達と飲み会に行って2次会，3次会になって金銭消費貸借契約を締結したことがないだろう

1　問題は借金の返済・債権の回収にあり

か。貸主にな（れ）るのは，その日の資金繰りに余裕のある人，借主になるのは余裕のない人，つまり困っている人だ。契約の返済の条件について交渉が可能であるとしても，両人の立場は対等ではないことに気がつくだろう。そこで，暴利を禁止したり（90条→Access 2 参照），借主を保護する法律が存在するのである。

借主は守られている

まず，借主保護の法律として利息制限法がある。これは，利息というオカネの「値段」を決定する自由を制限する法律だ。具体的には，金銭消費貸借契約の利息について，元本の金額ごとに上限を規定している（利息1条1項）。10万円未満なら年20％，10万円以上100万円未満なら年18％，100万円以上なら15％が上限とされ，それを超える部分（「超過利息」という）については「無効」とされている。そのほか，利息が天引された場合，たとえば，10万円借りたのに渡されたのは7万円だった場合には利息の天引（この例では30％）がなされている。このような場合，現実の受領額（7万円）を元本として利息制限法1条1項所定の利率で計算した金額を超える場合，その超過部分（1万6000円分）は元本に充当したものとみなされることになっている（同2条）。

そしてさらにこの外側には，より強固なルールとして，暴利を禁止する法規が存在している。出資法（正式名称は「出資の受入れ，預り金及び金利等の取締りに関する法律」）では，「金銭の貸付けを行う者」一般については109.5％，「業として金銭の貸付けを行う場合」には29.2％を超える割合の利息の契約をした場合に刑罰が科せられることになっている（出資法5条）。さらに「貸金業を営む者が業として行う金銭を目的とする消費貸借の契約」で109.5％を超える割合の利息の契約をしたら，その消費貸借契約自体が「無効」になる（貸金業法42条の2）。最後のこの規定は，2003年8月1日のい

わゆる**ヤミ金融規制法**（正式名称は「貸金業の規制等に関する法律及び出資の受入れ，預り金及び金利等の取締りに関する法律の一部を改正する法律」）により導入されたもので，「貸金業を営む者」というのは，貸金業者として登録していない業者も含む概念で，従来の貸金業法がもっぱら登録業者を対象に規制が組み立てられていたのを改めて，抜け穴をふさごうというものだ。

　その他，ヤミ金融対策法では，貸金業法の規制も強化されている。その要点は，①無登録営業については，3年以下の懲役または300万円以下の罰金（貸金業法11条・47条2号）とされていたのが，5年以下の懲役または個人では1000万円，法人であれば1億円以下の罰金に引き上げられているし，②高金利違反にも5年以下の懲役または個人に1000万円，法人に3000万円以下の罰金が課せられることになった。また，③従来からある違法な**取立行為の規制**も強化されている。違法行為がより明確化され，1年以下の懲役または300万円以下の罰金（同48条3号）であったところ，懲役刑を2年以下に引き上げた。そして④ヤミ金融で超高金利が横行していたことに鑑み，年利109.5％超の定めた金銭消費貸借契約は，契約全体が無効となった（同42条の2第1項）。

2　なぜサラ金業者から請求書が？

　ところで，マヤさんのところに，なぜ，請求書が貸主である銀行ではなく，サラ金業者から来たのだろうか。ここで契約書をよく見てみてほしい。すると，実はマヤさんがフリーローンを利用した際，マヤさんは銀行とだけでなくサラ金業者とも契約を交わしていたことが分かる。マヤさんは，サラ金業者と次のような「**保証委託契約**」という契約を結んでいたのだ。

保証って何？

それでは，この保証委託契約とは何だろうか。実は，民法は「保証委託契約」という契約の権利義務関係は規定していない。かわりに「委託を受けて保証をした場合……」（459条1項・460条）としており，債権者（ここでは銀行）と保証人になる者（ここではサラ金業者）との間で保証契約が成立した後で保証人が負うことになる「**保証債務**」に着目した規定を置いている。金銭消費貸借契約の債務者（借主）は保証人が登場して三当事者関係になった時点で「**主たる債務者**」と呼ばれるようになることに留意しながら，民法446条をみてみよう。そこでは「保証人は主たる債務者がその債務を履行しないときに，その履行をする責任を負う」（1項）と規定されている。ということは，保証委託契約を結んだサラ金業者は，主たる債務者（借主であるマヤさん）が履行をしない場合，つまり返済しない場合に，主たる債務者に代わって返済をしてくれるというわけだ。

その意味は容易に察しがつくだろう。貸主からみれば，借主が返済できない場合には保証人が返済をしてくれるというのであるから，債権回収がより確実になるということだ。つまり，債権を担保しているのだ。このように，債権者からみて債務の履行をしてくれる人の数を増やすことによって，債権の実現をより確実なものとする仕組みを「**人的担保**」という。ここでいえば，債権回収の財源が，主たる債務者の財産＋保証人の財産になっている。同様に債権の実現をより確実にすることを目的としながら，履行してくれる人の人数を増やすのではなく，特定の「物」に権利を設定する仕組みもある。次のAccessで扱う抵当権をはじめとする「**物的担保**」がそれである。

ここで，「保証契約は，書面でしなければ，その効力を生じない」（446条2項），つまり書面という**方式**によらないと無効になるので

注意が必要だ（要式行為という）。保証人になる時点では実際に借金の肩代わりをするかどうかは不確実だし，「絶対迷惑はかけないから，よろしく頼む」といわれて，情義的判断から，(しかも無償で！）保証人になるケースが多いことから，2004年改正で導入されたルールだ。

保証債務とはこんなもの

保証は，主たる債務の履行をより確実なものにするという「担保」であることから，①付従性，②随伴性，③補充性という3つの性質を持つ。これは，主たる債務に対して「従たる債務」とも呼ばれるが，イメージとしてはコアラの親子を想像して欲しい。①付従性は(i)成立，(ii)内容，(iii)消滅の場面があるが，(i)子コアラは親コアラがいないと存在し得ない，(ii)子コアラは親コアラより重くなることはない，(iii)子コアラは親コアラなしには生きられない，②親コアラ債権が譲渡された場合，子コアラは親コアラにくっついていく（随伴性）といえば，おおよそのことはわかるだろう。①(i)については例外規定がおかれているが（449条），ここでは先に進もう。①(ii)については規定がある。「保証人の負担が債務の目的又は態様において主たる債務より重いときは，これを主たる債務の限度に減縮する」(448条)，つまり子コアラのサイズは親コアラまでということだ。ところで，保証債務の範囲は，主たる債務の利息，違約金，損害賠償その他の従たる債務を包含し（447条），そして親コアラに何かが起これば子コアラにも影響が及ぶ（457条）。

③子コアラは親コアラの付属にすぎない2次的な存在（補充性）といっても若干イメージがしずらいかもしれない。これは，債権者が保証人に履行を請求してきたら，自分は子コアラにすぎないのだから，まずは主たる債権者（親コアラ）に請求するよう抗弁ができるという催告の抗弁権（452条）と，保証人が主たる債務者に弁済

の資力があり、かつ、そこから容易に取り立てることが可能であることを証明すれば、まず主たる債務者の財産について執行をしてくれと抗弁ができる（**検索の抗弁権**という。453条）。もっとも、この③補充性は特約で排除することができ、このような保証は「**連帯保証**」といわれる（454条）。

3 保証人が支払ってくれた後に起こること

それでは、親コアラは親孝行の子コアラが頑張って借金の返済をしてくれたら、借金から解放されるのだろうか。いやいやそうではない。

借金したのは「あなた」です——求償権という後始末

もともとは、「主たる債務者」（親コアラ）の借金なのだから、最終的に借金を負担すべきなのはこの主たる債務者（親コアラ）なのだ。だから、貸主（債権者）に弁済をしておいた保証人（子コアラ）は主債務者（親コアラ）に「とりあえず借金返しておいたから（立て替えておいてあげたのだから）私に払って」といえることになる。これが「**求償権**」だ。

民法は、この求償権について、立替えをしてくれた保証人が保証人になった経緯に着目して3タイプの権利を用意している。①頼まれて保証人になってもらった場合、②頼んでもいないのに保証人になった場合、③主たる債務者の意思に反して保証人になった場合に分け、①は保証人に迷惑をかける訳にはいかないから全額の求償ができ（459条1項）、②は「弁済してくれた時点」で主たる債務者が利益を受けている範囲での求償（462条1項）、③はほとんど「おせっかい」扱いで「求償」の時点で主たる債務者が利益を受けている

限りでの求償を認めている（462条2項）。②よりも③は，主たる債務者が受けた恩恵が残っているかどうかを判断する時点が後にズレている点に注意しておこう。

さて，マヤさんのケースでは，フリーローンを利用したときに保証委託契約を結んでいたのだから，マヤさん自身はあまり意識していなかったにしても，サラ金業者に「委託」つまり頼んで保証人になってもらったということになる。入院後，マヤさんが受け取った請求書は求償権のタイプ①ということだ。

求償債権あれこれ

求償権のタイプ①の中味をもう少し詳しくみてみよう。サラ金業者からの請求となると気になるのが利息の問題だ。委託を受けた保証人の求償権について規定した459条2項をみると，442条2項が準用されている。そこで442条2項をみてみると，「求償は，弁済その他免責があった日以後の法定利息及び避けることができなかった費用その他の損害の賠償を包含する」と書いてある。やはり利息は付いてくるのだ。いつから利息が付くのかといえば，それは「免責があった日」つまり，マヤさんが入院している間にサラ金業者が保証人としてマヤさんの借金を銀行に返済しておいてくれた日ということだ。でも442条2項は「法定利息」と書いてあるから，マヤさんは，先に学んだとおり，年5％（404条，しかしサラ金業者との取引のような商行為から生じた債権については商法514条が適用されるので年利率は6％になる）の利息を付けてサラ金業者に支払えばよいといえそうだ。しかし，現実にはマヤさんはもう少し高い利率で利息を要求されるだろう。サラ金業者が，「保証委託契約」を締結するにあたって，ここでも「利率を決める自由」を行使していないことはまずないだろう。そして多くの場合，ここでも「遅延損害金」の定めとして，年利率10％を超える，高い場合には20％前後

3 保証人が支払ってくれた後に起こること

の利率とする条項が置かれている。では、この利息に対する法規制はないのかといえば、実は存在する。それが Access 4 で学んだ**消費者契約法**だ。消費者契約法は、遅延損害金について年利率14.6％を超える合意をしても、それを超える部分は無効になるとしている（消費契約9条2号）。ということで、マヤさんはサラ金業者に14.6％を限度とする利息を付けて支払をしなければならないということになる。

細かいことだが、民法では、求償権を行使する前に**通知**を義務づけている（463条・443条）。そうしないとマヤさんがローンの返済を銀行にしてしまうからである。マヤさんのところにきていた請求書にはこのような意味もある。

もう1つの後始末——弁済による代位

しかし、サラ金業者が保証人としてマヤさんの借金を弁済し（てくれた）た後、実は、もう1つの法制度が発動する。それが、「**弁済による代位**」という制度だ。保証人が、もともとの債権者の地「位」に成り「代」わるという制度だ。たとえば、債権者が主たる債務者に対して担保を有していた場合、弁済をした保証人は、この「代位」によって債権者が有していた地位、すなわち担保により優先して弁済してもらえる権利を持つことができる。この代位もタイプが別れている。[1] **法定代位**と [2] **任意代位**だ。[1] は「弁済をするについて正当な利益を有する者は、弁済によって当然に債権者に代位する」というもので（500条）、[2] は [1] 以外の者が弁済した場合の代位をいう（499条で要件を確認しておこう）。

たとえば、君のお父さんが小さな会社を経営している旧友の保証人になってあげたとする。旧友は銀行に融資を頼んだとき「保証人をつけないと融資はできない」といわれてしまったのだ。ところが旧友の会社は事実上破綻してしまったので、お父さんは、保証人と

して旧友の借金の返済をしたとする。この場合，お父さんには，タイプ①の受託保証人としての求償権が発生することはもう学んだ。でも，旧友の会社は破綻しているから，求償権を行使しても，あまり成果は見込めない。ここで「代位」が真価を発揮する。お父さんは保証人だから，弁済をなすにつき正当の利益を有している。つまり[1]法定代位できる。銀行が融資をする際に，旧友の不動産に抵当権も設定していた場合，お父さんはもともとの債権者である銀行の地位に代位して，この抵当権を行使することができるのだ。

4 商工ローン問題にみる保証のトリック

商工ローンって何？

ところで，「商工ローン」ということばを知っているだろうか。大きな社会問題を引き起こしているから，聞いたことくらいはあるだろう。まさか良いイメージは持っていないであろう。では，サラ金業者との違いは何だろう？

商工ローン業者は先にみたお父さんの旧友のような中小企業を対象に高金利でローンを提供する業者なのだが，その取立の反社会的な過酷さが世間で注目を集めたことを記憶している人も多いだろう。だが，その過酷な取立に遭った人の多くが「保証人」であったことはご存じだろうか。

商工ローンの手口——包括根保証の怖さ

ここで，商工ローン業者の典型的な取引をみてみよう。先ほどのケースで旧友が商工ローン業者から借金をしたことにしよう。お父さんは，商工ローン業者と保証契約を結んだということになるが，注意が必要なのは，ここで「根」保証契約が結ばれているというこ

とだ。この「根」は根抵当権（398条の2以下）の「根」と同じだ。旧友は商工ローン業者とたとえば2年間といった一定期間，合計3000万円までを限度に融資を受けられるという継続的な貸付けに関する契約を結ぶ。取引開始にあたって旧友が必要としているのは，たとえば150万円くらいのものであっても，このような，「これから2年間，あなたに3000万円まで融資しましょう」という契約を結ぶ訳だ。商工ローン業者とお父さんの契約もこの時点で行われる。根保証契約は，たとえば，「私は，これから2年間，商工ローン業者から融資を受けた旧友の債務を，1500万円の限度で連帯保証いたします」といった内容になっている。でも，お父さんは旧友から「150万円商工ローン業者から借金する保証人になってくれ」と頼まれ，困りながらも，《150万円くらいなら，いざとなっても旧友の借金を肩代わりしてあげることができるだろう》と思って「根」保証契約書に署名・捺印をしてしまった，ということになる。もちろん，商工ローン業者は契約しようとしているのが普通の保証ではなく「根」保証契約であることや「根」保証の内容，リスクについて説明しない。その後，旧友は商工ローン業者から何度も追加融資を受け，いつの間にか借金は3000万円まで膨らんでいくが，お父さんはそのことを知る由もない。そして，ある日，商工ローン業者から「1500万円払え！」と脅迫めいた取立を受ける……。

義理人情のない保証人

それとはまた違ったケースもあった。商工ローン業者が指定した信用保証会社との間でも信用保証契約を結ばせておくというものだ。マヤさんのケースでいうサラ金業者に当たるというわけだ。

あれ？　と思うかもしれない。先ほど一瞥した，貸金業法できちんと規制が行われているのではないか。たしかに，貸金業法には，取立行為の規制もあるし，さらには，契約内容の重要事項を記載し

た書面を交付する義務等も規定されている。ちゃんと利息等のリスクを知らせる制度ができあがっていたのではないか。しかし，従来，貸金業法で保護されてきたの「借主」であって，「保証人」に対する保護，「保証人」からの過酷な取立などは想定されていなかったのだ。商工ローン業者は保証というトリックを用いて，貸金業法の規制をすり抜けていたということになる。しかし，商工ローン問題を受けて，平成11年12月に貸金業法は改正され（同時に出資法・利息制限法も改正された），現在では保証人にも契約の重要事項を記載した書面を交付しなければならず（貸金業法17条4項前段），追加融資がされた場合も同様の規制が及ぶことにしたほか（同後段），取立行為規制の保護も及ぶようになっている（同24条の2以下）。

これでいいのか包括根保証

　先に商工ローンの手口ということで包括根保証の説明をしたが，実は，包括根保証は商工ローンが開発した担保の方法というわけではない。中小企業が融資を受ける場合，銀行であっても，経営者やその家族，知人に保証人になることを要求していた。経営者個人に保証が求められてきたのは，企業会計と家計とがきちんと分けられていないケースでは企業の信用を補完するのに有効な手段であると考えられてきたためだ。

　しかし，なかには保証の対象が，将来発生する債務であって，しかも保証の限度や期間も画されていない，文字どおり青天井の「包括根保証」もなされていた。これでは中小企業が倒産した場合，法人自体がなくなったとしても経営者や知人が負債を背負い続け，敗者復活戦に挑むのが難しくなってしまう。加えて，こんな事態を恐れて，企業経営が行き詰まった際の決断が遅れてしまうという問題もあった。そこで再生支援の一環で，2004年に個人保証の見直しが行われた。具体的には，金銭の貸渡しや手形の割引を受けること

によって負担する債務を含む債務を主たる債務とする根保証契約で，保証人が個人である「貸金等根保証契約」については，責任の上限額（「極度額」という）を定めることとし（465条の2第1項），極度額の定めのないまったくの青天井の包括根保証は無効とした（同条2項）。また，保証の期間に制限を設ける目的から，「元本確定期日」に関するルールも導入した。これを契約締結日から5年後より後に定めても無効で，定めがない場合は3年後の日（465条の3），主たる債務者か保証人が破産手続開始の決定を受けたり死亡したときなどにはその時とする（465条の4）といったものだ。

Access pocket ①

利息制限法をめぐる攻防　利息制限法で気をつけなければならないのは，借主が任意に超過部分を払ったならば，その返還は請求できないことになっていることだ（利息1条2項）。

しかし，裁判所は，昭和30年代後半から40年代にかけて，この規定を克服しようと判例法理を発展させた。たしかにいったん，任意に支払ったならば返還請求はできないものの，超過部分を元本に充当することを認め，さらには，元本充当を前提に計算すれば元本の返済もすべて終わって，なお利息として払っていたような場合（これを「**超過払金**」という），その超過払金の返還を請求することはできるとして借主保護を一歩前進させた（これは利息制限法の1条2項の問題ではなく，民法703条の**不当利得**の問題だとした）。

しかし，昭和58年に，いわゆる**サラ金規制法**が導入され，貸金業法が制定された際，出資法上の利息の上限を109.5％から40.004％に引き下げ，かつ，貸金業者について取締法制を敷いた代わりに，「**みなし弁済**」という貸金業者に有利で，上記の超過利息に関する判例を実質無意味にするような制度が導入された。それは，利息制限法所定の上限を超えた利率の約定があっても，契約時と返済の受領時に，貸金契約の重要事項を記載した法所定の方式をふんだ書面

を交付すれば，有効な利息の弁済として扱われるというものである（貸金業法43条）。今日では，この「みなし弁済」規定の適用の有無が争われることが多い。**超過利息の法的問題をめぐる攻防はなお続いている。**

Access pocket ②

多数当事者の債権関係　民法典第3編債権第1章総則第3節には「多数当事者の債権及び債務」という題名がついている。債権関係といえば通常は「1対1のお付き合い」だが，「1対複数のお付き合い」「複数対複数のお付き合い」になったらどうなるか，についての規定が置かれているのだ。

たとえば，お父さんが友人の未亡人に100万円貸してあげていたり，とっておきの骨董品を譲ってもらう約束をしていたけれど，借金を返してくれる前や譲ってくれる前に未亡人が死亡してしまったとしよう。ここでは相続問題が起こる。お父さんは遺族に事情を話して，借金を返してくれるよう請求できる（遺族が相続の放棄，限定承認をすれば話は別→Access 19）。具体的には，残された遺族の1人（たとえば息子さん）に対して「○○してください」ということができる。でも，息子さん以外に遺族がいる場合，この○○の中味はどうなるのだろう。こんなときに関するルールが「多数当事者の債権及び債務」だ。もちろん，このAccessで勉強した「保証債務」もこのなかで規定されている（446条以下）。

ところで，皆さんがお父さんの立場（債権者）だとして，「相手が1人じゃない」とどんなイメージだろうか。損か得か。答えは民法典の準備する4つのタイプの「多数当事者の債権及び債務」（427条以下）で違ってくる。答えのヒントは，もうお分かりのはずです！

「得」になる要素は，このAccessで勉強した「保証債務」に最もよく現れているように，相手が増える＝財布の数が増える，つまり，

債権を回収できる確率が高まるという要素だ。でもいつもそうとは限らない。お母さんの残した100万円の借金は，遺族で分担するんじゃないかな，ということは何となく分かるでしょう（**分割債務**といいます。「別段の意思表示がないときは，……それぞれ等しい割合で……義務を負う」427条）。

残るは，「不可分債務」，「連帯債務」だ。「不可分債務」も「連帯債務」も，債権者は債務者の1人に対して債務の全部の履行を請求できる（430条・432条）。

不可分債務は，「債権の目的がその性質上又は当事者の意思表示によって不可分である場合」（上の例では，骨董品の引渡）に生じる（428条・430条）。これに対して**連帯債務**は，たとえば仲間うちで事業を立ち上げようと結集している場面で，その準備過程で発生した債権債務関係について生ずる。連帯債務は，このような債務者間に一定の**主体的結合関係**があるのが特徴だ。これを根拠に，債権者との関係（対外的関係）では，各自は全部義務を負う（432条）。でも，債務者同士の関係（内部関係）については話は別で，ここでは持分に応じた部分義務を負うにすぎない（**負担部分**という）。もっとも以上は原則論で，対外的関係でも何かが起こった場合について，細かいルールがたくさんある。連帯債務者の1人について何かがあった場合に，他の連帯債務者との関係にも影響を及ぼすもの（絶対的効力事由）とそうでないものがあるからだ（434条〜440条参照）。以上のほか，連帯債務が想定するような主体的結合関係はないけれど，連帯債務として扱う場合，たとえば，フロントで預かっていた泊まり客のサイフを盗まれたホテルの不注意＝「債務不履行」による客への賠償義務と盗んだドロボウの不法行為による客への賠償義務は「**不真正連帯債務**」という。

Access 12

債権の優先的実現のために物に対して生じる権利

抵当権／入門

Access view

　大学生の吉野正禎君は，パソコンで「不動産競売物件情報」を検索している。吉野家の家族会議で一戸建てを買って引っ越すことになったのだが，なんでも，競売という裁判所を通じた売却の仕組みがあり，そこでは普通に買うより安く不動産を入手できると聞いたことがあるからだ。しかも，その物件情報を公開しているサイトがあるという。そこで，一番パソコンの使える彼が検索の役を買って出たのだ。調べてみていろいろな物件が競売にかけられていることが分かったが，気になることもでてきた。そもそもどうしてこれらの物件は裁判所なんかを通じて売りに出されているのだろう？　買う人が決まったらお金が払われるようだが，それはどこにいくのだろう？　もし，吉野家が借りて今住んでいるこの建物が競売にかけられたらどうなるのだろう？　これを家族に説明するのも正禎君の役まわりになるはずだ。彼が法学部の学生ならば。

1　貸したお金をきっちり取り立てるために

借りたお金を返さないとどうなるか

　吉野家が目をつけた不動産は，もともと火車商事という会社のものだった。火車商事は大日本銀行と首都銀行から，それぞれ2000

万円，3000万円の借金をしていた。火車商事はこのお金を期限どおりに返すことができなかったのである。そして，唯一の財産である不動産について，大日本銀行・首都銀行が競売をかけてきたのだった。

このように，競売とは，金銭債務が履行されないときに，債権者が債務者の財産を裁判所を通じて売却して債権を回収することである。債務者の方からみれば，借金を返さないと，自分の財産を無理矢理奪われて売りとばされることになる。この仕組みを強制競売という。金銭債務の強制履行は，もっぱらこの仕組みで行われる（強制履行は，Access 8 参照）。

競売の手続の結果，吉野家が2000万円で不動産を落札しそれを支払ったとしよう。火車商事の借金の総額には足りないが，どうやって分けるのだろうか。結論からいうと，複数の債権者がいて債務者の財産が全部の債務の弁済に不足するときは，割合は債権額の多寡に対応させられるが，債権者たちに平等に債務者の財産が渡される。大日本銀行は800万円を首都銀行は1200万円を受け取ることになる（ここでは手続費用は考えないこととする）。規定がないにもかかわらず承認されているこの原則を，「債権者平等の原則」と呼ぶ。

抵当権はなぜ必要か

特定の債権者に債務者の財産からの優先的な回収を許さない債権者平等の原則に例外を認めなければ，金銭を必要としている人が，銀行等から融資を受けられなくなってしまうおそれがある。なぜなら，借金をしようとしている人にまずまず十分な財産があると確認できても，他の債権者に借金があるかもしれず，仮にいまは借金をしていなくても，将来他から借金をする可能性は排除できないからである。つまりは，他に債権者が現れその者と平等に弁済を受けることになるかもしれず，その場合は貸したお金が全額は返ってこな

いおそれがある。だから，債権者平等の原則に例外がなければ，よほど慎重に債務者の資力を検討して回収に確信を得てからでないと融資ができないことになる。そうだとすると，生活・営業のために融資をうける必要のある人・企業のサイドだけでなく，銀行のように融資を業務としている企業のサイドにも不都合なことである。言い換えれば，必要な人に必要な資金がいきわたらなくなることであり，社会的にも望ましくない。

　これを解決するために，特定の債権者が，債務者の特定の不動産から優先的に債権の弁済を受けられる権利が要請される。もっとも，債権者としては最終的には債権の優先弁済が実現できればいいので，不動産の占有を得ることまでは望まないことが多いであろう。それを踏まえて民法が用意した，不動産（土地または建物）を対象とする非占有の**担保物権**（特定の財産から債権の優先弁済を受ける権利。抵当権以外のものは後述する）が**抵当権**（369条）である。抵当権があれば，金を貸す方は，債権の優先弁済について強力な保障を得られるので，他に債権者いるかその額がいくらかを気にせず融資できる（先の例では，大日本銀行は土地に抵当権の設定を受けていれば，土地を売って得られる2000万円を独占することができた。抵当権がなかったので，800万円しかとれなかった）。借りる方にも，これによって融資を受けやすくなるというメリットがある。

2　抵当権の大事な性格

抵当権の優先弁済的効力

　債権者が抵当権を取得する最大の意味は，自己の債権（被担保債権という）について，優先的に弁済を受けられる地位をもつことにある。抵当権を実行する主な方法は，抵当権の設定された不動産

（単に抵当不動産と呼ぶ）を裁判所を通じて競売にかけるやり方である。この競売は**担保権の実行としての競売**と呼ばれる（民執180条以下）。先の例では，大日本銀行・首都銀行は抵当権等の担保物権をもっていないのに競売をしたが，そのような一般債権者がするのは**強制競売**である。一口に競売といっても主にこの2種類がある。担保権実行としての競売がどのように実現されるかざっとみておこう。以下，Access 12では，大日本銀行は慎重にも抵当権の設定を受けていたとして，次の設例で考えていこう。

> 火車商事が大日本銀行と首都銀行からそれぞれ2000万円，3000万円の借金をしている。大日本銀行は，火車商事の土地（2000万円相当）について，抵当権の設定を受けた。

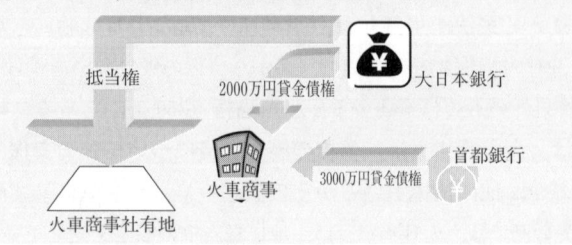

抵当権　2000万円貸金債権　大日本銀行
火車商事　3000万円貸金債権　首都銀行
火車商事社有地

　大日本銀行は抵当権者であり，火車商事は債務者であると同時に抵当権設定者である。火車商事の必死の努力も空しく，結局大日本銀行の2000万円の被担保債権が弁済されないまま履行期（412条）を迎えたときは，大日本銀行は，裁判所に抵当権実行のための競売を申し立てることができる（民執2条・181条）。それを受けて，裁判所は競売開始決定を行う（同188条・45条）。そして競売の手続が始まり，買受人が募られる（これには，新聞広告等が使われることもある。「○○地裁の不動産競売情報」として掲載されている，あれである。吉野正禎君が使ったインターネット上の検索サービス（http://bit.sikkou.jp/　2005.12.17現在）も買受人募集のためにある）。吉野家のような買受人が現れ，条件が確認されれば裁判所は売却許可決定を

下す（同188条・69条・71条）。そして買受人が売却代金を支払うが（同188条・78条），そこから配当が行われる（同188条・84条・85条）。2000万円で競売が成立し買受人がそれを支払えば，設例では大日本銀行に全額が配当される。首都銀行の取分はない。

このように，被担保債権の不履行があれば，抵当権者の大日本銀行は，競売という裁判所の管理下の形式ではあるが，目的物を売りとばして換価し，それから得られた金銭から，他の債権者の首都銀行に優先して債権の回収をすることができる。これが**優先弁済的効力**である。なお，抵当権以外の担保物権もこの効力をもつ（留置権は例外）。

抵当権は占有を奪わない

このように，抵当権は，債務者が被担保債権の弁済を遅滞するときに抵当不動産を競売することによって被担保債権を回収しようとする権利である。回収さえ確実になれば，債務者が履行遅滞になるまでは，抵当不動産がどのように利用されていようと，抵当権者にとってはそれほど重要ではない。このことは，抵当権の内容を示す民法369条にも表れている。この条文では，抵当権の内容として，不動産の占有を抵当権者に移さない旨，すなわち抵当権が**非占有担保**である旨が規定されている。ここで，占有を失わないということは，つまり，所有者である債務者が自ら使用することもできるし，また，誰か他の者（第三者）に貸して，賃料を得ることもできるということである。

債務者が企業である場合が分かりやすいが，債務者から抵当不動産の利用が奪われたら，かえって債務の弁済が困難になる。生活や営業の場所を失ってしまうからである。抵当権者としても，てまひまをかけて抵当権の実行をするまでもなく被担保債権の弁済を受けられればそれに越したことはなく，そのときは抵当不動産を実際に

自分で管理する必要はない。このようなねらいから，抵当権の制度は，抵当権者に優先弁済的効力を与えながらも，抵当権設定者に不動産の使用・占有を保障しているのである。

抵当権は契約によって生じる

抵当権は，**抵当権設定契約**という契約に基づいて発生する。すなわち，**約定担保物権**である。これも抵当権の重要な特徴。設例では，債務者でありかつ不動産所有者の火車商事と債権者である大日本銀行がこの契約を結ぶ。優先弁済的効力を得たい債権者と，不動産を担保に差し出してでも融資を受けたい債務者の意思表示が合致することで，抵当権は発生する（契約が意思表示の合致により成立することは，Access 2, 3を参照）。ところで，抵当権を設定するのは債務者（不動産所有者）であり，債権者は抵当権の設定を受ける立場にあることに注意して欲しい。いくら金を貸しているからとって，債権者は，債務者の大事な不動産に本人との合意なくして勝手に抵当権をつけることはできない。抵当権を設定するには，そのための権限（**処分権**という）が必要である。不動産の所有者にはそれがある。不動産の所有者に債権を有しているだけの債権者にはない。

抵当権設定者は，債務者以外のものであってもよい。つまり，他人の借金のために，自らは債務を負わない人が自己の不動産に抵当権を設定することもできる。先の設例をすこし変えて例をあげよう。大日本銀行が貸付けと同時に担保をとろうとしたが，火車商事にはもはやめぼしい財産がなかったとしよう。大日本銀行は融資を躊躇する。ところが火車商事の社長には土地があり，社長としては自分の財産を担保にとられてもいいから会社に金を貸して欲しいと思っているとしたら，どうだろう。このときは，社長が，自己の土地の上に，火車商事の債務の担保のために大日本銀行に対して抵当権を設定することができる。火車商事の社長と大日本銀行が抵当権設定

契約の当事者だ。このように他人の債務のために自己の不動産に抵当権等担保権を設定する人を，**物上保証人**という。

3 対抗要件としての登記

所有権 vs. 抵当権

　先の設例において，不動産業者のブリッジエステート社が火車商事から土地を購入したとする。売買契約によりブリッジエステートは所有権を取得する。契約だけで物権の移転が起きることは，民法176条において宣言されている（Access 7 参照）。しかし，大日本銀行は同じ土地について抵当権の設定を受けている。抵当権者と新たに所有権を取得する譲受人のそれぞれの権利はどう調整されるのだろうか。仮に抵当権の発生を大日本銀行がブリッジエステートにも主張できるとすると，ブリッジエステートは，火車商事が借金を返せなかったとき，せっかく手に入れた土地を売りとばされることになる。逆にブリッジエステートに抵当権の発生を主張できないとすると，大日本銀行は抵当権を実行できなくなる。そうすると，結局債権の優先的回収ができなくなるのだから，大日本銀行にとって抵当権の設定を受けた意味は一挙に失われる。一言でいって，両者の権利は相容れない。抵当権発生の主張を不動産所有権の取得者に主張できるかできないかは，どのような基準で決まるのだろうか。

　これは，民法177条によって規律される**不動産物権変動**に関する**対抗問題**の1つの現れ方である（Access 7 参照）。すなわち，抵当権発生の主張ができるかできないかの基準は，**登記**があったかなかったか，である。したがって，ブリッジエステートが所有権の移転登記をする前に，大日本銀行が抵当権の設定登記を得ていれば，ブリッジエステートにも抵当権発生を主張できる（対抗できる）。このと

きのブリッジエステートは，抵当権という負担のついた土地の所有権を取得することになる（ブリッジエステートは，他人の債務のために自己の物が担保にとられているかっこうになるので，物上保証人と同様の立場になる。これを**第三取得者**という）。逆に，抵当権設定登記がされないうちにブリッジエステートが所有権の移転登記を受ければ，大日本銀行は，抵当権をブリッジエステートに対抗できない。ではなぜ，登記をしなければ，ブリッジエステートに抵当権の発生を主張できないのだろうか。

登記の役割——公示

　登記の制度がない場合をシミュレートしてみよう。抵当権の設定などの物権変動は，契約締結だけで生じてしまい（176条），その契約ときたら意思表示の合致だけで成立してしまうのだから，第三者からは不動産についてどのような物権変動がおきているかは知りようがない。知りようがないのに，契約があったからといって抵当権の発生を主張されてしまうと，先のブリッジエステートのように，購入により不動産を自分の物にできたと安心していたのに突然の競売でもっていかれることになってしまう。こんなことを認めるわけにはいかない。そこで，抵当権の取得を第三者に主張するためには（対抗するには），抵当権設定の登記を行い，第三者が登記を調べれば抵当権設定という物権変動があったことを認識できるようにしなければならない，という仕組みになっているのである。これを「**公示**」と言う。抵当権の設定があっても登記がされず，第三者にとってそれが認識できるようになっていなければ，第三者は抵当権の発生を無視できる。逆に，**抵当権設定登記**があれば，抵当権者は，ブリッジエステートのような譲受人などの第三者に抵当権の発生を主張できる。なぜなら，第三者は，知ろうと思えば登記を見て抵当権の存在を知ることができたからである。

以上をまとめよう。抵当権は抵当権設定契約によって発生する。だから，登記がなくとも，抵当権を設定した張本人である火車商事には抵当権を主張できる。しかし，ブリッジエステートのような第三者に抵当権の発生を対抗するには，大日本銀行は，抵当権の設定登記を得ていなければならない。登記は，抵当権の発生要件ではないが，対抗要件である。対抗要件（登記）まで備えなければ，抵当権は，その効力を十全には発揮できない。

抵当権は追ってくる

このように，抵当権は，設定登記がされていれば，その後抵当不動産がブリッジエステートやその他の人にどんどん譲渡されていって所有権者がころころ変わっても，消えることなく所有権者に主張できる。そして被担保債権に履行遅滞があれば，その時の持主（つまり，第三取得者）が誰であれ，競売を申し立てて優先弁済を受けることができる。競売にかけられれば，持主は所有権を奪われる。抵当不動産の所有権者が誰に変わっていこうとも，抵当権はどこまでも不動産を追いかけていって優先弁済を実現するのである。これを追及効と呼ぶ。抵当権が強力な担保であることは，この点にも表れている。

4 抵当権をめぐる仕組みいろいろ

抵当権は被担保債権に付き従う

抵当権は，被担保債権の履行を実現するためにある。主役は被担保債権であって，抵当権はその実現を確実にもたらすために奉仕する役まわりだ。この位置づけは，具体的には次の3つの性格に表れている。第1に，被担保債権が成立していなければ，抵当権も成立

しない。被担保債権を生じさせたはずの契約が実は無効であることが明らかになったり，取り消されたときは，抵当権も成立しなかったことになる。これを**成立における付従性**と呼ぶ。

第1が成立なら，第2は**消滅における付従性**。つまり，有効に被担保債権が成立しており，かつ抵当権設定契約が締結されれば抵当権は発生するが，その被担保債権が弁済や消滅時効の完成により消滅すれば，抵当権も一緒になって消える。火車商事のような債務者は，自己の不動産の抵当権を消すために債務を弁済するのであり，がんばって弁済しても抵当権が消滅しなければ債務者が困る。抵当権者の大日本銀行も債権の確実な履行のために抵当権の設定を受けたのであるから，その目的が達成されればもはや抵当権に用はない。

第3は，被担保債権が譲渡された場合に現れる性格である。被担保債権が譲渡されたとき，抵当権はどうなるであろうか（なお，債権譲渡については→Access 7）。たとえば大日本銀行がメトロポリタンバンクに債権を譲渡したとき，抵当権だけ大日本銀行に残っていても仕方がない。抵当権の意味は被担保債権の実現に役立つことだけにあるに，その肝心の債権がメトロポリタンバンクに移っているからである。そこで，被担保債権が譲渡されれば，抵当権も一緒になって譲受人に移転する。債権がメトロポリタンバンクに譲渡されたのなら，抵当権もそれを追ってこれに移転する。この性格を**随伴性**と呼ぶ。

抵当権は抵当不動産に関する権利にも手をのばす

これまでは，抵当不動産が競売により換金され，それから被担保債権が優先弁済を受ける仕組みを説明した。このようにして抵当権の効力が抵当不動産自体に対して発揮されることがいわば本筋であるが，不動産自体だけでなくその不動産に関して生じた権利にも抵当権が及ぶことがある。

たとえば，抵当権の設定されていた建物が火事で滅失したとしよう。もはや競売にかけて換価することはできない。ところで，建物について**火災保険**がかけられていたとすると，焼失と同時に保険会社に対する火災保険金請求権が生じる。保険金請求権は，通常は建物所有者が取得する。普通はそれでいいが，その建物に抵当権が設定されているときにも同じことにしてよいか，はちょっと考えてみないといけない。というのは，この場合に同じ扱いをするというのは，抵当権者からは強力な担保を突如奪い，建物所有者には建物の価値を塡補する保険金を全額与えてしまうことだからである。つまり，焼失がなくて抵当権が実行されていたら，買受人が払った金銭は被担保債権の弁済にあてられるので，建物所有者がその金銭の全額を受け取ることはなかったのに（売却代金が被担保債権の額を超えた場合に限ってその差額だけが与えられるにすぎない），建物が滅失すると所有者は，抵当権を免れるだけでなく，建物の代わりの金銭を独占できてしまうことになってしまう。この2つの場合のアンバランスは明らかであろう。

　このようなアンバランスを回避するために，民法は，一定の要件のもとで，抵当権を，抵当不動産に関して生じた権利（今の例では，保険金請求権）に及ぼす制度を設けている（372条・304条）。これを**物上代位**という。

　物上代位の要件は，代位の対象になった権利について「払渡し又は引渡し」があるまでに，抵当権者がその権利を差し押さえることである。

　抵当権の物上代位については，この差押の趣旨・内容や物上代位の対象になる権利の範囲について大事だけど目まぐるしい判例の展開があり，これをめぐる議論も続いている。その様子は，Access 13で眺めよう。

抵当権と賃貸借

　抵当権は非占有担保物権だから，不動産を占有・利用する権限は，不動産の所有者（抵当権設定者または第三取得者）が持つ。抵当権設定者が同時に債務者であるときは，債務者は不動産を利用して収益を挙げ，被担保債権を弁済していくことになる。その利用の仕方はさまざまだが，不動産を賃貸し，賃料収入を得るというのもよくある方法である。抵当に入っている不動産を貸すわけである。しかしながら，いざ抵当権が実行されるという段になれば，抵当不動産の利用権限は抵当権設定者から奪われる。そして，競売においてより高い代金で落札を申し出る買受人が現れるようにするためには，できるだけ制約のない物件が買受人に渡されることが望ましい。しかし他方，不動産所有者と賃貸借契約をして実際に土地・建物に住んでいる**賃借人**を，抵当権の実行により直ちに追い出せるとしてしまうのも穏やかではない。

　民法は，抵当権の実行によって買受人が取得する所有権と，競売にかけられた不動産について賃貸借契約を締結していた賃借人の権利（賃借権）を次のように調整している。ポイントになるのは，**賃借権の対抗要件具備**（605条，借地借家10条1項・31条1項）が，抵当権設定登記より先であったか後であったかである。前者であれば，賃借権が抵当権に優先する。すなわち，この場合の賃借権は買受人にも対抗できることになり，賃借人は従前の契約どおり不動産を利用し続けることができる。その利用に対して買受人が文句をいうことはできない。これに対し，賃借権の対抗要件具備が抵当権設定登記より後であれば，不動産に関する権利の優劣は対抗要件の具備の前後で決するという民法177条の原則により，賃借人は従前の契約どおりに利用し続けることはできない（例外は387条）。では，買受人が請求したら賃借人は直ちに出ていかなければならないか，というとそうでもない。建物賃貸借の場合は，民法395条により，買受

の時から6ヵ月間は出て行かなくてもよい。その間に賃借人は引っ越し等出ていく準備をするわけである。Access 13 では，この民法395条をめぐる熱いドラマを見ることができる。

5 他のタイプの担保物権

抵当権以外の担保物権とそれらの共通点

　抵当権は，不動産所有者と債権者が契約をすることで生じる非占有の担保物権である。民法は，種々の要請に応えるため，これ以外のタイプの担保物権も用意している。

　抵当権と同様に当事者の契約で発生するが，動産を対象とする担保物権が**質権**（342条以下）である。質権には，優先弁済的効力に加えて目的物に関する所有者からの返還請求権を拒絶できる効力（**留置的効力**）もある。この効力は，金を払わなければ物を返さないという形で債務者にプレッシャーをかける。契約ではなく法定の要件の充足により発生する**法定担保物権**で，抵当権と同様に優先弁済的効力があるのが**先取特権**（303条以下）である。法定担保物権だが優先弁済的効力がなく留置的効力を本体とする担保物権，**留置権**（295条以下）もある。担保物権の中には，さらに，民法に規定のない種類もある（→Access pocket）。

　これらを**担保物権**という言葉でひとまとめにすると，共通する特徴をいっぺんに説明できてとても便利である。実は，先に説明した，成立・消滅における**付従性**，**随伴性**，**物上代位**の制度があることは，抵当権以外の担保物権も備えている性格である（ただし，これはあくまで原則。例外もある。たとえば留置権には物上代位の制度はない）。また，担保物権は，被担保債権全額の弁済があるまで目的物の全部

について効力をもつが、これもすべての担保物権に共通する性格である（これを**不可分性**と呼ぶ）。

> ### Access pocket
>
> **一般債権者の強制競売**　債務者が、履行期（412条）に弁済の提供（492条）をしない場合において、同時履行の抗弁権（533条）をもたないときは、**履行遅滞**という債務不履行に陥る。このとき、債権者は、**強制履行**（414条），**解除**（541条），**損害賠償請求**（415条）の各制度を利用することができる（これらはAccess 8のテーマ）。金銭債務の履行遅滞のときには、民法415条，419条1項により遅延賠償金が生じる。
>
> 　金銭債権の債権者が強制履行を求めると、民事執行法の強制執行手続により、債務者の財産が強制的に換金されてその金銭が債権者に配当される。**強制執行**を申し立てるには債務名義が必要である（民執22条）。強制執行の対象となる債務者の財産の総体は、**責任財産**と呼ばれる。不動産の場合、換金の方法には、強制管理と強制競売とがある（同43条1項）。**強制競売**の実際の流れは、競売開始決定（同45条）以後は、本文で述べた抵当権の実行と同じである。抵当権等の担保権をもたない債権者（**一般債権者**）は、この強制競売で金銭債権を回収する。ターゲットにした財産に担保権等の優先的な権利がついていたときは（たとえば、不動産に他の債権者の抵当権が生じていたとき）、その担保権者の債権に優先的に配当が行われ（同85条）、残りがあったときだけ一般債権者は配当を受ける。
>
> 　抵当権の実行は、本文で述べたように、担保権の実行としての競売で行われる。こちらは、一般債権者のする強制競売とは違って債務名義が要らない。抵当権の実行は、担保権を証明する文書（同181条1項）が提出されれば開始される。
>
> **非典型担保**　担保物権の種類の中には民法に規定のないものもある。非典型担保と呼ばれる。主なものは、**仮登記担保**，**譲渡担保**，**所有権留保**である。これらに共通する重要な特徴は、担保権者が、

競売という裁判所の手続を介さないで担保の目的物を処分して債権を回収することができる，ということ。裁判所の手続によらない担保権の実行なので，「**私的実行**」と呼ばれることがある。このような民法に条文のない担保物権も，現実には重要な役割を果たしている。

Access 13

交換価値と利用価値の交錯

抵当権／展開

Access view

友人が青い顔をしている。理由を尋ねると，「オヤジがリストラされそうだ」という。昨日まで「親父は一流銀行のエリートだ」とうそぶいていた奴だけになぜこんなにひょう変したんだろう。どうも銀行で仕事がうまくいかないらしいが，いったいなぜ。

1　銀行の役割ってなんだっけ？

集めた預金はどこへ行く

銀行は，経済にとって心臓にあたる重要な機能を果たしている。この場合，経済にとっての血液は「お金」だ。つまり，銀行は，「お金」を預金の形で集めて，それを「貸し付け」ることで必要なところへ「流して」いるわけだ。その意味で，銀行は経済にとってはお金を動かすポンプの役割を果たしている。もちろん，右から左にお金を動かすだけでは，銀行自体は儲からない。銀行自体が儲けることができなければ，お金を動かすための人も雇うことができないし，場所を確保できない。つまり，銀行はお金を動かすと同時にそれによって儲ける必要がある。では，どうやって儲けているのか。

簡単に言えば，集めるときと貸すときの「料金」の違いが銀行の儲けになる。銀行がお金を集めるときは，お金を出してくれた人，つまり預金者に預金金利で計算された利息を支払っている。他方で，お金を銀行が貸すときは，借りた人，つまり債務者から貸出金利で計算された利息を受け取っている。この**利息の差額**が銀行の儲けだと考えると簡単だ。

景気がよいときというのは，どんどん物が売れているわけだから，企業は一生懸命商品を生産して販売しようとする。そのためには，工場を建てたり，販売店を設けたりしなければならない。そうすると，「先立つもの」として「お金」が必要になる。そのお金を銀行が企業に貸すわけだ。もちろん，銀行が貸すのは預金者から集めたお金だ。ということは，結局，他人のお金を貸しているわけだから，時期が来たら預金者にきちんと返すことができないと困ることになる。君たちにしても銀行に預金があると思うが，これは自分のお金で，たまたま銀行の口座の中にあるだけだと思っているのではないだろうか。そのように考える背景には，君たちが必要なときにはきちんと払い戻してもらえるという信頼があるからだ。銀行にとってはその信頼が一番大事だ。

さてそうすると，銀行がお金を貸すときも，きちんと返してもらえないと，結局は，預金者の信頼に応えることができなくなるから，きちんと返してもらえるかどうかが重要になる。そのため，銀行がお金を貸すときは担保を取って借りた人が返すことができなくなっても貸したお金をなんとか回収することができるようにしているわけだ。その手段としてよく使われているのが「**抵当権**」だ。つまり，銀行は，いざというときには抵当権を行使することで，貸したお金を回収しようとするんだ。この抵当権の基本的なところは，すでにAccess 12 で学んだので，ここでは，その次の段階に進もう。

2 抵当権は万能の権利なの？

　銀行にとって貸したお金を回収するために最後の手段として使われるわけだから，抵当権というのはとても強力な権利だ。現に，お金を返すことができずに，抵当権が実行されて，住んでいた家を売られてしまった芸能人もいるぐらいだからね。でも，君の友人のお父さんはリストラされそうだというわけだろ。そんな強力な権利を持っている銀行がなぜリストラを考えなければならないのだろう。その理由は，実はとても簡単だ。抵当権は目的となった不動産を売ることができる権利だけれども，買う人がいなければ，売ることもできないからだ。つまり，デフレ経済といわれている今の日本では，物を作っても売ることができず，物よりもお金の方が大事になってしまっている。同じように，土地や建物についても値段がどんどん下がっていて，売るに売れない。そのためいつまでたっても不良債権は減らない。そうすると，抵当権があったとしてもそれだけでは安心できないということになる。その意味では，抵当権は万能なわけではない。でも実は銀行が困った原因はこれがすべてではない。

弱り目に祟り目とはこのことだ

　今も説明したように，銀行にとっては，債務者の債務不履行に備えて担保を取っておくわけだが，今の時代には，不動産の価値がどんどん低下しているために，思うように売ることができない。それだけではなく，そんな銀行の弱みにつけ込んでひと儲けしようとする者達がいる。そのような者達が行うのが，「**抵当権侵害**」や「**執行妨害**」と呼ばれる行為だ。つまり，早く売りたい銀行に「邪魔をしてみせる」ことで，その「邪魔を止めて欲しければ，お金を出

せ」というわけだ。

　では，具体的にはどのような方法で「抵当権侵害」や「執行妨害」がなされるのか。事実上のものと権利行使の形態をとったもの，そしてさらに単に妨害するだけでなく，債権者にとって重要な回収資金を横から奪い去ってしまう方法までさまざまな方法がある。

　事実上の妨害としては，たとえば，土地が担保の対象となっている場合に，その土地に産業廃棄物や土砂などを大量に堆積させるという方法がある。これは，その土地を競売しようとしても，堆積した土砂や産業廃棄物の除去費用がかかるために，誰も競落せず，結局きわめて安くでしか売れなくなることを狙って行われる。もっとも，最近では，このような直接的なかつ事実上の効果を狙った妨害手段はあまり執られなくなってきたといわれている。というのは，ここ数年のうちに競売の円滑な実施を促進するためにさまざまな法改正が行われてきたが，その中には刑事罰の強化も含まれており，このような直接的な手段では妨害をする側でもそれほどの効果を得られなくなってきたからだと考えられる。

3　短期賃貸借による妨害と制度の廃止

短期賃貸借ってなんだっけ

　次に，法的な権利行使の形態をとった妨害手段がある。代表的なものとしては，たとえば建物が抵当権の対象となっている場合に，その建物の所有者から建物を賃貸借するというものである。なぜこれが妨害手段になるのか。

　そもそも短期賃貸借という制度は，抵当権者と抵当不動産の利用者の利害調整として設けられた。つまり，抵当権が設定されていると，将来いつ抵当権が実行されて賃貸借が行えなくなるかわからな

いので，安心して不動産を借りようとする者がいなくなってしまう。このことはひいては，不動産所有者にとっても不利だ。そのために，短期間の賃貸借であれば，抵当権の設定に後れていても抵当権に対抗することができるとした。つまり，抵当権の実行によって消滅することなく，買受人に不動産の所有権が移転した後も引き続き賃貸借が可能となる（民旧395条）。

巧妙な妨害

　この短期賃貸借を利用するのが，権利行使の形態を用いた妨害手段である。抵当権の設定されている不動産について，債務者との間で賃貸借契約を締結し，必要な対抗要件などをきちんと具備することによって，実際に利用するかどうかはともかくとして，その不動産を利用する権原があることを抵当権者に示すことができるようになる。この結果，抵当権者がその不動産を競売したとしても，買受人はその賃借人を追い出すこともできないので，自ら利用することができるわけではないし，また誰かに貸して収益をあげることも困難となる。さらにこの短期賃貸借を利用した妨害手段でよくあるのは，きわめて高額の敷金の差入が契約内容となっている場合だ。これは，賃借人により差し入れられた敷金は賃貸人（不動産所有者）が代わった場合には新たな賃貸人が返還義務を追うという点を利用しようとする。しかも，その契約では賃借人の支払う賃料はきわめて低廉な額となっているのがやはり普通だ。つまり，物を利用するという点では賃貸借契約の存続によって妨害され，賃貸借契約の継続を前提として賃料収入を当てにしようとしても，その額はきわめて低廉であり，契約が終了した後には今度は自ら受け取ってもいない敷金の返還を求められることになる。このため，そのような賃貸借が存する不動産は安くでしか競売されないかあるいはまったく売却できなくなる。

抵当権者だって黙ってない

　もちろんこのような短期賃貸借は，民法が想定した正常なものではないことは明らかだし，保護すべきでないことについては異論がない。現に，民法典自体が旧395条但書で，抵当権者に損害を与える短期賃貸借は裁判所に請求して解除できる旨を定めていた。そのため，たとえば，高額の敷金が差し入れられており，それに反して賃料が低廉であって，さらに自由に転貸借や賃借権の譲渡ができるという賃貸借契約は旧395条但書で**解除可能な短期賃貸借**であると解されていた。

　では，このように**解除**がなされれば，妨害手段としては役に立たないことになるのか。残念ながら，そうではない。たとえ，法律上解除することができるとしても，そのためには抵当権者は裁判所に対して訴訟を提起して，解除手続を行わなければならない。この手間と費用を考えると，十分に妨害手段となっているといえるわけである。さらに，解除そのものを困難にすることをもあわせて行われている。それは，所有者と賃貸借契約をした者，つまり賃借人がさらにその不動産を他の第三者に賃貸（又貸し）したり，賃借する権利を第三者に譲渡するという方法である。これを何度も重ねて行うと，結局，いったい誰がその不動産を現に借りているのかあるいは使っているのかが不明確になりやすく，そうすると，抵当権者が解除の訴訟を行うにしても誰に対して訴訟すればよいのかという点で問題を生じることになるからである。

　抵当権者は，このような妨害手段に対してまったく無力なのだろうか。もちろん，先ほど説明したように，損害を与える短期賃貸借についてはその解除によって対抗することができる。では，解除した後はどうか。解除した後は，元の賃借人は賃借する権原をもはや有しているわけではない。それにもかかわらずたとえば，所有者に不動産を明け渡さずにそのまま占有し続けている場合もある。この

ような形態で占有している者に対して，抵当権者がどのように対抗するのかが次の問題となる。

　先に学んだ Access 12 からも明らかなように，抵当権者は，自ら目的となっている不動産を占有しているわけではないし，また占有する権原を有しているわけでもない。そのため，誰が占有していたとしても，それを排除することまでは本来認められない。もっともそうであっても，原則としては問題が生じるわけではない。というのは，目的不動産を第一に占有しているはずであるのは，その不動産の所有者であり，そうでないとしてもその所有者から不動産を利用するために借り受けている者だからである。つまり，誰かが目的不動産を勝手に占有していたとしても，これらの者が自らの使用を確保するために排除するからだ。しかし，ここで問題にしている短期賃借人の場合には，一度は所有者が自らその使用を認めたわけであるから，所有者による排除はあまり期待できない。そうすると，抵当権者は自ら排除しなければならないが，先ほども述べたように本来はそのような権限を有していないのではないかとの疑問が残る。この点は，以前から大いに争われてきた。排除を認めようとする立場からは，抵当権も物権である以上は，物権としての効力を有しており，その権利が侵害された場合には，その排除を求めることができるとする。他方，抵当権が物権であることは確かであるとしても，占有する権限を有しているわけではないので，**占有を排除**することはできないとの考え方もあった。この両者の対立について，現在では，占有している者を抵当権に基づいて排除することができるとの判断が示されている（最大判平成 11 年 11 月 24 日民集 53 巻 8 号 1899 頁）。このことによって，たとえば，損害を与える短期賃貸借を解除した後も引き続いて目的不動産を占有している場合に，その目的不動産の明渡を命じることができるようになった。

そして短期賃貸借制度はなくなった

　さらに，2003年には民法典が改正され，現在では，抵当権に対抗できない賃貸借に基づいて抵当不動産を使用収益する者は，買受けから6ヵ月以内に明け渡すことが必要となっている（民395条）。この改正によって，少なくとも妨害目的で賃貸借を設定したとしても，それは買受人との関係では権利を主張することができず，せいぜい6ヵ月間引渡を猶予されるにすぎない。このため，買受人になろうとする者は，そのような賃貸借が存在しないものとして買受金額を決定することができることになる。もちろん，その前提としては，従来とは異なって抵当権に対抗できない賃貸借はすべて抵当権の実行によって覆滅し，買受人に対抗できないということである。そのうえで，賃借人の保護の観点から転居先を探し出すための一定期間の明渡猶予を認めたわけだ。さらに，所有者に差入れていた敷金についても買受人は引き継がず，この点を悪用することもできなくなった。他方で，抵当権者にとって，あるいは買受人にとっても存続してほしい賃貸借も存在する。たとえば，賃貸を目的とするマンションであれば，その建築の段階で抵当権が設定されていることは十分考えることができる。しかしこの抵当権者にとっては，建物に賃借人がきちんと集まるのでなければ，結局建物所有者の賃貸マンション業が立ち行かなくなり，ひいては貸し付けていた金銭の回収もおぼつかなくなるわけである。そうとすれば，この種の建物については，先ほどとは異なり，賃貸借が存在していることこそが望ましいことになる。したがって，このような賃貸借については抵当権者の同意を要件にその存続を認めることとされている（民387条）。

4 収益だって欲しいのに

使用収益の自由と物上代位

また、抵当権者にとっては目的不動産を競売して換金するのがその権利実行方法であることは、しばしば述べてきた。しかし、最近の不動産価格は、十数年前をピークに右肩下がりである。つまり、競売したくても競売できないという現実がある。そのような状況の中で、せめて目的不動産が賃貸されている場合には、その賃料からの回収を行おうとの動きがある。しかしこれについても、先ほど述べたように、抵当権は、本来、目的不動産の競売による売却代金からの回収をめざす権利であり、所有者の使用収益に介入できないとされてきた。このため、所有者の収受する賃料から回収することについても疑問があるとされている。その根拠は、民法旧371条が果実に対して抵当権の効力が及ぶのは抵当権の実行時点以降であると規定している点にあった。他方で、民法372条は、民法304条を準用しており、そこでは、**賃料に対する物上代位**を肯定している。このため、抵当権の性質とこれらの規定との整合的な理解の点で争いがあった。しかし現在では、物上代位によって抵当権の効力が賃料に対して及ぶとの最高裁判決（最判平成元年6月5日民集43巻6号355頁）が登場したことによってこの点の争いについて実務上は解決されている。すなわち、抵当権は抵当目的物が賃貸借されている場合にはその賃料に対して物上代位によってその効力を及ぼすことができ、具体的には賃料が賃借人から賃貸人（ここでは所有者）に支払われるまでに差押を行う必要がある（304条1項但書）。もっともこのように抵当権者が賃料を物上代位によって差し押えてしまうことに対しては、なお、批判がある。それは、たとえば賃借人から

支払われる賃料にはその不動産を使用することの対価の部分と，その不動産の管理費用の部分が含まれている場合があるからである。すなわち，不動産の管理費用の部分までも抵当権者が物上代位によって回収の対象としてしまうと，賃貸人である所有者は，満足に目的不動産を管理することができず，結果としてその不動産は管理の行き届かない物件として賃借しようとする人が減るか今後現れなくなるのではないかという懸念があるからである。これに対しては，実際に抵当権者によって物上代位によって賃料が差し押えられているケースは，抵当権の実行がなされて，競売までのそれほど長くない期間の賃料についてのみ行われているのであって，懸念するにあたらないとの反論もなされている。

収益の横取り

この抵当権者の賃料に対する物上代位についても**執行妨害**がなされることがある。それは，賃料の支払を受ける権利（賃料債権）を現在から将来の一定期間にわたって，**債権譲渡**を受けるという方法によってである。このような債権譲渡がなされると，抵当権者としては，所有者の有する有望な収入源から回収する道を絶たれてしまい，不動産価格の低迷と相まっていわば「踏んだり蹴ったり」の状態になってしまう。その意味で，抵当権者の権利の実現を妨害するものと評価できるわけである。そして法的には，債権譲渡がなされることで少なくともこの債権が所有者の財産から譲受人の財産になるわけであり，この点を重視すれば，債権譲渡が民法 304 条 1 項但書の「払渡し又は引渡し」にあたるのではないかとの主張がなされていた。あるいは，抵当権者による物上代位は差押をなすことによって初めて第三債務者である賃借人にその存在を知らしめることができるのであるから，第三債務者が先に債権譲渡の事実をその通知によって知った場合（467 条）には，債権譲渡が物上代位に優先す

ると解すべきだとの立場もあった。これらに対して，304条1項但書の文言はあくまで「払渡し又は引渡し」であって「債権譲渡」がそこに含まれているわけではないことや，抵当権の存在自体は抵当権設定登記によって公示されており（177条），第三債務者やその他の第三者にとってまったくその存在を知りえないわけではないこと，さらにこの種の債権譲渡を認めると容易に執行妨害などの抵当権者の権利を侵害する結果に帰着することなどから，債権譲渡がなされたとしてもその対抗要件の具備が抵当権の設定登記に後れる場合には，抵当権に基づく物上代位が債権譲渡に優先すると解されている（最判平成10年1月30日民集52巻1号1頁）。この結果賃料債権の債権譲渡がなされても，抵当権者が差押を行えば，その範囲については少なくとも抵当権者が回収できることになる。

そして収益も押さえた

この収益に対する抵当権者の権利も2003年の民法改正によって明確に規定されることになった。抵当権は，債務不履行後の果実（収益）に及ぶことが認められ，実行手続としても，抵当権に基づく担保不動産収益執行制度が新設された（民執180条）。これは，抵当権の目的不動産を売却することなく，使用収益を継続し，それを管理人が管理することによって，継続的に被担保債権の回収に充当しようとする制度である。

さらに，抵当不動産の賃貸借に関しては，当初の賃貸借に加えて転貸借が行われている場合がある。この場合についても，転借料に対する物上代位が認められるかどうかという問題があった。さまざまに争われていたが，「債務者」（304条1項本文）には原則として不動産の賃借人は含まれないとの判断が示されている（最決平成12年4月14日民集54巻4号1552頁）。しかし，同時に「抵当不動産の賃借人を所有者と同視することを相当する場合」については物上代

位を肯定できるとする。これは，抵当権に対して妨害的な転貸借が行われた場合を念頭に置いたものである。

5 さまざまな妨害手段

法定地上権だって使います

　このほか抵当権に対する妨害的な手段として用いられるものには，法定地上権の規定を用いた手段や滌除(てきじょ)の規定を用いたものなどがある。法定地上権の規定が用いられるのは，わが国の不動産制度が土地と建物を別個の不動産としている点にその遠因がある。それはこうである。土地と建物が別個の不動産であるということはその一方のみを取得しても，結局，何らかの手当てを行わなければいずれを利用するとしても不十分なものに終わってしまう。土地のみを取得した場合には，その土地上の建物をどかす必要があるにもかかわらず，その立退きを求めるのはなかなか困難であるし，また簡単に行うことができるようではおちおち他人の土地を借りて建物を建てることもできなくなってしまう。逆に，建物を取得した場合にも土地所有者との関係で土地を利用する権限を得ておかないと結局はその建物を手放すことになってしまう。もちろん，土地や建物を交渉によって取得しようとする場合には，それらの権限を得ることはあながち不可能ではない。しかし，土地や建物の一方に抵当権が設定された上で，それが実行され，第三者が買い受けた場合にはそのような交渉による権限の取得はなかなか期待することができない。そこで，そのような場合には法定地上権の制度によって建物の存続をはかることが行われている。ところが，この制度を悪用して，古くなった建物の代わりにきわめて簡易な建物を設置することで法定地上権の成立をはかり，土地について設定された抵当権の妨害をはかろ

うとする場合がある。

滌除の悪用

また，滌除を利用する方法は，次のとおりである。抵当権の設定されている不動産を取得した者が滌除を申し立てると，その際に取得者が指定した金額で抵当権の消滅を承諾するか，さもなくば1割増しでの増価競売を抵当権者が申し立てなければならない。この際，取得者の1割増しの価額で売却できない場合は，抵当権者自らが1割増しで買い受けなければならない。この1割増しの増価競売が抵当権者にとっては負担となる。なぜなら目的不動産を競売してもなかなか高額では売却できないわけであるから，取得者の申出額に対して低額であるとの不満を持っていたとしても抵当権者はその1割増しの価額での増価競売を申し立て，買い受ける危険を負担しなければならないからである。しかも，抵当権者としては自らの希望しない時期に抵当権を消滅させなければならないという点でも不利な制度だった。

やはり制度が変えられた

そのため，2003年の民法改正によって滌除の制度から**抵当権消滅請求制度**に変えられた（民379条）。この抵当権消滅制度とは，抵当不動産の第三取得者がその代価を提供して債権者に抵当権の消滅を請求するというものである。この請求に対して抵当権者は，2ヵ月以内に抵当権を実行するかさもなくば第三取得者の提供した金額を弁済として充当することによって抵当権を消滅させることになる（民383条～387条）。この制度は，従来の滌除の制度と同じく，第三取得者が取得後抵当権の実行に怯えることを防ぐという趣旨を生かしつつ，滌除の制度とは異なって，抵当権者に1割増しの価額での買取りという負担を生じさせないという点で，抵当権者に負担

を強いることを避けようとするものだ。

6　賃借人とだって熾烈です

敷金は誰のもの？

　次は，すこし状況を異にする。抵当権の目的となっている不動産の賃借人と抵当権者との間では，短期賃貸借の効力を巡る争いがあることはすでに述べたとおりである。ここではそれと異なって，賃借人が賃貸借契約締結の当初に賃貸人である不動産所有者に差し入れた敷金を巡る争いである。**敷金**は，賃貸借契約が期間満了などの原因により終了し，不動産を明け渡したときに，賃貸人から賃借人に対して返還される。その目的は賃借人による賃料の不払いや目的不動産の毀損などによる損害を補填するものである。そのため，賃借人にすれば，特段賃料の不払いがない限り，賃貸借契約の終了の時点で全額返還されるものであるとの期待がある。ところが，賃借の目的となっている不動産に抵当権が設定されていて，自らの負担する賃料債権に抵当権者が物上代位によってその効力を及ぼしてくるような事態になると，賃貸人は負債の方が多いわけであるから，結局は賃貸借契約が終了しても敷金の返還が事実上なされないことになってしまう。つまり，賃料は相変わらず支払うのに，返還されると期待していた敷金は戻ってこないわけである。そこで，賃借人は，返還されるはずの敷金の額まで賃料を不払いして，敷金との差し引きを行うことがある。しかし，抵当権者とすれば，せめて賃料債権からの回収を図ろうとしているのに，敷金との差し引きがなされるとなると当てがはずれることになる。この両者の間での争いも生じている。しかも，賃借人が賃貸人に差し入れているのは，敷金だけではなく，たとえば，賃借人が入居するはずの店舗を建築する

ための費用の一部となる**建築協力金**や**保証金**，あるいは**預託金**という名義であることもある。これらについて，敷金と同様に差引計算や相殺できるとすれば，不払いとなる賃料債権はきわめて多額となろう。そこで，ここでも賃借人が賃貸人に対して有している債権と賃料債権との間で行う相殺は，抵当権者との関係では，抵当権の設定登記の後に発生する債権を用いた場合に対抗できないと考える（最判平成 13 年 3 月 13 日民集 55 巻 2 号 363 頁）。しかし，これには例外があって，敷金に限っては，敷金返還請求権として賃借人の元で発生したときに，すでに不払いであった賃料債権などとの差引計算が終了していると理解されている（最判平成 14 年 3 月 28 日民集 56 巻 3 号 689 頁）。この相違は，敷金は通常賃料の数ヵ月分であってそれほど多額ではないのに対して，賃借人が賃貸人に有する債権は一般の貸金債権である場合もあり，その場合には賃料と比較して非常に多額になる可能性がある点などが考慮されたものと考えられる。

7 抵当権の病理現象とその遠因

債務者の窮状と債権者の弱体化

以上のように，抵当権をめぐってはさまざまな争いがある。これらは，債務者の窮状につけ込んで貸付けを行い，その上で抵当権者の犠牲のもとで利益を得ようとする妨害的な債権者の存在がその原因の 1 つであることはいうまでもない。しかし，同時にそのような債権者の存在だけに原因を帰せしめることができるかというとそれも疑問がある。ここまで説明してきた最高裁判決はいずれも最近のものが多い。これは，最近の経済状況の下で，不良債権の回収に苦しむ銀行などの金融機関を支援するものと評価することもできよう。その限りにおいては，抵当権者の利益を重視した解釈が積み重ねら

れている。しかし，そもそもこのような経済状況の遠因の1つは不動産担保さえあればいくらでも貸付けを行っていたバブル期の銀行の融資態度であるともいえる。すなわち，右肩上がりの不動産価格の前提として抵当権さえ設定できればそれで良しとしたが，不動産価格の急激な低下によって担保価値を割り込んでしまったために，不動産を売却したところで債権を満足に回収することができず，それどころか売却することすら困難な状況に陥っているからである。もちろん，これらの抵当権に対する妨害行為自体は最近発生したものだけではなく，以前からも存在する。たとえば，短期賃貸借が抵当権者に損害を与えうることについては民法典の制定時点から問題となっており，解除請求ができる旨の旧395条但書はその際に付加されたものである。しかし，右肩上がりの経済状況であれば，物の価値も右肩上がりに上昇してゆくことになり，問題が大規模に顕在化することはなかった。しかし，ここ十数年の不況は物の価格が低落するというデフレ経済の下にあり，抵当権者をはじめとする各債権者による担保目的物をめぐる争いが深刻化したために顕在化したのであろう。つまり，抵当権の効力が拡張されればそれに対抗して妨害手段が巧妙に行われるようになるなどいわばイタチゴッコの状況にあるといえよう。

利害調整の焦点

さらに，資金を必要とする不動産所有者の立場から見れば，不動産それ自体はたしかに貸金の担保として債権者に提供したかもしれない。しかし，それを超えて，たとえば賃料債権などについてはなお不動産所有者が自由に処分できる財産として，たとえば担保価値を持つものとして利用することが認められてもよいのではないか。言い換えれば，不動産所有者の経営の自由を確保する必要は，抵当権者の権利を保護するのと同程度に認められるべきではないかとの

疑問がある。

> ### Access pocket ①
>
> **担保としての相殺**　ここで本文とはすこし違うことを考えてみよう。この Access 13 では最初に銀行の役割を説明した。そこでそれを思い出してほしいのだが，銀行は貸し付けたお金を確実に回収するために「担保」をとると説明した。しかし，本文で考えたように，確実な担保というものを考えるのはとても難しいということがわかったと思う。ところが，実は担保としてとても確実なものがあるんだが，気づいただろうか。それはこういうことだ。銀行からお金を借りた者（債務者）は普通その銀行との間でいろいろな取引をしている。その中には当然**預金取引**も含まれている。そうすると，銀行からすれば，お金を貸した相手が自分のところにお金を預けているわけだから，いずれそのお金を返さなければならないと同時に，自分もお金を返してもらわなければならない。この関係からわかるように，お互いに債務を「相殺」することで銀行は確実に貸し付けたお金を回収できる（505条：相殺それ自体については，さらにAccess I を参照して欲しい）。このような局面で用いられる「相殺」は「担保的機能」を果たしているという。そして，この**相殺の担保的機能**は，現代の銀行取引にとってなくてはならないものになっている。さらにこの担保的機能を十全に生かすためには，債務者である預金者の経済状態が悪化したときに機動的に「相殺」できるように，あらかじめ，債務者（＝預金者）と相殺についての約束（これを「**相殺予約**」という）を結んでおく。この予約は第三者，とりわけ預金者の一般債権者との関係においても効力を有し，銀行による事実上の優先弁済を確保するために重要な役割を果たしている。

Access pocket ②

預金者は誰？　もう1つ銀行取引という話から知っておいてほしいことがある。それは，君たちの預金についてだ。銀行に君たちが預けたお金は君たちが機械を操作すれば払い戻される。もし，君になりすました誰かが君の**預金**の「**払戻し**」を受けたらどうなるんだろう。君にすれば，間違った相手への払戻しなのだから，きちんと自分に支払ってほしいと思うよね。逆に銀行からすれば，ATMの操作にしたがって払い戻したのであって，カードと暗証番号によるチェックで問題がなかった以上払戻しにはミスはなかったと言い出すだろう。この銀行の主張は要するに君になりすました者がまるで預金者であるかのように見えたということだ。これを「**債権の準占有者への弁済**」(478条)という。もちろん，この債権の準占有者への弁済は債権者らしい外観をしているが，実は債権者ではない者への弁済によって債務者が免責されるというものであるから，例外的な規定であることはいうまでもない。そのため，債務者が債権者らしい外観を信じるについては「善意無過失」が要求されている。これもまた，192条が表見代理などと同じく外観への信頼を保護する制度である。具体的には，通帳と印鑑を用いて窓口で払戻しが求められた場合であれば，通帳の印影と持参した印鑑とを比較し，その同一性について注意深く確認しなければならない。しかし，キャッシュカードを用いた払戻しの場合には，銀行による暗証番号の管理が十分かどうかなどが重要だと考えられる。他方で，債権者の側，つまり真の権利者の側の事情を考慮する必要があるかという問題もある。たとえば，まったく関知しないところで印鑑などが偽造された場合と，いい加減な保管状態のために紛失した場合とでは，真の権利者を保護すべきか否かは異なるのではないかということである。この問題については，2005年にカードの偽造や盗取によって預金が払戻された場合の被害者保護を図るために，「偽造カード等及び盗難カード等を用いて行われる不正な機械式預貯金払戻し等からの預

7　抵当権の病理現象とその遠因

貯金者の保護等に関する法律」が制定され，立法による解決が図られた。

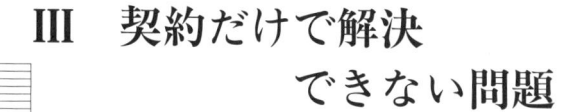

III 契約だけで解決
　　　できない問題

Access 14 契約によらないで生じた富は誰の手に
　　　　　──不当利得・事務管理
Access 15 他人の権利・利益を侵す行為の責任
　　　　　──不法行為

Access 14

契約によらないで生じた富は誰の手に

不当利得・事務管理

Access view

「また来ているの？」知り合いの俳優が可愛がっているダルメシアンがまた遊びに来ていた。わが家のビーグルを気に入ってしまっているのだが，脱走までして遊びに来られるのも考えものだ。俳優に電話をすると「急遽，海外ロケが決まってしまい，しばらく留守にするから，よろしく」といって，そのまま出かけてしまった。

ダルメシアンを散歩につれていくと，子供たちが「101匹ワンちゃんだ」とかけよってきてすぐに人だかりができ，「いい犬ですね」と褒められるので，だんだん得意になってきて面倒くさいながら世話を楽しむようになってきていた。

ある日，散歩中に知り合った人の熱心な薦めで，ドッグショーに出場してみたところ，チャンピオンになってしまい，賞金10万円を手にした。これはすごい！　と次々にドッグショーに出場すると，次々と入賞，多額の賞金を手にした。

ところが，しばらくしてある日，散歩に連れ出したダルメシアンの様子がおかしいことに気がついた。獣医に連れていくと，足にガンがあるという。犬には保険がないので手術代もかなり高額だ。

1 「契約」で事足りない話

　このケースで君は合意した訳ではないにせよ，知り合いの俳優から「よろしく」といわれ，ダルメシアンの世話をすることになってしまった。知り合いの俳優は，とにかくダルメシアンを預けるペットホテルを探す手間が省けた位の気持ちで世話を頼んでおり，ドッグショーに出場したり，ガンになることなど考えてもいなかっただろう。たとえば，ダルメシアンで稼いだ賞金は世話のお礼代わりに君がもらって良いなど話がついていたり，万一に備えて医療費を渡されていた場合には，それは当事者間の合意に沿った処理を行えばよい（約束を守らなかったらどうなるのかは，Access 8 で学んだとおり）。

　しかし，誰もがいつでもそんなに用意周到とは限らないし，損得勘定では割り切れない関係もあるのではないだろうか。ダルメシアンを世話した君も，とにかく犬を海外ロケに連れて行くわけにもいかずに困っている知り合いを助けようとしぶしぶダルメシアンの面倒をみることにしたのではないだろうか。ここでは，そんな「契約」制度では事足りない世界を勉強する。民法が支配する世界は「契約」だけではない。実は，友情や人情の世界にも民法の触手は及んでいる。そんなヨコの世界の広がりだけではない。後で見るように，契約が無効であったり取り消された場合のように「契約」関係が実は有効ではなかった場合も，やはり「契約」制度を語るだけでは事足りないのだ。

2 緊急の課題——医療費どうする？

心やさしい君ならば

　まず，ダルメシアンの医療の問題を考えてみよう。いま君は，ダルメシアンに手術を受けさせるかどうか，ガンの治療方法の選択を迫られている。最初に述べたとおり，合意に基づいて世話を引き受けた場合，契約のなかで何らかの取り決めがあればそれに従えばよいが，ここではそのような取り決めがあったとは考えにくい。「病気の面倒まで頼まれた覚えはない」と放置しておけば良いというのも1つの考え方かもしれないが，君ならどうするだろう。

　そんな時のルールが，**事務管理**という制度だ。これは，①義務がないのに②他人のために③事務の管理をはじめたときは④その事務の性質に従って，最も本人の利益に適った方法で管理を行わなければならないというものだ（697条1項）。冒頭で述べたように，このケースでは要件①を満たすのか，つまり，君に義務があるのかどうかが微妙だ。これは君が頼まれたダルメシアンの世話のなかに，医療関係のことまで明確に触れられていないとしても，話し合いの状況や，何らかの報酬を受け取っているかどうかによっても変わってくるだろう。たとえば，近所づきあいで子どもをみていることになった場合にも契約関係，つまり，何らかの義務が認められる可能性があるのだ。子ども同士が遊んでいるので，母親が買物に出かける間子どもをみていることになり，「よろしくお願いします」という日常的なやりとりが行われた後，親の方は大掃除に追われて目を離した隙に子どもたちが池に遊びにいき，その子が溺死してしまった事件で，裁判所は，（準）委任契約の存在は否定したものの，契約関係の可能性を否定してはいない（**隣人訴訟**。津地判昭和58年2月

2日判時1083号125頁)。とはいえ，以下では，義務がないことを前提に話を進めよう。

事務管理とはどんなルールか

　では，事務管理とはどんなルールなのだろうか，大枠を確認しておこう。事務管理が成立すれば，**管理者**は，本人やその関係者（相続人や法定代理人）が管理できる状態になるまで，きちんと最後まで責任をもって管理をしなければならず，本人の意思や利益に適っていない場合には中止しなければならないほか（700条），本人に事務処理を始めたことの通知（699条），事務処理状況・顚末を報告，受け取った物や権利を本人に移転する義務などを負う（701条・645条・646条）。気になる医療費はどうなるのかといえば，それは事務管理に要した費用は本人が償還しなければならないことになっている。「管理者は，**本人のために有益な費用**を支出したときは，本人に対し，その償還を請求することができる」し（702条1項），まだ支払が済んでおらずに「本人のために有益な債務を負担」した場合についても，管理者は，自らに代わって本人に支払わせることができる（702条2項・650条2項）。このルールは，結果的にダルメシアンが死んでしまったとしても，管理の時点で「有益」であれば適用がある。したがって，俳優が帰国してきた後，**費用償還**できる。ただし，管理が本人の意思に反していたら（医者嫌い等々），「現に利益を受けている限度」つまり俳優が帰国してきた時点で以上のルールが妥当することになる（702条3項）。

緊急事態だからこそ

　もう1つのポイントは，このケースでの事務管理が命にかかわるものだということだ。本人が可愛がっているダルメシアンという財産に危害が迫っている。このような「本人の身体，名誉又は財産に

対する急迫の危害を免れさせるために事務管理をした」緊急事務管理については，管理者は「悪意又は重大な過失があるのでなければこれによって生じた損害を賠償する責任を負わない」と規定されている（698条）。つまり，緊急事態では，管理者が選んだ獣医が近所で評判のヤブ医者だったり，ガンに効くといわれている健康食品を食べさせてみたけれどダルメシアンが死んでしまったとしても「悪意又は重大な過失」でない限り責任は問われない。逆に言えば，そうでない限り，管理者には，管理を引き受けた者としての善良なる管理者としての注意義務があるということだ（698条の反対解釈による。委任に関する644条参照）。

　もう少し緊急事務管理について考えてみて欲しい。たとえば，君が，大学にくる途中で交通事故現場に居合わせたとする。心肺機能が停止した瀕死の重傷患者が目の前にいる。現行法上，事故現場に居合わせた一般市民には救命手当をする義務はない。道路交通法上も義務はないとされている。まさに，緊急事務管理が想定する状況であるが，本当に君は勇気をもって救命手当に望むだろうか。今，勉強したように，万一，君が救命手当中に重症患者の服を汚したり，心肺蘇生の過程で力を入れすぎて重症患者の肋骨が折れてしまったとしても，賠償責任（不法行為損害賠償責任→Access 15）を問われることはないし，費用も後で償還してもらえる。しかし，このようなルールは救急車が到着するまでの間に救命手当を施すことを直接的に奨励するものではないのではないか，といわれている（アメリカでは社会的に救命手当を促進していくことを目的とした「よきサマリア人法」といわれる法律がある）。

3 そもそも利益は誰に属するべきか──賞金の行方

不当利得という制度

ケースに戻ろう。俳優が帰国してきた後，ダルメシアンで稼いだ賞金は君が持っておいてよいのだろうか。ここで問題となるのは，不当利得制度だ。①法律上の原因なく②他人の財産又は労務によって利益を受け③そのために（因果関係）④他人に損失を及ぼした者にその利益を返還させるという制度だ。いってみれば，「私的財産権を保護し，その移転は当事者の意思＝契約によるものだ」という交通ルールに違反した車をレッカー車で移動させる制度だと思えばよい。ただし，返還させる範囲は，利益を受けた者（受益者）が法律上の原因がないことを知っているかどうかで異なる。知っていた場合（悪意）には「その受けた利益」全部に「利息を付して」，さらに「なお損害があるときは，その賠償の責任」，つまり損害賠償責任までも負うのに対し（704条），知らなかった場合（善意）には「その利益の存する限度」で現存利益を返還すればよいとされている（703条）。

ところで，この「交通ルール違反」の典型が「給付利得」と「侵害利得」といわれるものだ（このように交通ルールの違反の典型例ごとに不当利得法を捉える立場は類型論と呼ばれる）。「給付利得」類型では，いったん，契約が締結されたものの，要素の錯誤があり無効となった，あるいは強迫されて結んだ契約だったので取消を主張した場合のように，外形上有効な契約関係があり，それに基づいて移転されていた財産的価値の返還が問題とされる。これに対して，「侵害利得」とは，他人の権利領域から得た利益をいう。ここでの交通ルールは，法秩序により他人に割り当てられている利益は権利

として保障されるというものだ (財貨帰属秩序)。ダルメシアンの賞金は,「侵害利得」の問題といえそうだが,もう少し詳しく「交通ルール」の内容に検討を加えてみよう。

ダルメシアンをめぐる権利関係

ダルメシアンは犬であるが,わが民法は「動物」という概念を知らないので,民法上は「物」ということになる。物のなかには動産と不動産があるが,ダルメシアンは「土地及びその定着物」ではないから動産だ (86条1項・2項)。Access I で学んだとおり,「物」に対する権利は「物権」として規定されている。そして,ダルメシアンを飼っている知り合いの俳優は,「所有権」を持っていることは容易に分かるだろう。しかし,君にも物権はある。それが,ダルメシアンを事実上支配している者として有している「占有権」という権利だ。この「占有権」は,飼主から預かったから認められるのではない。事実上の支配関係があれば認められる権利なので,たとえば,ダルメシアンを盗んだ犯人にも占有権はあるのだ。この占有権の効力については,民法典の第2編「物権」第2章「占有権」第2節に規定が置かれており,実に複雑な法律関係を出現させる。

ダルメシアンが返ってこない！

仮に,君が,ドッグショー会場で出会ったブリーダーに高額の代金を提示されて,ついダルメシアンを売ってしまったとしよう。さて,海外ロケから返ってきた知り合いは,そのブリーダーに対して「これは私のダルメシアンだから返してくれ」ということができるのだろうか。ここで問題になるのは,そのブリーダーがダルメシアンという動産について占有権を取得するに至った際,実は,そのダルメシアンは知り合いから預かっているという事情を知っていながら買ったのかどうかである。というのも,Access 7 で学んだ「取引

行為によって，平穏に，かつ，公然と動産の占有を始めた者は，善意であり，かつ，過失がないときは，即時にその動産について行使する権利を取得」できるという**即時取得**の制度があるからだ（192条）。もし，ブリーダーが事情を知らずにダルメシアンを買い受けた場合，即時にダルメシアンはブリーダーのものになる。では，君との関係ではどうだろうか。当然，知り合いは，ダルメシアンを返せとはいえなくなる。つまり，物権的返還請求権は意味をなさない。他方で，君はブリーダーから多額の売上金を手にしている。これはまさに不当利得になりそうにみえる。しかし，ちょっと待って欲しい。物権法のなかに当事者間の利害調整の規定があるからだ。191条の規定がそれだ。191条によれば，占有者（君）の責に帰すべき事由で（裏切り行為があるのだからこれは肯定されるだろう）占有物（ダルメシアン）が「滅失し，又は損傷したとき」は，**悪意の占有者**は損害の全部についての損害賠償義務を，**善意の占有者**は「滅失又は損傷によって現に利益を受けている限度において賠償」する義務を負うとされている。ここにいう「滅失又は損傷」には，売却のような「処分」も含まれると解されているので，厳密には不当利得の規定ではなく，この物権法の規定が適用されることになるだろう。もっとも，すでにお気づきであろうが，191条の規定内容と703条，704条の規定内容とは重なっている。その意味で，191条は703条，704条を具体化した規定と位置づけることができる。その具体的意味は，こうである。ブリーダーの払った金額が市場価格を大幅に上回っていたとすれば，それは価格交渉についての君の才覚も貢献している可能性がある。だとすれば，不当利得法の趣旨に照らして，俳優の請求できる額は，時価相当額の範囲に限られることになるだろう。

では，ダルメシアンが盗まれた場合はどうか。この場合，仮に俳優が自分のダルメシアンを見つけ出せば，2年間は返還請求できる

(193条)。この場合，君との関係はどうなるだろうか。191条をもう一度，注意深くみてみよう。そこでは「占有者の責めに帰すべき事由」で占有物が滅失・毀損した場合にしか賠償義務が規定されていない。だから，ダルメシアンの管理について過失がなければ，問題にはならない。それでもなお，現存利益があれば，一般不当利得法による返還請求が問題になろう。

稼いだ賞金

それでは，話をケースに戻そう。ドッグショーの賞金は，本来，犬の飼主（所有権者）が手にすべきものだ。それに，ドッグショー出場については，知り合いの俳優から頼まれたわけではない。つまり，君は無権限でダルメシアンをドッグショーに連れ出し，他人の物（ダルメシアン）を用いて賞金を稼いだ，つまり，無権限に他人の物を使用し，収益をあげたことになる。ここに不当利得の要件である①法律上の原因がないこと，②利益，③因果関係は満たされることになろう。では，知り合いの俳優には「損失」があるのだろうか。知り合いはドッグショーの賞金稼ぎに興味をもっていたかどうかは分からないし，ダルメシアンで稼ごうなどとは思っていないかもしれない。たしかに，勝手に自分のダルメシアンをドッグショーに出場させられ，ダルメシアンにストレスがかかった可能性もあるが，本当に「損」をしたのかは微妙だ。しかし，二当事者間の「侵害利得」類型では，「損害」要件は必ずしも厳密に要求されないといわれている。ということで，稼いだ賞金は，不当利得として俳優に返還しなければならないだろう。ただし，君が手にした賞金がそのまま全部不当利得といえるかどうかは考えものだ。返還すべき賞金の範囲は，まず，君が善意か悪意かで異なり，それは君と俳優のやりとりによって異なるだろう。その他，ドッグショー出場にあたってチャンピオンめざして何か君がダルメシアンに芸を仕込んでい

た等，君の才覚の貢献度が考慮される余地はある。逆に，俳優がお金にガメツイ性格だったら，ドッグショーに出場させるなんてとんでもない！　と行為の悪質性を強調し，管理者の受取物引渡義務を定める事務管理の理屈を持ち込んで利益のはき出しを認めようという考え方を主張してくる可能性もある（準事務管理）。

賞金は果実か？

さて，ここでは占有権の規定は問題にならないのであろうか。君は，知り合いの俳優が海外ロケから帰ってきたらダルメシアンを返すことになるが，このとき，「占有権者」としていくつかの権利を主張することができる。費用償還請求権や果実を受け取る権利だ。たしかに，民法には善意占有者の果実収取権というのがある（189条）。ダルメシアンの賞金は「果実」だろうか？

では，果実とは何だろうか。これは，民法で定義されている。「物の用法に従い収取する産出物」これが「天然果実」（88条1項），「物の使用の対価として受けるべき金銭その他の物」が「法定果実」（同条2項）だ。天然果実の典型例は鶏卵や牛乳だが，ドッグショーで稼いだ賞金は「物の用法に従」って得たものとは考えにくい。たとえば，ダルメシアンが妊娠しており，預かっているうちに子犬を出産した場合，子犬は天然果実といえるだろう。法定果実は，利息や賃料のことを指し，これにも当てはまらないだろう。

子犬についてもう少し考えると，民法189条にいう「善意占有者」というのは，果実を収取する権利のもとになる権原があると信じて占有していたものの，実はそのような権原は持っていなかった者のことを指す。所有権や賃借権がこれに当たる。ダルメシアンを占有していたとはいえ，最初から，知り合いの犬とわかって預かっている場合には，「悪意占有者」に該当することになるだろう（190条）。だとすれば，果実は返還しなければならないし，果実をすで

に消費したり，過失によって毀損していた場合，または収取を怠っていた果実の対価を償還する義務を負う（190条1項）。ということで，この場合にも不当利得法ではなく占有権に関する規定が適用される。

これまでの検討からもわかるように，「**侵害利得**」類型における**不当利得法**は，物権法上の請求権を補充する関係にある。

4 もう1つの不当利得——給付利得

給付利得

もう1つの類型である「**給付利得**」における**不当利得法**を考えてみよう。たとえば，先祖の霊がとりついている，このままではタタリにあうといわれ，普通の壺を100万円で買わされたとして，後から詐欺または強迫により契約の取消を主張したとする。100万円の支払と壺の引渡という，この売買契約上の給付が未だ提供されていなければ，買主も売主も給付をなす義務から解放されることでことは済む。しかし，履行が済んでいた場合には，契約は当初からなかったことになるから，当事者が受け取っていた給付は「法律上の原因な」いものとして，不当利得として各々返還しなければならない。

ここで，考えてみて欲しい。買わされた被害者は，壺など要らないから全部返還するが，売主の返還義務の範囲は，善意か悪意かによって変化するとすれば，いかにもおかしいではないか。あくまでも，ここでは，不当利得は，誤って履行されてしまった一度は存在した契約関係を精算する機能を果たしているからである。

すなわち給付利得では704条が原則規定であり，給付の全部を返還するのが原則で，仮に現物の返還ができなければ，その価額を返還しなくてはならないのである。また，**同時履行の抗弁権**や**危険負**

担といった契約当事者の間で働くルールは，不当利得法の世界でも働くことになる（Access 8, 10参照）。

Access pocket

その他の不当利得　本文で触れた「侵害利得」と「給付利得」以外にも不当利得類型はある。たとえば，Access 11で勉強した「**求償権**」もそうだ。求償権に関する規定，たとえば，受託保証人の求償権（459条1項）や委託を受けない保証人の求償権（462条），連帯債務者のうちの1人が弁済をした場合の求償権（442条1項）は，**不当利得返還請求権**の特別規定ということになる。

特別の不当利得法　また，本文では，不当利得の一般原則についてしか触れられなかったが，民法にはいくつかの特殊な場合につき，不当利得返還請求を遮断する規定を置いている。債務が存在しないことを知りながらした債務の弁済（**非債弁済**：705条），期限前の弁済（706条），債務者でないのに勘違いをして弁済をした場合，債権者が善意で証書を毀滅し，担保を抛棄したり，時効によって債権を失ってしまった場合の債務弁済（707条），それから，麻薬密売などの不法の原因のためになした給付（**不法原因給付**：708条→Access 2参照）がそれである。

Access 15

他人の権利・利益を侵す行為の責任

不法行為

Access view

　ある人が病気で入院し，手術が必要になった。手術は困難が予想され，輸血も必要になるかもしれなかった。ところが，患者本人は，信仰する宗教が他人の血液を体内に入れることを禁じているので，輸血を伴うなら手術を拒絶する意思を表明した。担当医師は，このような患者たちの意思を尊重してくれる人として知られていた。このケースの患者も，輸血拒絶の意思が尊重されると期待してこの病院を選んだのだった。そうして始まった手術中，輸血をしなければ死亡する事態になり，医師は輸血を行ってしまった。実は，病院側は，輸血は「極力避ける」ものの，輸血しなければ死亡するようなことが起きたら生命を優先して輸血を行う方針をはじめからとっていたのだ。輸血されたことを知った患者は，自らの信仰に反したことに大きなショックを受け，病院を訴えて慰謝料の請求をした。最高裁は，「患者が，輸血を受けることは自己の宗教上の信念に反するとして，輸血を伴う医療行為を拒否するとの明確な意思を有している場合，このような意思決定をする権利は，人格権の一内容として尊重されなければならない。」として，患者勝訴の判決を出した（最判平成12年2月29日民集54巻2号582頁）。生命を優先して輸血をした医師の行為が，かえって患者の権利を侵害すると判断された。君はどう考えるだろうか？

1　人の権利を害したら……

　人にけがをさせたり，人の物を壊したとき，どうなるだろう。わざとやったのなら，傷害罪とか器物損壊罪という犯罪にあたり，裁判にかけられ刑罰を受けることにもなる。これは刑法とか刑事訴訟法の世界だ。さて，加害者を警察につかまえてもらい，刑務所に叩き込んでもらったら被害者はそれで満足だろうか。普通そうではない。被害者は，それとは別に，「弁償しろ，賠償しろ」と加害者に要求するだろう。被害者は，けがをして治療費を払ったり働けなくて収入が減少したり，壊された物が使えなくなったり替わりのものを買い直したり，つまりは，損害を被っているからだ。刑罰は損害を補塡してはくれない。民法は，違法に他人の利益を侵害する行為を「**不法行為**」と呼び，加害者に損害賠償責任を課して被害者の損害を塡補させる仕組みを用意している。民法709条以下の不法行為制度である。

　要するに人のせいで損害を被ったら賠償請求の形で救済を受けられる，という制度なので，不法行為制度が果たす役割はとても広くて重い。傷害・殺人，事故，公害，名誉毀損，プライバシー侵害，薬害，欠陥製品による被害，医療過誤これらすべて不法行為制度の守備範囲である。よく報道等で目にすることばかりだろう。でも，いろいろと考えないといけないことがある。だいいち，一口に「他人の権利」を害したら賠償だ，と言っても，この「他人の権利」が何かからして，とてもむずかしい。被害を受けたと感じた人なら誰でも賠償請求できるとしたら，世の中は被害者と加害者であふれてしまってお金のぶんどりあいがおきかねない。ここはやはり，法（不法行為制度）による保護が必要である利益とそうでない利益とい

うのを分ける必要がある。そして，次に考えないといけないことは，法による保護が必要な利益が侵害されたとしても，それだけで原因をつくった人に**損害賠償責任**を負わせることができるか，である。原因をつくっただけで責任を負わされるとしたら，傷害で使われた包丁のメーカー，交通事故加害者の自動車のメーカー，人にけがをさせてしまった者の親，などなど，理屈をこねれば誰でも加害者にしてしまえる。不法行為制度は，加害者からみると，損害賠償責任という形で財産が奪われ，被害者にもっていかれる制度である。原因をつくったというだけで責任を負わされたらたまらない。そうすると，生じた損害の填補のために加害者から財産を奪うには，加害者自身にどのような事情がなければならないか，を考えなければならない。これがまた，むずかしい。

Access view の例では，法による保護に値する利益は何かという問題が，先鋭的に現れている。最高裁は，輸血を受けない**自己決定**は法による保護に値すると判断した。しかし，輸血をした医師はその患者の権利を侵害した，と本当にいえるのだろうか。いうまでもなく，患者の生命を救うため，医師は医療行為をする。輸血もそうだ。だとしたらどうして，生命を救うための行為が患者の正当な利益を害することになるのだろうか。宗教心・自己決定権も大事だろう。しかし，それは生命より優先するだろうか。生命を優先することこそ医師の職業倫理であり矜持である。その職業倫理が萎縮してしまったら，社会全体にわたって深刻な悪影響が及ぶのではないか。

社会の動きや技術の発達，人々の価値観・意識の変化によって，法の保護を求める利益は日々生まれてくる。そして，別の利益と対立する。対立が裁判にまで発展するとき，多くの場合，不法行為損害賠償請求の形をとる。利益を害されたと感じた方が訴えを起こすのである。Access view の例が典型であるが，不法行為制度は，しばしば社会の発展の最前線で生じる問題を扱う。不法行為制度は，

現代的問題によってつねに課題をつきつけられている，とも言える。民法を研究し教育する人も，これから民法を勉強していく人も，この課題を共有する。問題の基本は，法の保護に値する利益は何か，ということと，加害者のどんな事情が賠償責任を正当化するか，ということである。Access15 では，この2つを中心に不法行為制度を勉強する。目標は，先端的課題に自分の頭で取り組んでいくための最初のステップを踏むこと，である。

　不法行為制度の基本的な規定は，民法709条である。原則として，人が損害賠償責任を負うか否か（逆に言えば，損害賠償請求ができるかどうか）は，この条文の適用で決まる。なお，同じ損害賠償責任でも，契約上の義務に違反したときに生じるのは，債務不履行責任（契約責任）である（不法行為責任との違いは分かるだろうか。自信のない人は Access 8 の Access pocket で復習のこと）。

2　主な要件は3つ――違法性，故意・過失，因果関係

保護される利益のふるい分け――違法性

(1) 権利侵害から違法性へ

　民法709条には，「他人の権利又は法律上保護される利益」の侵害という文言がある。不法行為成立の第1の要件は，この侵害があることである。この「権利の侵害」または「法律上保護される利益の侵害」こそが，法の保護に値する利益とそうでない利益を振り分ける要件である。

　ところで，実は，2004年の民法改正の前は，民法709条は，この要件について，「権利の侵害」しか規定していなかった。「権利の侵害」という言葉だけに目を向ければ，法の保護に値するか否かの振り分けはとても簡単にみえる。なぜなら，「権利」というのは，

いろいろな制定法の中で「○○権」と定められている，その権利だ，と考えられそうだからである。実際に古い判例もその解釈をとって，制定法で決められている権利でない限り，不法行為制度による保護を受けないと考えていた。が，この解釈はすでに戦前に改められている。

　Access view の自己決定権や後で出てくるプライバシー権が格好の例だが，社会の変化に伴って世の中にはさまざまな利益が生まれてくる。制定法が権利として認めなければ「権利の侵害」にならないというのなら，プライバシー権や自己決定権を明確に規定する法律ができるまで，被害者は賠償請求できず泣き寝入りしないといけないことになる。それでは，不法行為制度は，制定法だけに目を向けて社会の実情を無視し，その要請にちっとも応えない冷たい制度になってしまう。だから判例は，古い解釈を改めた。それ以来，民法709条の「権利の侵害」は「違法性」に読み替えるべきで，明文で「権利」とされていなくても，「**違法と認められる利益侵害**」があれば，損害賠償による救済を受けられる，と解されている（大判大正14年11月28日民集4巻670頁：大学湯事件判決）。この変遷を「**権利侵害から違法性へ**」と言う。

　この解釈を受けて，2004年の改正時に，民法709条に，「法律上保護される利益」の侵害という文言が，新たに付け加わえられたのである。

(2) 違法性はタイプ別に判断されている

　「権利の侵害」または「法律上保護される利益の侵害」の両方を合わせて，不法行為の第1の要件は「違法性」である，と表現する。もっとも，「法律上保護される利益の侵害」を加えたところで，はっきりしたのは制定法上の権利の侵害でなくても救済されうるということだけ。生命・身体の侵害など直ちに違法性が認められるべき利益侵害は別として，救済に値する利益の侵害をどう判別するか，

民法709条の文言自体からはっきりと分かるわけでない。結局判例は，問題ごとに種々の要素を総合的に考えて，違法か否かを判断している。民法ができてから100年以上経っているのだから，違法性の判断にも膨大な判例の蓄積があり，ある程度クリアな判断基準ができあがっている。いくつかを紹介しよう。

(3) 人格権——名誉権・プライバシー権

人であることを根拠に認められる権利を人格権という。Access viewの自己決定権もこれに属する。人格権の代表格は，名誉権である。これは，人に対する社会的評価であり，侵害すると名誉毀損になる。政治家やタレントなどの有名人が，根も葉もないスキャンダルを週刊誌やテレビ・新聞で報道された，として訴える例はよく目にするだろう。判例は，名誉を害するのは原則違法だとしているが，しかし，「その行為が公共の利害に関する事実に係りもっぱら公益を図る目的に出た場合には，摘示された事実が真実であることが証明されたときは，右行為には違法性がなく，不法行為は成立しないものと解するのが相当」と解している（最判昭和41年6月23日民集20巻5号1118頁）。名誉毀損に関する違法性は，3つの事実（公共の利害に関する事実，公益を図る目的，事実の真実性）の存否で判断するという基準が採用されている。つまり，名誉の侵害があっても，3つの事実すべてが証明された場合は，違法性が否定され不法行為責任も否定されるのである。このように，違法性の要件は，害された利益が救済に値するか否かを判断するステージだともいえる。

個人情報をみだりに公開されないよう，自分で管理できる権利をプライバシー権という。私的な時間・空間で何をしていようと，他人に知られない権利で，認められるようになったのは最近だが，重要な権利だ。私的生活を他人に興味本位でのぞかれる苦痛は，ちょっと想像しただけで理解できよう。名誉毀損と違い，社会的評価の低下は必要がないし，事実であることが証明されても加害者（プラ

イバシーを暴露した者）は免責されない。事実を公けにされて被害者が苦しむのがプライバシー侵害なのだから。ある著名作家が，知人をモデルにした小説を書き，その中で知人の身体的特徴も含めて個人的情報を公けにしたケースで，最高裁は，「公共の利益に係わらない被上告人のプライバシーにわたる事項を表現内容に含む本件小説の公表により公的立場にない被上告人の名誉，プライバシー，名誉感情が侵害されたものであって，本件小説の出版等により被上告人に重大で回復困難な損害を被らせるおそれがあるというべきである」として，原告（被害者）の賠償請求・出版差止請求を認めた（最判平成 14 年 9 月 24 日判時 1802 号 60 頁）。また，有名大学が外国要人講演会に際して参加学生に提出させた学籍番号，氏名，住所，電話番号を，警備の必要を理由に警察に開示した事件でも，最高裁は，「このような個人情報についても，本人が，自己が欲しない他者にはみだりにこれを開示されたくないと考えることは自然なことであり，そのことへの期待は保護されるべきものであるから，本件個人情報は，……プライバシーに係る情報として法的保護の対象となるというべきである」として，学生の損害賠償請求を認めた（最判平成 15 年 9 月 12 日民集 57 巻 8 号 973 頁）。

(4) 生活上の利益

良好な生活環境が確保される利益の侵害が問題になることがある。騒音，悪臭，振動，日照・通風・眺望妨害によって快適に生活が送れない場合（生活妨害という）である。ここでやっかいなのは，生活妨害の原因が，同時に社会的に許容されるべき行為だ，ということである。鉄道・道路の付近住民が騒音で苦しんでいるとしよう。しかし，鉄道会社や道路設置者は，なにも，付近住民を苦しめてやろうと，高スピードで列車を走らせたり，道路をつくったりしているのではない。高度高速輸送網の整備で人々の活動を支援するのが主目的である。また，隣地に高層の建物を建てる人も，建物を活用

するためにつくるのが目的で，付近の人から日当たりを奪うことをねらっているわけではない。しかし，まっとうな必要があるからといって，人の権利をむやみに害していいことにもならない。結局，限度を超えたら騒音や日照妨害も違法とせざるをえない。生活妨害に関する判例の基準は，いわゆる**受忍限度論**である。次は日照妨害の判決。「南側家屋が北側家屋の日照，通風を妨げた場合は，もとより，それだけでただちに不法行為が成立するものではない。しかし，すべての権利の行使は，その態様ないし結果において，社会観念上妥当と認められる範囲内でのみこれをなすことを要するのであって，権利者の行使が社会的妥当性を欠き，これによって生じた損害が，社会生活上一般的に被害者において忍容するを相当とする程度を越えたと認められるときは，その権利の行使は，社会観念上妥当な範囲を逸脱したものというべく，いわゆる権利の濫用にわたるものであって，違法性を帯び，不法行為の責任を生ぜしめるものといわなければならない。」(最判昭和47年6月27日民集26巻5号1067頁)

人が賠償責任を負わされる理由——故意・過失

民法709条の第2の要件は，「**故意又は過失**」である。救済されるべき利益侵害は何か，の次には，原因をつくった人に賠償責任を負わせることはどのように正当化されるか，を考えないといけない。原因をつくっただけで，賠償義務を負わすのに十分な理由がある，との考えもありうる。しかし，普通はそう考えられていない。人は，利益侵害の行為について落ち度・責められるべき事情があってはじめて，賠償責任を課せられると考えられている。不法行為制度は，加害者からみれば財産を強制的に奪われる制度である。それだけ強い制裁を課すためには，原因の作出だけでなく，さらに制裁に見合うだけの加害者の事情（落ち度・責められるべき事情）が必要なはず

だ，という考えである。民法709条では，その考えが「故意又は過失」がなければ不法行為にならない，という形で現れている。

故意とは，結果を知りながら行為をすることである。難しいのは**過失**で，「**予見可能性**を前提とした結果回避義務」に違反することと解されている。自転車でぶつかってきた運転者（行為者）から賠償金をとるときは，まず，運転者が，運転の仕方によっては人にぶつかることが予見できたことが必要。それに加えて，運転者が，人にぶつかるという結果を回避すべき行為をするべきなのにしなかったこと（**結果回避義務違反**）が必要とされる。前方に注意するべきだったのによそみしていた，スピードをセーブするべき場所なのに猛スピードで走った，視力がよくないのにメガネ・コンタクトレンズをつけていなかった，などが過失にあたる。このように，行為の状況や侵害される利益によって，行為者に要求される結果回避義務はさまざまな内容になる。

過失で大事なのは，行為者本人でなく，当該行為を行う**通常の人**を基準にして，結果回避行為が尽くされたか判断される，ということである。自転車にようやく乗り始めた初心者は，初心者なりにベストを尽くせば過失がない，ということにはならない。通常の運転者なら普通にできた結果回避行為（ハンドル操作やスピード調整）ができなかったら，初心者でも過失がある。つまり，本当に本人ができた行為かどうかが問題でなく，通常の経験・技術・知識のある人に期待できる行為をしたかどうかが基準とされる。初心者には，酷な話だ。しかし，被害者からみたら，たまたま初心者にぶつかられたら賠償金がとれないというのは，納得できない。

過失の判定は，自転車事故のように比較的簡単にできるものもあるが，困難な場合もある。医療事故や公害がその典型例だ。患者が治療・手術後死亡した，という結果が起こっても，では，医師のどの治療行為・施術に過失があったかは，判定がきわめて困難である。

この症状のときには本当はこの治療行為をするべきだったのに，実施されなかった，などというのを証明するのは，素人には限りなく不可能に近い。でも，過失の証明責任は，被害者（賠償請求をする方）が負う。そこで，判例は，過失の証明が困難な場合に「過失の事実上の推定」を行うことがある。

行為と損害をつなぐもの——因果関係

　違法な利益侵害を起こすのに十分な，過失ある行為をしても，その行為と結果に因果関係がなければ，賠償責任は負わされない。民法709条第3の要件は，因果関係である。法定速度の倍のスピードでとばす不届きなドライバーがいたとしよう。人にぶつかれば惨事だ。その道路で，ある通行人が自分の落ち度で転倒してケガをしたとする。そのドライバーに賠償請求できるだろうか？　もちろんできない。いくら，社会的に非難されるべき不当な行為をしたといっても，それが原因で損害が生じていなければ賠償責任は課せられない。とばし屋も，交通法規で制裁を受けても，ぶつからなければ賠償金はとられない。

　因果関係の存否は，一般に，行為がなければ結果もなかった，といえるかどうかで判断される。「あれなければこれなし」の基準とも呼ばれる。交通事故や名誉毀損など，加害行為と結果の関係が顕著なときは，因果関係の証明は容易である。しかし，そうでないこともある。公害の訴訟で，過失にあたる行為，たとえば工場による有害物質の排出行為は証明されたとしよう。ところが，その行為から，どんな経過をたどって付近住民に健康被害が生じたかの証明は，困難なことがある。有害物質の排出行為がなかったら健康被害が本当になかったと厳密に証明できるのか，ほかの原因がないといえるのか，考え出したらきりがない。因果関係の証明責任も被害者にある。

いつも明白とは限らない因果関係について，被害者はどの程度証明しなければならないだろうか。これは，次の判決の言葉に尽きている。「訴訟上の因果関係の立証は，一点の疑義も許されない自然科学的証明ではなく，経験則に照らして全証拠を総合検討し，特定の事実が特定の結果発生を招来した関係を是認しうる高度の蓋然性を証明することにあり，その判定は，通常人が疑を差し挟まない程度に真実性の確信を持ちうるものであることを必要とし，かつ，それで足りるものである。」（最判昭和50年10月24日民集29巻9号1417頁）ポイントは2点。1つは，厳密な自然科学的証明までは要求されないこと。要求されたら，裁判所付属の巨大最先端研究所が必要になる。2つ目は，「高度の蓋然性」を証明すべきだ，ということ。因果関係は，あるかないかといえばあるようだ，という程度の証明ではダメである。普通の人なら因果関係があるとしか思えない，という強い確信を裁判官にもたせることが必要である。しかし，その道のエキスパートも含めて誰もが100％の自信をもって因果関係を断言できるほどの完全無欠の証明まではしなくてよい。

　とはいえ，高度の蓋然性でよいとしても，因果関係の証明はなお困難な場合がある。裁判所は，過失と同様，因果関係についても，「事実上の推定」を働かせることがある。

加害者でも責められないとき
——責任無能力，正当防衛・緊急避難

　以上，3つの要件を被害者が証明すれば，不法行為損害賠償責任が発生する。しかし，加害者の方で証明すれば免責される別の事柄がある。3つの要件がそろっていても，加害者に責任を負わせるのが適当でないときである。

　1つは，不法行為責任を負わせるのに十分な判断能力を加害者が備えていなかったときで，責任無能力という（712条・713条）。も

う1つは、違法な行為を正当化する事情があるときで、**正当防衛・緊急避難**と呼ばれる（720条）。

3　効果——メインは損害賠償

とれるお金は3種類

　不法行為が成立すると、被害者に**損害賠償請求権**が生じる。生じた損害を金銭で償わせるわけだが（722条1項・417条）、では、どんな損害が賠償されるのだろう。

　被害者には、現実に財産が奪われる形で損害が生じる。これを**積極的損害**という。100万円相当の自動車を壊されたら100万円の損、ケガを負わされて50万円の治療費がかかったら50万円損している。損害はこのような積極的損害にとどまらないことが多い。100万円の自動車を人に300万円で売る契約があったとしたら、壊された持主は、物の価値との差額200万円を儲け損なっている。ケガをさせられた人が働けなくなって、1年1000万円の収入が奪われたら、これも損害である。このように、不法行為がなければ被害者に生じていたであろう利益を**逸失利益**（または**消極的損害**）という。現にもっている財産を奪われるのが積極的損害、将来得られるのが確実な利益が奪われるのが逸失利益の喪失である。損害には、もう1種類ある。自分に落ち度がないのに負傷させられた人は、悔しいし悲しいし苦しいし憤慨している。つまり、不法行為により精神的にダメージを受けている。人は財産と身体と精神とで生きているのだから、精神は財産と同等以上に重要だ。精神的な損害の賠償も認められており（710条）、**慰謝料**という。名誉毀損・プライバシー侵害による損害賠償請求の内容は、もっぱら慰謝料請求である。

　損害賠償の範囲はどのように決まるかという、重要で、高度で激

しい理論的な議論もあるのだが，ここでは紹介できない。でも，1つだけ知っておいて欲しい。不法行為損害賠償請求の範囲について，判例は，民法416条を類推適用しており（大連判大正15年5月22日民集5巻386頁：富貴丸事件判決），この解釈を相当因果関係理論と言う（416条については，Access 8を参照）。

差止請求——加害者にやめさせる救済方法

金銭賠償が不法行為に対する救済の基本だが，場合によって，加害者に行為をやめさせて被害者を救済する，差止請求も認められている。不法行為が起きて事後的にお金で解決，というのではなく，被害者を苦しめる行為そのものをやめさせる，事前的な，より直接的な救済である。民法には規定がないが，判例が一定のケースで認めている。比較的早くから認められていたのが，名誉毀損の場合である（最判昭和61年6月11日民集40巻4号872頁）。そして最近，プライバシー侵害のケースで差止請求を認める最高裁判決が出た（前掲最判平成14年9月24日）。最高裁判決ではないが，公害物質の排出の差止を認める判決もでており（神戸地判平成12年1月31日判時1726号20頁），注目される。

Access pocket

説明義務 Access viewの最高裁判決は，実は，医師が輸血をしたこと自体を違法な行為だとしたのではない。場合によっては輸血をする方針をとっていたのに，それを患者に説明する義務を怠ったので，輸血を伴う可能性のある手術を受けるか否かに関する患者の自己決定権を害したと判断したのだった。このように，重要なことについて説明を受けなかった人が，それによって被害を受けたときに，説明すべきだった相手方が賠償責任を負うことがある。説明義務違反と呼ばれるケースである。かつて，変額保険などのハイリス

ク・ハイリターンの金融取引をめぐって，リスクの説明を受けないで契約をして損害を被った人たちが，たくさん訴訟を起こした。金融取引における説明義務違反による賠償責任は，最高裁でも認められ（最判平成8年10月28日金法1469号49頁），現在では「金融商品の販売等に関する法律」3条・4条で法定されている。説明義務は，自己決定や契約締結の当否の判断を支援するためにある。その役割はこれから大きくなっていくであろう。

特殊の不法行為 民法709条が不法行為の基軸になる規定であり，その3つの要件を勉強の中心としてきた。不法行為損害賠償責任の根拠になる条文は，しかし，これだけではない。民法714条以下，それから製造物責任法，国家賠償法，自動車損害賠償保障法などの特別法など，ほかにもたくさんある。これらを総称して，特殊の不法行為と呼ぶことがある。これらと対比して，民法709条による責任を，一般不法行為と呼ぶ。違いは，特殊の不法行為は，民法709条の要件を，被害者救済のために，一部緩和している点である。たとえば，土地工作物責任の民法717条や製造物責任法3条は，加害者の過失を要件としない無過失責任を定めている。予見可能性と結果回避義務違反を要求したら，被害者の救済が不十分になるからである。使用者責任の民法715条や国家賠償法1条は，他人が行った行為についての責任を別の人に課し，過失の証明責任を加害者に転換している。被害者としては，特殊の不法行為の適用があれば，比較的容易に救済を受けられる。不法行為の全体像は，実は，特殊の不法行為もフォローしてはじめてみえてくる。

IV 契約から家族へ

Access 16	夫婦関係の形成と解消——婚姻・離婚
Access 17	先端医療時代の家族——親子関係
Access 18	家族の中の「弱者」の保護——子ども・高齢者
Access 19	家族関係と財産関係の交錯——法定相続・遺言相続

Access 16

夫婦関係の形成と解消

婚姻・離婚

Access view

女性の社会進出に伴って，結婚後職場で旧姓を名乗る女性が増えている。現在，夫婦がそれぞれ結婚前の名字を結婚後も名乗ることができるようにしようという制度の導入が検討されている。民法は，結婚の際に夫婦が同一の姓となることを定めているが，時代の流れにあっていないのではないだろうか。

1 法は家庭に入る

家族法の世界へようこそ

Access 2 から15では，財産法あるいは取引法と呼ばれる領域を学んだ。この Access 16 から19では，家族法あるいは身分法と呼ばれる領域を学ぶ。民法が，財産法と家族法から構成されている理由は，Access 1 で説明した。同じ民法でも，財産法と家族法では発想や問題解決の手法に違いがある。実は，財産法と家族法の関係をどう考えるのかは，民法学上の大問題なのだが，基本的な相違点を挙げてみよう。

基本原理の違い

　家族法は，憲法24条の理念を反映している。それは，「個人主義」の導入と「両性の平等」の実現だ。新しい家族の形成は，男女が出会って結婚するところから始まる。そこで，憲法24条1項は，男女の合意だけで結婚は成立するとして，親や戦前存在した「家」による強いられた結婚＝家族の形成を否定した。また，同条2項は，個人の尊厳と両性の本質的平等に配慮して，家族に関する法律が制定されるべきことを要求した。財産法の基本原理は「所有権絶対」や「私的自治」などだが，家族法の基本原理は「個人主義」と「両性の平等」であり，財産法と家族法は，原理からして違うのだ。

裁判所も違う

　『家栽の人』を知っているだろうか。家族法の理解に大変よいマンガなので，是非読んでほしい。それはさておき，財産法と家族法では，事件を扱う裁判所が異なるのだ。原則として，財産法の事件は地方裁判所か簡易裁判所だが，家族法の事件は家庭裁判所だ。しかも，家庭裁判所は，すぐに裁判をしてくれない。事件の当事者は，とにかく一度，家庭裁判所で話し合い（調停）をしなければならない。他人同士の紛争なら，裁判の後，二度と顔を合わせないこともできる。しかし，家族は，そういう訳にもいかない。家族で裁判をすると，人間関係がこじれて，関係が根底から破壊される恐れがあるためだ。

　他にも，財産法と家族法の相違点はあるのだが，そろそろ，本題に入ろう。

結婚と婚姻

　Access view では，「……結婚後職場で……結婚前の名字を……」と，「結婚」が使われている。だが，「結婚」は法律用語ではなく，

1　法は家庭に入る

「婚姻」が正しいから，以降では「婚姻」と叙述する。法律を学んでいる間は，「結婚」ではなく，「婚姻」に慣れてもらいたい。だが，誰かにプロポーズするときに，「わたしと婚姻して下さい」とか，「あなたと婚姻したい」とか言うのは，よした方がいい。

夫婦に似たもの

夫婦といってもさまざまだ。これから，夫婦になろうとしている男女は「婚約」という関係にある。婚姻の前段階だ。多くは婚約を経て，法律上の婚姻（法律婚）に入っていく。ところで，法律婚はしていないが，夫婦のような関係の男女もいる。それを内輪の関係という意味で「内縁」，または事実上の婚姻という意味で「事実婚」という。

婚約

民法上の婚約とは，「結婚の約束」ではなく，「婚姻の予約」である。では，婚姻の予約とは何か。民法に婚約の条文は存在しないが，将来夫婦として生活するという真剣な男女間の約束だと判例が定義している。日常的には，婚約指輪を交わしたり，結納などの儀式を行うことが婚約と言われる。付き合っていた2人が別れて，婚約の有無が争いになったときに，指輪や結納があれば，婚約の存在を証明するのに有用だ。しかし，指輪や結納がなければ婚約もない，ことにはならないはずだ。あくまでも民法が問題にするのは，当事者の婚姻する意思の有無なのである。そして，婚約の存在が認定されれば，それは法的保護に価する関係とされて，たとえば不当に婚約を破棄した者に対して，破棄された側は損害賠償を求めることができる。

内縁と事実婚

諸般の理由で婚姻届を出さない・出せない男女もいる。明治時代後半には、婚姻届の存在を知らない人もたくさんいた。現代では、婚姻届を知らない人はまずいない。ところが、法制度の干渉を受けない自由な男女関係でいたい、というような理由から意識的に婚姻届を出さない人たちもいる。いずれにせよ、法律婚ではないが夫婦のような男女関係を「内縁」という。しかし、「内縁」は暗い感じがする。最近では、暗くも明るくもない中立的な表現として、「事実婚」が使われるようになっているが、「事実婚」を好んで使うのは学者やマスコミで、裁判所は「内縁」を使い続けている。

2 知られざる婚姻法

法律婚が成立するために

わが国は、法律婚を採用しているから、婚姻は、法律上の要件を具備した場合に成立し、法律上の効果が発生する。婚姻の成立要件は、①本気で夫婦になりたい、②婚姻できる年齢になっている、③他の人と婚姻していない、④再婚禁止期間でない、⑤特定の親族間でない、⑥婚姻届を出す、ことだ。

ちなみに、わが国では、同性婚が認められていないから、婚姻は異性間でのみ行われる。ただ、男・女＝性別については注意が必要である。生物的な性別と法律上の性別は異なる。「性同一性障害」という病気がある。たとえば、男性として生まれ、法律上も男性として扱われてきたが、この病気の治療としていわゆる性転換手術を受け、外観的には女性になる人がいる（女性→男性の場合もある）。平成15（2003）年に「性同一性障害者の性別の取扱いの特例に関する法律」が制定され、一定の要件を充たせば、この人の法律上の性

別を男性から女性に変更できるようになった。そして，変更後の性として婚姻もできる（同法4条）。だが，性転換手術をしても，染色体（遺伝）レベルの性別は変わらない。つまり，法律上は男女間の婚姻だが，生物的には同性間の婚姻ということになる。婚姻は異性間で，というのがちょっとだけ揺らいできているのだ。

本気で夫婦になりたい（①）

本気でもなく婚姻するなんて有り得ないと思うかもしれないが，実は結構いるのだ。たとえば，中国人女性と日本人男性が「偽装（結）婚」する場合がある。女性は日本人の妻の身分を取得して日本に合法的に滞在するために，男性は謝礼を得るために，婚姻届を出す。2人が，1回も顔を合わせないこともある。後日，男性が，別の相手と婚姻するために，女性と離婚したいと思っても，行方が分からないとかいうことで問題になる。

また，男女の一方が死亡する直前に婚姻届が出されるのを「臨終婚」という。ある女性歌手の死の数日前に，婚姻届が出された事件があった。女性歌手にはかなりの遺産があり，この婚姻届が有効なら遺産の大半は男性のものになる。民法は，社会的に夫婦関係を形成しようとする実質的な「婚姻意思」を婚姻の成立に要求している。婚姻意思が欠けていれば，婚姻届が出されていても，その婚姻は無効だ（742条1号）。では，上記2つの例はどのような結論になるだろうか。

婚姻できる年齢になっている（②）

婚姻できる年齢は，男性18歳，女性16歳だ（731条）。「婚姻適齢」という。これには，2つ問題がある。1つは，男女差だ。現代社会では，この差に合理的な理由は見出し難い。そこで，平等化が課題となっているが，では，何歳がいいだろう。下に揃えて16歳，

上に合わせて18歳，間をとって17歳もあり得る。18歳案が有力だ。2つめは，婚姻適齢を男女とも18歳にしたとしても，18～19歳は未成年者だから，婚姻には親の同意が必要だ（737条）。しかし，憲法24条では，婚姻は男女の合意だけで可能なはずだ。おかしくないだろうか。この問題は，成年年齢の20歳（4条）と婚姻適齢を合わせれば解決するのだが，成年年齢引き下げの議論は，ごく最近やっと始まったばかりだ。

他の人と婚姻していない（③）

すでに婚姻している者は，別な相手と婚姻することができない（732条）。「重婚禁止」といい，刑罰の対象（重婚罪：刑184条）にもなる。しかし，婚姻届の事務手続では，婚姻届が二重に受け付けられる事態はまず起きない。重婚が生じるのは，次のような場合だ。たとえば，夫が船で遭難し死亡とみなされたので（30条・31条），妻は再婚した。数年後，死んだはずの前夫が生きて戻ってきた。このような場合は重婚となり，前の婚姻（前婚）が復活し，再婚（後婚）が無効になると解釈されている（32条）。だが，当事者の心情や生活を考慮しないで，一律に前婚を復活させ後婚を無効とするのもどうだろうか。また，法的安定性からすると，後婚こそ尊重されるべきと思われる。そのような方向からの改正が検討されている。

再婚禁止期間でない（④）

女性が再婚する場合，前婚の解消（多くは離婚）から6ヵ月以上経過している必要がある（733条）。「再婚禁止期間」または「待婚期間」という。これは，法律上の親子関係の決定に関わる問題なので，次のAccess 17に譲る。

特定の親族間でない（⑤）

　優生学的・倫理的な理由から，一定の範囲内の親族では婚姻できない（734条〜736条）。「**近親婚の禁止**」である。たとえば，祖父と孫娘，父と娘というような直系血族間，オジとメイ，オバとオイというような3親等の傍系血族間がダメだ。イトコ同士は4親等の傍系血族だから問題ない。

婚姻届を出す（⑥）

　①〜⑤の要件を満たした上で，市区町村役場の窓口（市民課・住民課など）で，婚姻届の用紙をもらって記入し，提出する（739条）。婚姻届を出さない限り，法律上の婚姻は成立しない。婚姻届の用紙は，ペラペラの紙だが，法的効果を発生させるという意味では大変重い。とはいえ，当事者自身で役所に婚姻届を持参する必要はなく，印鑑も三文判で構わない。窓口は，記入漏れなどの「形式審査」をするだけだ。これが，婚姻意思の欠けた婚姻届につながっている面もある。しかし，役所の窓口で「婚姻意思」を確認するのは無理だ。窓口の担当者が，「本当に愛し合っていますか」なんて聞くのは失礼だし，聞かれた方も証明に困るだろう。

婚姻したらどうなるか

　法律婚の効果としては，①浮気できない，②同じ姓になる，③一緒に暮らす，④大人になる，⑤約束を破ってよい，⑥借金を一緒に背負う，などがある。

浮気できない（①）

　婚姻している者が，他の異性と性的関係を持つことを「**不貞行為**」という。一夫一婦制（一夫一妻制）から，夫婦間の貞操義務は当然と考えられている。そして，「不貞行為」は離婚の原因にもな

る（770条1項1号）。しかし，現実には，浮気や不倫という名の下に不貞行為が行われることも少なくない。そして，配偶者の不貞行為が発覚したからといって，必ず離婚になるわけでもない。

同じ姓になる（②）

　婚姻によって夫婦は同じ姓を名乗る（750条）。「**夫婦同氏**」という。名字とか，姓ともいうが，「氏」が法律用語だ。条文は，婚姻成立の効果として同氏になる，と書いてあるが，本当は違う。夫婦同氏は，婚姻の効果というより，むしろ婚姻の要件なのだ。婚姻届は，婚姻後の夫婦の氏について記入するようになっている。空欄のまま窓口に婚姻届を出すと，婚姻届は受け取ってもらえない。そうすると，婚姻は成立しないから，婚姻の効果は発生しないことになる。つまり，婚姻を成立させるために，夫婦の氏は婚姻届を出す際に決まっていなければならない。そして，最近は，夫婦同氏というルール自体に疑問が投げかけられている。

形式的平等と実質的平等

　夫婦同氏を定める750条は，夫婦が婚姻の際の選択で氏を決めるとしている。夫婦になろうとする男女は，2人で話し合い，夫のでも妻のでも好きな氏を選択できる。一見，選択の自由が保証されているようだが，誤魔化されてはいけない。平等な夫婦が，平等に話し合って決めたのであれば，夫の氏と妻の氏が大体半々で選択されていいはずだ（両性の平等！）。だが，現実には，夫婦の約98％が夫の氏を選択している。これを自由な選択の結果と言えるだろうか。妻は夫の氏を称するもの，妻が氏を変えるのが当然，というような社会の意識があるのではないだろうか。

同氏の不利益

　今の社会で，氏を変更したら大変だ。銀行や郵便局の口座，クレジットカード，運転免許証，健康保険証，学生証，生命保険や損害保険，同窓会名簿など，膨大な変更手続をしなければならない。仕事をしている人であれば，婚姻前の氏で取引先や顧客に顔と名前を覚えられ信頼関係を作ってきたのに，氏が変わったら電話などで「どなたですか」ということにもなりかねない。かといって，婚姻で氏が変わったと，いちいち説明するのも面倒だ。婚姻したことが嬉しくて，他人に話したい人もいるだろうが，反対に，仕事に個人的な話題を持ち込みたくない人だっている。さらに，何よりも問題なのは，生まれたときから親しんできた氏を変えることで，アイデンティティの喪失を感じる人が少なくない点だ。婚姻したら，あるいは婚姻するために，自分らしさを失うなんて，どうかしている。

時代の流れ

　女性の社会進出に伴って，夫婦同氏の問題が強く意識されるようになった。しかし，民法には同氏という選択肢しか存在しない。同氏を選択したくない人は，法律婚ができない。そのため，法律婚はしたいが，氏を変えたくない人は，非常に迷う。そこで，**夫婦別氏**のまま法律婚ができる制度の検討がされることになった。平成8(1996)年には，法務省の法制審議会という機関が，夫婦別氏を含む民法改正案をまとめている。しかし，さまざまな意見の対立から，夫婦別氏は未だ実現していない。

一緒に暮らす（③）

　夫婦は共同生活を営み，協力して家庭を運営し，互いに助け合う（752条）。まとめて，「**同居協力扶助義務**」という。考えてみれば，当り前のことだが，問題のある規定だ。なぜなら，法律が「義務」

としたからには，義務の不履行があれば，その義務は裁判によって強制的に実現（強制履行）させられる。では，夫が家を出て愛人と生活し，妻の元に戻ってこない場合に，同居義務違反だとして，夫を強制的に連れ戻すことができるだろうか。首に縄を付けて連れ戻しても，再び出て行くだろうし，閉じ込めておくわけにもいかない。無理に同居させて，夫婦がうまくいくとも思えない。つまり，この義務には実効性がない。そんなことに裁判所が手を貸すのは税金の無駄遣いだ。また，義務が，法律に書かれていながら絵に描いた餅だと，法律や裁判所は役に立たないと人々に思われてしまい，法の権威が失墜する。いいことは何もないので，同居協力扶助義務のようなものの扱いは，結構難問なのだ。

大人になる（④）

未成年者が父母の同意を得て婚姻すると，その未成年者は，民法上の成年，すなわち20歳に達したものとして扱われる（753条）。「**成年擬制**」という。これによって，契約などの法律行為が1人でできるようになる。成年擬制がないとどうなるか。たとえば，男女とも未成年者同士が婚姻した。子が生まれたので引っ越したいと思っても，アパートの賃貸借契約を自分たちだけで締結できず，親の同意を得なければならない（5条）。婚姻したのに，自由に家を借りたり，物を買ったりすることができないのも不便だ。それに，婚姻したからには，若くても一人前の社会人として責任を負うべきだし，社会もそのように期待するだろう。そこで，このような制度が設けられている。ただし，成年擬制の効果は民法の範囲に限られる。選挙権，酒やタバコなどは20歳からだ。

約束を破ってよい（⑤）

何のことかというと，たとえば，夫が妻に「今度，ボーナスが出

たら，宝石を買ってあげる」と約束したとする。法律的には，贈与契約の成立である。契約法の授業では，「約束は守られるべし（pacta sunt servanda）」と教わるし，私も教えている。約束の相手が他人なら約束を守るのが当然だが，夫婦間では，「あの話はなし」と，いつでも約束を破ってよい（754条）。夫婦が婚姻中にした契約はいつ取り消してもよいのだ。これを「夫婦間の契約取消権」という。しかし，契約を破っていいと法律が規定すること自体が問題だし，夫婦だからいいということにもならないはずだ。削除すべき条文だと昔からいわれている。

借金を一緒に背負う（⑥）

たとえば，妻が夫に内緒で消費者金融から50万円を借り入れ，買物や旅行に使ってしまい，返済できなくなった。この場合，夫は妻の借金の尻拭いをしなければならないだろうか。50万円が，食費や家賃などの生活に必要な出費に使われたのであれば，夫は妻と連帯して返済する義務を負う。だが，遊興費に使われたのであれば，夫は義務を負わなくともよい。「日常家事債務の連帯責任」という（761条）。もっとも，何が生活に必要な出費＝日常家事債務にあたるかは，夫婦の生活水準，経済状態，社会的地位などで異なるから，ケースバイケースで考える。消費者金融やクレジットカードの普及に伴って増加している身近な問題だ。

3　やり直すための離婚法

夫婦関係の解消

始まりがあれば終わりがあるように，婚姻で始まった夫婦にも，やがては離婚や死別がやってくる。とくに，離婚は多くの問題を生

じさせる。男女間の不平等は、離婚に際して顕在化する。また、離婚は、直接の当事者ではない子にも重大な影響を及ぼす。だから、法は、離婚を放置しておくわけにはいかず、当事者をできるだけきちんと別れさせ、離婚の負の影響を最小限にするように努めなければならない。なお、日常用語では、男女の間を「縁」と呼んで、良縁に恵まれたなどといったりする。そのため、離婚を「離縁」ということもある。しかし、法律用語としては、「離縁」は「養子縁組の解消」のことである。日常用語と法律用語の違いに注意が必要だ。

離婚のできる社会

平成 17 (2005) 年に、離婚した夫婦は約 26 万組。婚姻数は減少しているが、離婚数は高水準にある。かつて、離婚は社会の病理現象の 1 つだと考えられていた。今日、離婚は否定的にばかり捉えられてはいない。「仮面夫婦」や「家庭内離婚」などのように、婚姻している夫婦が、実は破綻していることも少なくない。婚姻していても、夫婦の関係が順調だとは限らない。また、自分の財産を持っている女性など昔は少なかったし、女性の働く場も限られていた。女性は生きていくために、婚姻しなければならなかった。離婚が増えたということは、離婚した女性が自立して生活していける豊かな社会が実現したということでもあるのだ。

別れる理由

離婚する理由はさまざまだ。夫が離婚を求める理由の 1 位が性格の不一致、2 位が妻の異性関係、3 位が家族との折り合いの悪さだ。妻が離婚を求める理由の 1 位も性格の不一致、2 位が夫の暴力、3 位が夫の異性関係となっている。それから、「金の切れ目は、縁の切れ目」というのは本当らしく、不景気になると離婚は増える。経済的な問題から生活が困難になり、夫婦がギクシャクすることは想

像に難くない。また,消費者金融などから多額の債務を負ってしまったため,債権者の追及を逃れるために離婚するような例も少なくない。

別れる方法

離婚の手続としては,協議離婚,調停離婚,審判離婚,裁判離婚,和解離婚の5つがある。以下では,大まかな流れを説明しよう。

話し合って別れる

離婚は夫婦の問題だから,夫婦の話し合いが何よりも優先する。夫婦が離婚に合意して,市区町村役場の窓口に離婚届を出せば,それで離婚が成立する(763条)。「**協議離婚**」という。わが国の離婚の約90％が,協議離婚だ。協議離婚の制約は,未成年の子がいる場合に,子の親権者を決めないと離婚できないことぐらいだ。実は,協議離婚のように簡単な離婚制度のある国は世界でも珍しい。そして,簡単さゆえの問題もある。たとえば,夫婦の一方が知らないうちに離婚届が出される(形式審査!)ことが多いのだ。

調停で別れる

協議離婚がまとまらなければ,家庭裁判所で調停になる。当事者と民間人の男女2名で構成される調停委員が話し合って,適切な解決を探る。「**調停離婚**」という。全体の7〜8％が調停で離婚している。なお,協議離婚がうまく行かない場合に,調停を飛ばして,いきなり離婚訴訟(裁判離婚)に行くことはできない。裁判離婚の前に,一度は家庭裁判所の調停を受けなければならない。これを「**調停前置主義**」と言い(家審18条),家族紛争の解決方法の特徴の1つだ。

審判で別れる

　家庭裁判所の判断（審判）で離婚する。「**審判離婚**」という。ただし，ほとんど利用されていない。調停が不調になると，家庭裁判所は審判を下してもよい。しかし，審判は，当事者の異議によって効力を失うために（家審25条），めったに行われないのだ。

裁判で別れる

　上記3つの方法で離婚できない場合の，最終手段が離婚訴訟（**裁判離婚**）である。協議→調停→（審判）→裁判まで行き着くのは，約1％にすぎない。通常は，夫婦の一方が離婚を望み，他方が望まないという状況だ。離婚したくない配偶者に離婚を強いることになるから，明確な理由が要求される。そこで，民法は離婚原因（770条1項）を定めた。さらに，仮に，離婚原因があるとしても，裁判所の裁量で離婚を認めないこともできる（同条2項）。Access pocket ①で再論する。

和解で別れる

　平成16年（2004）年4月から，和解離婚という制度が設けられた（人訴37条）。動き出したばかりで説明できるだけの情報がなく残念だが，そのような離婚の方法もあることを知っておこう。

別れた結果

　離婚によって離婚の効果が生じる。むしろ，離婚によって婚姻の効果が失われる，というべきかもしれない。主に未成年の子，夫婦の氏，夫婦の財産について，処理をしなければならない。

未成年の子

　子が未成年の場合には，夫婦の一方を子の親権者に決めなければ

離婚できない（766条・819条）。親権者の決定と言う。協議離婚では，親権者を決めていない離婚届は，窓口で受け付けてもらえない。夫婦の協議で決めるのが原則だが，最近は一人っ子が多くなったせいか，子の取り合いも珍しくない。協議ができないときは，調停や審判で親権者を決める。その際の，判断基準は「子の最善の利益 (best interest of child)」である。そして，離婚で別居することになった親と子が，面会や交流をすることもある。民法には規定がないのだが，いろいろな問題があるので，きちんとしたルールを作ることが求められている事柄だ。

夫婦の氏

婚姻に際して氏を変更した配偶者は，離婚によって婚姻前の氏（いわゆる旧姓）に戻らなければならない。「離婚復氏」という。しかし，婚姻中の氏を長期間称してきた場合には，復氏が不利益になる場合もある。また，復氏すると，他人に離婚したことを知られてしまう。そこで，一定の要件を満たす場合には，婚姻中の氏を離婚後も称することが可能だ。「婚氏続称」という（767条）。

夫婦の財産

夫婦の財産に関する民法の原則は，夫婦別産制といって，簡単に言うと夫の財産は夫のもの，妻の財産は妻のものだ（762条）。しかし，これでは，夫が働いて給料を得，妻が家事育児に専念するという「主婦婚」では，妻の財産は何もないことになる。このような場合，妻は夫に対して財産の分与を求めることができる（768条）。また，離婚しても生活に困る場合には，離婚後の生活費（離婚後扶養）や，離婚に責任のある配偶者（有責配偶者）に対して慰謝料を請求することもできる。

Access pocket ①

有責配偶者の離婚請求（770条）　770条1項は，離婚原因を定めているが，離婚原因さえあれば，自分で離婚原因を作った者（有責配偶者）でも離婚訴訟を提起して構わないのだろうか。条文をもう一度読んでほしい。1項では，「夫婦の一方は……離婚の訴えを提起することができる」とある。素直に読むと，夫または妻であれば離婚訴訟を提起できると読めて，他の制限は置かれていない。また，1号では，「配偶者に不貞な行為があったとき」とあり，「配偶者」と書かれていて，「相手の配偶者」とは書かれていない。そうすると，自分で不貞行為をし，その上で自分も「配偶者」だから，自分の不貞行為を離婚原因とする離婚訴訟を提起できるというように解釈できてしまう。

　実際の事件は，夫が，妻を顧みなくなって，別な女性と関係を持ち，その女性との間に子も生まれた。夫が，妻とは性格も合わないし，一緒に暮らす気持ちを失ったとして，離婚を求めた。最高裁判所は，昭和27（1952）年の有名な判決（最判昭和27年2月19日民集6巻2号110頁）で，770条1項を「〔夫婦関係の破綻について責任のない〕夫婦の一方は……離婚の訴えを提起することができる」と解釈した。以後，同種の訴訟は，この解釈に基づいてすべて退けられ，有責配偶者の離婚請求を認めないとする判例法理（判例理論）が確立した。しかし，この判例法理は，昭和62（1987）年の最高裁大法廷の著名な判決（最大判昭和62年9月2日民集41巻6号1423頁）で変更された。35年のときを経て，有責配偶者の離婚請求は一定の条件付きで許されるようになった。最高裁が判断を変更した大きな理由は，離婚に対する社会の意識の変化だった。

Access pocket ②

婚姻法の改正　家族の変化に応じて，家族法も変わらなければならない。民法のような基本法典の改正は，社会に大きな影響を及

ぼすため，民法を所管する法務省に大学教授などの有識者からなる**法制審議会**という機関が組織され，検討が行われる。その法制審議会が，平成8（1996）年1月，「民法の一部を改正する法律案要綱案」を公表し，家族法に関して必要な改正点を提案した。主なものとしては，**婚姻適齢**を男女とも18歳として平等化する（731条関係）。**離婚原因**から精神病を削除するとともに，5年間別居していれば離婚が認められるようにする（770条関係）。離婚後，同居していない親子間の「**面会と交流**」について定める（766条関係）。離婚時の**財産分与**の額を原則1/2にする（768条関係）などだ。そして，何といっても要綱案の目玉は，「**選択的夫婦別氏制度**」の導入であった。すなわち，婚姻時に夫婦は従来どおり同氏でもよいが，新たに別氏も選択できるようにしようというものだった。ところが，この夫婦別氏が論争の種となって，結局，この要綱案は国会に上程されることなく，お蔵入りとなってしまった。とはいえ，要綱案に盛り込まれたさまざまな改正点は，賛否は別として，今後の家族法の進むべき方向性を指し示すものと考えられている。グズグズしていると，家族の実態と家族法がどんどん離れていってしまうだろう。要綱案の全文は，ジュリスト1084号126頁に掲載されている。

Access 17

先端医療時代の家族

親子関係

Access view

生殖医療技術は飛躍的に進歩している。「親」になることを望む人にはその途が開かれた時代がきている。しかし「親子」の関係を複雑にしている現状もある。夫以外の第三者の精子や，妻以外の第三者の卵子を使った生殖医療が可能だが，そのようにして生まれてきた「子」の「親」はいったい誰なのか。

1 夫婦＋親子＝家族

家族とは？

Access 16 では夫婦関係を取り上げた。この Access 17 では親子関係を取り上げる。それに先立って，「家族」について述べておこう。家族は，憲法24条2項に出てくる。だが，民法のどこにも出てこない。いったい，家族とは何だろうか？ さまざまな定義があり，法的定義も確立したものはない。とはいえ，「夫婦関係と親子関係によって形成される親族関係」が家族である，という認識は最低限共有されていると思われる。また，現代では，「家族＝核家族」と考えられている。**核家族**とは，夫婦と未婚の子で構成される最小規

模の家族である。単身者（シングル）を家族とは呼ばない。子のいない既婚者に対して，「ご家族の皆さんはお元気ですか？」とは聞かない。「ご主人／奥さんはお元気ですか？」だろう。つまり，家族は，子の存在が暗黙の前提となっているのである。意識的にせよ無意識にせよ，子がいて「家族」なのである。

夫婦と親子の違い

夫婦と親子が家族の構成要素だ。しかし，両者は大変違う関係である。夫婦関係は，婚姻によって成立する。男女の意思で夫婦という関係に入るのだから，一種の「契約」である。だから，契約の解除＝離婚もできる。ところが，親子関係は違う。養親子関係のように契約的な親子関係もあるが，すべての人に関わりがあるのは，血縁に基づく実親子関係である。そして，実親子関係の基礎は血縁であり，当事者の意思によって親子関係が成立するのではない。つまり，契約ではない。だから，実親子関係はやめることができない。子にしてみると，いつ，どこで，どんな親から生まれるかという選択の余地は一切ない。しかも，子は，小さいうちは弱い存在だ。親子は，保護―被保護関係（支配―被支配関係）にあるから，婚姻のような男女の対等な関係とはまったく異なるのである。

親子いろいろ

民法上の親子関係として，実親子関係と養親子関係がある。ところで，社会には，民法上の親子関係以外にもさまざまな親子がある。たとえば，ヤクザの「親分子分」，職人の「親方子方」などだ。江戸時代は，「大家（オオヤ：賃貸人）といえば親も同然，店子（タナコ：賃借人）といえば子も同然」と，賃貸借契約の当事者を親子にたとえた。日本人は，人間関係を親子になぞらえるのが好きらしい。これらは，生物的親子関係ではなく，社会的親子関係というべきも

のだ。そして，民法上の親子関係も，生物学的親子に基づく実親子関係と，社会的親子関係の一種である養親子関係からなっている。だが，実親子関係と生物的親子関係は，100％一致するわけではない。また，血縁関係がある当事者が，養親子関係に入る場合もある。後で出てくるが，血のつながらない親子が実親子とされたり，血のつながっている親子が養親子関係に入ることもあったりする。では，民法上の親子関係を実親子→養親子の順にみていこう。

2　血は水より濃いか

実親子≒生物的親子

　実親子と言う以上は，親と子の間には血縁関係がある，と思うのは素直なことだ。しかし，法律上の「実親子」はそうとも限らない。それは，実親子関係を決定する民法のルールを概観すれば理解できるだろう。実親子関係の決定方法は，母と子の間（母子関係）と父と子の間（父子関係）とで分けて考える。では，実親子関係を母子関係→父子関係の順にみよう。

母は誰だ？

　母子関係は，「分娩の事実」で決まる。子は，母の体から生まれ出て来る。疑問を差し挟む余地はない。女性が，子を分娩しておきながら，「この子は私の子ではありません」と言うことは有り得ても，許されない。条文上，「分娩者＝母ルール」が明確になっているわけではない。しかし，判例も母子関係は分娩の事実によって当然に発生すると判示しており（最判昭和37年4月27日民集16巻7号1247頁），学説もこの判例を支持している。つまり，母子関係は，事実関係＝法的関係なのである。

父は誰だ？

問題は父子関係である。母子関係には，分娩という明確な事実が存在する。これに対して，父子関係にはそのような明確な事実がない。ある夫婦がいる。妻が子を生んだ。だが，もしかしたら，妻は夫以外の男性と性的関係を持ち，妊娠したのかもしれない。疑い出せばきりがない。そうかといって，妻が子を生めば，たいていの場合，夫の子だろう。妻が他の男性と性的関係を持つことは，可能性としては有り得ても，少数に留まるはずである。

父子関係の決定と婚姻のリンク

そこで民法は，婚姻を媒介にして父子関係を決定するという制度を編み出した。つまり，妻が他の男性と性的関係を持つことは有り得るとしても少ないはずだから，妻が生んだ子のほとんどは夫の子である。生んだ子の「すべて」ではなく「ほとんど」というのがミソなのだ。そこで，民法は，妻の生んだ子を「とりあえず」夫の子として扱うことにした。なぜ，とりあえずなのかは，「ほとんど」であって「すべて」でない以上，子が夫の子でない事態に備える必要があるからである。

婚姻は父子関係のために

ちなみに，婚姻とは，生まれた子に父を与えるための制度という見方もされる。人間は，他の動物と違い，成長に手間暇がかかる。だから，子に2人の親を与える必要が生じた。そのために，婚姻という制度を編み出して，「母の夫を子の父にする」ことにしたというのだ。

とりあえず夫の子

婚姻夫婦の妻が生んだ子の父子関係を決定する方法を「嫡出推

定」という。嫡出という言葉には,「正統な」という意味があり,価値中立的でないとの批判もある。それはそれとして,婚姻夫婦の妻から生まれた子を,とりあえず夫の子だと考え(これが推定),夫が「この子はオレの子じゃない!」と言い出さなければ夫の子として確定する,という制度だ。

では,どういうように推定するのか。まず,妻が婚姻中に懐胎(妊娠)した子は,夫の子として推定される(772条1項)。結婚している妻が妊娠したのだから,普通は夫の子だろう,という経験則に基づいている。しかし,これだけでは不十分だ。なぜなら,懐胎が婚姻中の出来事かどうかは,簡単に分からないからである。そこで,婚姻届を出した婚姻成立の日から200日後,または離婚や夫の死亡など婚姻の解消の日から300日以内に生まれた子については,婚姻中に懐胎したものと推定する(同条2項)ことにした。妊娠期間は300日程度だが,早産の場合もあって婚姻成立から200日ぐらいで生まれてしまう場合もありうる。また,ある夜,夫婦が性交渉を持ち,妻が妊娠した。その翌日,夫は事故で死んでしまった(婚姻の解消)。約300日後に子が生まれたなら,すでに父は死んでいたとしても,この2人は父子とすべきだろう。このようなことを考えて,2項の期間内に生まれた子は,婚姻中に懐胎されたものとして,夫の子と推定されるのである。

オレの子じゃない!

だが,反対の事実の証明によって覆すことができるのが推定というものである。たとえば,夫婦は何年も前から別居し,2人は性的関係どころか,顔も合わせていない。ところが,ある日,妻が子を生んだ。まだ,2人は法律上の夫婦である。したがって,2項の期間内に子は生まれている。妻が生んだから,1項で夫の子と推定される。このような場合,夫は,妻が生んだ子は自分の子ではない=

子の父は自分ではない、として父子関係を否定することができる。これを「嫡出否認の訴え」という（775条以下）。問題は、嫡出否認の訴えをできるのが、夫に限られているという点だ。

血縁のない父子関係

　嫡出否認の訴えは、子の出生を知った時から1年以内に限り、夫だけが提起できる。すると、どうなるだろうか。妻の浮気にまったく気づかず、したがって生まれた子についても疑いを持たないで1年が経過してしまったら、もはや夫は嫡出否認の訴えを提起することができないのである。1年を過ぎ、何かの拍子に自分の子ではないと知ったとしても、父子関係は覆せない。また、夫・妻・男性の3人とも子の父は夫ではなくて、その男性だと知っていたとしても、子が生まれて子の出生届を役所に提出する際には、父親として夫の氏名を記入しなければならない。父親欄に何も記入しなかったり、別の男性の名を書いたりしたら、役所の窓口は出生届を受け付けてくれない。つまり、夫が子の父でないことを知っていてもいなくても、夫が嫡出否認の訴えを提起しない限り、血縁のない「実」父子関係が生じるのである。

古くさい制度の理由

　今日、われわれは、血液型が親子で遺伝すること、また、遺伝子（DNA）レベルで、遺伝的な親子関係を明らかできることを知っている。婚姻を介して父子関係を決めるなどという「法技術」は、DNA鑑定のような生命科学技術に比べると、何をやっているのかと思うかもしれない。しかし、ABO式の血液型が発見されたのは、近代民法成立後だ。DNA鑑定だって、実用化されたのはここ10年ぐらいである。それらのような科学技術に対する知見がなかった時代に、嫡出推定という法「技術」を作ったことは、むしろ、すごい

ことなのではないだろうか。

シングル・マザーの場合

　嫡出推定は，子の母の夫を子の父にするという，婚姻を媒介にした制度だが，未婚の女性が子を生む場合もある。1年間に生まれる子どもの数は大体106万人だが，このうちの約2万人の子に関しては，出生時に母が婚姻していない。したがって，婚姻を媒介にして父子関係を作る嫡出推定は使えないのだ。そこで，民法は，「認知」という制度を作った。

　認知は，大きく2つに分けられる。未婚の女性が生んだ子について，男性が「この子の父は私です」と届け出る任意認知（779条・781条）と，父として名乗り出ない男性に対して子の方から認知を求める裁判をして，裁判所が父子関係を決める強制認知（787条）である。たとえば，任意認知には，次のような問題がある。未婚の女性が子を生んだ。子の法律上の父は，とりあえずいない。その後，この女性がある男性と知り合い婚姻した。母が婚姻したからといって，母の夫が自動的に子の父になるわけではない。女性・子・男性は一緒に暮らしているが，男性と子の間には，生物的にも法的にも父子関係はない。しかし，一緒に暮らしているのに父子関係がないのも何かと不便である。いっそのこと父子になってしまえ，ということで，男性が子を認知する。認知は，役所への届出でするが，役所の窓口は必要事項がきちんと記入され，押印してあれば，何も聞かない（形式審査！）。これによっても，血縁関係のない実親子のできあがりとなる。

親子に血縁は必要か

　世の中には，妻が生んだ子が自分の子でないと知りながら，子を自分の子として育てている夫がいる。同じように，血縁関係のない

ことを知りながら,子を認知する男性もいる。そのような家族が平和に暮らしていることもある。生みの親より育ての親というが,血縁ではなく養育が親子を決めるという考え方だろう。他方,何かの拍子に夫が子との間に血縁関係のないことを知ってしまったがために,平和だった家庭が崩壊することも珍しくない。血は水よりも濃いともいう。血縁の有無を重視する考え方だろう。民法が嫡出推定や認知という制度を編み出した当時,科学技術によって父子関係を決めることはできなかった。現代では,血縁関係の有無をDNA鑑定でほぼ100％明らかにできるのであるから,嫡出推定や認知などの方法ではなく,血縁一本で父子関係を決めればいいのだろうか。この問題はそんなに簡単ではない。むしろ,科学すなわち生殖医療技術の発展が,親子の決定をますます難しくしているからだ。

3 科学の発達と親子関係

生殖医療技術

世の中には,子どもが欲しくてもなかなか妊娠できない場合もある。そのようなときに,**生殖補助医療**（Assisted Reproductive Technology:以下ARTと略す）が利用される。産婦人科の看板に「不妊治療」と出ていたら,このARTのことだと思えばいい。ARTには,いろいろなものがあるが,夫婦がいて,無精子症といって夫に精子がないとか,卵巣の摘出をしたため妻に卵子がない,となると事態は深刻だ。このようなときに,夫婦以外の第三者から精子や卵子の提供を受け,提供された精子・卵子を用いるというARTが行われることがある。

精子提供：父は誰？

　精子提供の歴史は古い。わが国では，精子提供による最初の子は1949年に生まれていて，現在まで数万人の子が生まれているという。では，この子の父は誰だろう。血縁によって父が決まるなら，精子提供者が父だと言わざるを得ない。しかし，精子提供者は，精子を提供しただけで，父になる意思は毛頭ない。そして，婚姻中の妻が子を生んだのであれば，嫡出推定によって夫を子の父にできる。実際，精子提供を受けた夫婦は，子を嫡出子として届け出ている。では，子が大きくなってから，夫がオレの子じゃない，と言い出したらどうなるだろうか。2人のDNAを調べれば，夫と子の間に血縁関係がないことはすぐに分かってしまう。

卵子提供：母は誰？

　卵子提供は，日本産科婦人科学会の独自ルールでやらないことになっているが，わが国でも2例行われたことが分かっている。実際にはもっと行われているかもしれない。姉妹がいて，姉に卵子がない。そこで妹の卵子を採取して，姉の夫の精子と受精させ，受精卵を姉の子宮に戻して，姉が子を生んだ事件があった。この子の母は誰だろう。分娩の事実からすれば，姉が母になる。しかし，妹の卵子を使ったのだから，生物的な母は妹だろう。姉妹の仲が悪くなって，姉が自分は子の生物的な母ではない，あるいは妹が自分は子の生物的な母だ，と言い出したりしたらどうなるのだろうか。

代理母事件

　2005年11月25日の読売新聞は，次のような事件を報道した。50代の夫婦がアメリカ・カリフォルニア州で，まずアジア系米国人女性から卵子の提供を受け，夫の精子と受精させ受精卵をつくり，その受精卵を別の米国人女性の子宮に移植して，この米国人女性が

双子を生んだ。夫婦は，双子を自分たちの嫡出子として，現地の日本領事館に出生届を提出した。しかし，この出生届に法務省が待ったをかけたのだ。結局，法務省は，日本人夫婦が領事館に提出した双子の出生届を返却した。したがって，双子は日本人夫婦の子どもとして，日本法上は存在していないことになる（現実には，子は日本にいて，日本人夫婦と生活しているのだが）。

子の国籍

　この代理母事件で問題になったのは，出生届が受理されていないために，双子が日本国籍を持てないことだ。つまり，日本の国籍を得るためには，父または母のどちらか一方が日本人でなければならない（国籍法2条1号）。しかし，日本人妻は双子を分娩していない。母子関係は分娩の事実で決まるから，分娩がない以上，日本人妻は双子の母にはなり得ない。日本人夫婦は婚姻しているが，父子関係は婚姻を媒介にして「子の母の夫を子の父にする」から，子の母の夫を子の父にするためには，その前提として母子関係が決定していなければならない。母子関係が存在しない以上，父子関係を決めることができないのだ。したがって，日本人夫の精子から生まれた子であったとしても，つまり遺伝的な父子関係があっても，先決問題の母子関係を決めなければ父子関係は決められず，日本人夫婦は双子の法律上の親ではなく，したがって，日本国籍も取得できないということに，現行法上はならざるを得ない。

法の空白

　この代理母事件はARTに関し，法律が存在していないために起きたといってもよい。第三者の精子・卵子の利用や代理母による出産は，もともと欧米で始められた。そして，米・英・独・仏といった国々では，そもそもARTをやってもいいのかどうか，また，

ARTを利用した結果，生まれた子の親子関係はどうなるのか，をめぐって多くの事件が起きた歴史がある。そこで，これらの国々（米の立法は州単位）では，ARTの可否，可とした場合の親子関係の決定方法について，かなりの法整備がされてきている。

ところが，わが国も50年以上も前から提供精子によって子が生まれてきたにもかかわらず，幸いにもと言うべきか，表立って事件が起きることがなかった。平成に入ってから，ARTをめぐるさまざまな事件がわが国でも訴訟になったり，新聞報道されるようになったりして，法整備の必要性が唱えられることになった。そして，医療の可否については，医療を所管する厚生労働省が報告書を発表し，それを受けて，親子関係＝民法の改正に向けた作業が始められた。そして，厚生労働省の報告者は，代理出産を禁止する方向を打ち出した。もし，代理出産が禁止されれば，代理出産で生まれた子の親子関係を特別に考える必要はないことになる。そのような検討の最中に代理母事件は起きたのだった。

亡夫の精子による出産

夫婦がいた。夫がガンに罹患したため，放射線照射治療を受けることになった。放射線の影響で不妊症になる可能性があったので，夫の精子を病院で凍結保存してもらうことにした。治療の甲斐なく夫は死亡した。その後，妻は，病院に夫の精子の返還を求め，返還された精子を使い，夫の死亡から2年数ヵ月後に子を生んだ。そして，この子について，夫と妻の実子（嫡出子）と出生届に記入して役所に届け出たが，嫡出推定の期間（……婚姻の解消の日から300日以内に生まれた子……：772条2項）を過ぎているため役所は受理しなかった。そこで，嫡出子としての出生届を受理せよと求めた妻側は最高裁まで争ったが敗訴した。第2ラウンドとして，強制認知の一種の「死後認知」を求めて，訴えを起こしたのがこの事件だ。

死後認知とは

非嫡出子の場合，父らしき男性が任意認知をしないうちに死亡したり，子が父らしき男性を知った時にはすでにその男性が死んでしまっていた，ということも珍しくない。死者との間に父子関係を定立する必要が生じる。これを死後認知の訴えというが（787条但書），この訴えにはいくつかの特徴がある。まず，被告となるべき男性が死んでいるのだから，被告にすることはできない。男性に相続人がいるとしても，子は相続人との間に父子関係を定立するのではないから，相続人を相手にするのもおかしい。親子関係は，私事であると同時に，市民の身分関係という公序にも関わるから，国家・社会もこの訴訟に利害関係を有している。そこで，死後認知の訴えでは，公益を代表者する者として検察官が被告になるとしている（人訴42条1項）。そして，すでに出てきたが，訴訟手続は，民事訴訟法ではなく，民事訴訟法の特例法である人事訴訟法という法律に従って行われる。さて，死後認知は条文にあるとおり，父らしき人の死亡の日から3年を経過してしまうと，訴訟を提起することができないとされている。

死後認知の可否

事件を整理しよう。夫は1999年9月に死亡，子は2001年5月に誕生，死後認知訴訟の提起は2002年6月だった。つまり，夫の死亡から3年経過していない段階で提訴がされている。結論から言うと，裁判所は，死後認知の請求を棄却した（松山地判平成15年11月12日判時1840号85頁）。夫の死亡から3年以内の提訴であり，妻の妊娠に夫の精子が使われていることは間違いはない。血縁だけを根拠に父子関係を決めるのであれば，夫と子を父子にするべきかもしれない。しかし，法的な父子関係の決定にあたって，血縁がすべてではないことは，すでにみたとおりだ。地裁判決はそのように

考えた。妻側が控訴した。高裁は地裁判決を取り消して，死後認知を認めた（高松高判平成16年7月16日判時1868号69頁）。検察官が上告し，現在，最高裁に係属中なので，判決の行方を注視してほしい。

私事と公序

子と母にとっては，死後認知が認められ，父子関係が定立されるのが望ましいだろう。これは，私事としての親子関係である。しかし，このような父子関係の定立を認めることは，ある男性の死亡後にその精子を使って女性が妊娠することの肯認につながる。社会の秩序はこのような生殖を受け入れるのだろうか，それとも受け入れなければならないのだろうか。法は，社会の規範の表現である。子の提訴は，死後認知の要件には一見適合している。しかし，そもそも死後認知は，父らしき男性が生きている間に生まれた子について，認知のないまま男性が死亡した場合の制度ということができる。なぜなら，この制度が作られた当時，精子の凍結保存など行われていなかったから，男性の死後にその精子が用いられることを予定したルールではないと言えるからである。

また，妻は第1ラウンドとして，「夫の嫡出子」だと主張して容れられず，第2ラウンドでは死後認知，すなわち「夫の非嫡出子」だと主張している。父子関係を定立したい気持ちは理解できるが，論理的に破綻しているのではないだろうか。最高裁が死後認知を認容しなければ，夫と子の間に法的父子関係を定立する法的手段は，一切ない。夫が死亡しているから，子と養子縁組をすることもできないからだ。

4 生みの親より育ての親

養親子関係

　ARTが妊娠・出産をするための人工的な方法であるとすれば，人為的に親子関係を作る方法が**養子縁組**だ。ただ，前者は，医療の発展によって登場したもので歴史が浅いのに対して，後者は，いつからあるのかよく分らないぐらい古くから行われている。実親―実子からなる実親子関係に対して，養親―養子からなるのが養親子関係であり，養子縁組ともいう。

子のための養子

　養子縁組は，親子関係に関する法制度の発展段階と歩みを共にしている。

　かつて，子は家のために存在した（家のための子）。農業社会においては子どもも重要な働き手であり，家を承継する役割を担っていたからである。そのうちに，子は親のための存在になった（親のための子）。徐々に家の規模は小さくなり，農業社会から工業社会に変化してきたが，社会保障制度が不十分な段階では，子が，年老いて働けなくなった親の面倒を見なければならなかった。核家族となり，医療・福祉・教育が整備されてくると，子を働かせたり，親の世話をさせる必要が薄らぎ，家庭は子を監護教育する場に変化していく（子のための家族）。養子制度も同じで，はじめは，家の労働力や後継ぎを確保する目的が（家のための養子），親の仕事の手伝いや介護をすることから（親のための養子），親がいないとか，親が子を育てることができないなど，子にとって家庭的な環境がない場合に，子に親を与え擬似的な家庭をつくり，そのなかで子を成長させると

いう方向に変遷を遂げてきた（子のための養子）。

　今日，養子制度は，第一義的には，実親の養育に恵まれない子に縁組によって親を与える制度として理解されている。親に恵まれない子を養育する方法には，子を施設に入所させる方法もある。しかし，近代社会は，さまざまな経験を通じて，子の健やかな成長のためには施設よりもできる限り家庭に近い環境が望ましいことを学んだのだ。

　もちろん，縁組の目的はそれだけではない。たとえば，歌舞伎の世界では，子や孫の芸の筋が良くない場合に養子に跡を継がせるということが行われている。このような場合には養子といっても成人に達した「養子」であることが多い。また，「ムコ養子」というのを聞いたことがあるだろう。男性が女性と婚姻するに際して，女性の両親と縁組し，女性の苗字を名乗ることがある。この場合，法律上，その男性と女性は夫婦であると同時に兄弟姉妹になる。つまり，養子といってもその目的・態様は千差万別なのだ。

普通養子と特別養子

　民法上の養子は，大きく2つに分けられる。1つは「普通養子」で，前述の歌舞伎の跡目養子や一般的に行われている「ムコ養子」がこれにあたる。もう1つは「特別養子」で，1987年に作られた新しい制度なのだが，幼い子に家庭的な養育環境を提供するためのものである。普通と特別の違いは，普通養子縁組では，養子と実親の法律上の親子関係はなくならないのだ。つまり，普通養子には実父母と養父母の計4人の法律上の親がいることになる。これに対して，特別養子縁組は，子が特別養子になると実親との法律上の親子関係がなくなることになっている。つまり，法律上の親は養父母だけになる。父母あわせて親は2人というのが普通の親子関係だし，家族だろうから，幼い子と限りなく本当の親子に近い関係をつくる

4　生みの親より育ての親

ために，特別養子縁組では実親子関係を終了させるのだ。表は，両者の相違点をごく簡単に示したものだ。

表：養子制度の比較

	普通養子(792条—817条)	特別養子(817条の2—817条の11)
養親	養子より年長の成年者，独身者も可	法律婚の夫婦に限定，原則25歳以上
養子	養親より1日でも年下なら可	原則6歳未満，例外的に8歳未満まで
縁組の方法	原則当事者の届出	家庭裁判所の審判
実親子関係	存続	断絶
縁組の理由	問わない	子の利益
離縁	当事者の協議または裁判	原則不可

里親

　民法の親子の話は，ひとまず終わりにして，最後に，法制度が用意しているもう1つの親子関係を紹介しよう。里子である。法律的には，児童福祉法で規定されているものだ。実親に恵まれない子を育ててみたい，育ててもいい，と思っている人がいる。しかし，養子縁組は法的親子関係を作るものだから，簡単には踏み切れない。特別養子だと，原則離縁できないから，なおのことである。そこで，法的親子関係は作らないが，家庭に近い環境で里親に子の養育を委託することが行われる。たとえば，特別養子を考えている夫婦がいるとして，まず，数ヵ月ないし数年，養子の候補を里子にして生活を共にし，親子としてうまくやっていけそうであれば，特別養子縁組をするというような利用方法もある。近年は，児童虐待（Access18参照）が増加しており，保護の必要な子が増えている。その一方で，児童福祉施設は定員オーバー，施設よりも里子の方が望ましいとは言われているが，虐待のトラウマを抱えている里子の増

加により，里親の困難も増しているという。

親子関係の将来

　出生数の減少，虐待などによる親子関係の崩壊，その一方で少ない子を大切（過保護）に育てる風潮など，親子を取り巻く環境は複雑だ。いずれにせよ，その基礎には，誰が父で，誰が母かの決定がある。今，それが，ARTのような技術の発達によって揺らいでいる。民法上の親子関係の決定方法は，10年，20年後には，現在とまったく違うものになっているかもしれない。

Access pocket ①

嫡出推定さまざま　　嫡出推定は，いろいろな問題を抱えている。772条にぴったり当てはまる形で生まれてきた子を「推定される嫡出子」という。なぜこんな言い方をするのかというと，わが国では，「できちゃった結婚」がすごく多いからだ。つまり，できちゃったのだから婚姻前に懐胎したわけである。そうすると，できちゃった後で婚姻しても772条には当てはまらず，子は，非嫡出子とされ，父子関係については認知が必要になる。しかし，子の両親にしてみれば婚姻しているわけだし，夫も自分の子であると思っているのに，子を非嫡出子（婚外子）と扱い，認知を要求されるのも納得がいかない。そこで，戸籍実務（つまり出生届を扱う役所の窓口）では，婚姻中の父母が出生届をする場合には，772条の期間外の懐胎でも嫡出子として出生届を受理する。厳密には，嫡出推定からはずれているので，このような子のことを「推定されない嫡出子」と呼んでいる。世の中には，婚姻届と子の出生届を同時に出すような人も結構いたりするのだ。また，「推定の及ばない子」とは，形式的に子が嫡出推定期間内に懐胎されているが，夫の子でありえないような事態だ。たとえば，夫が懲役3年の刑に服していて，その間に妻が懐胎するような場合，「妻が生んだ子は，ほぼ夫の子」という嫡出

4　生みの親より育ての親

推定制度の前提が成り立たない。したがって，嫡出推定制度は当てはまらず，父子関係を争う方法は，嫡出否認ではなく「**親子関係不存在確認訴訟**」というものになる（人訴2条2号）。

Access pocket ❷

ARTの立法　ARTに関するの立法作業として，まず，医療行為の規制（やっていいこと，いけないこと）については，医療を所管する旧厚生省（「精子・卵子・胚の提供等による生殖補助医療のあり方についての報告書」(2000年12月) ジュリスト1204号）および厚生労働省（「精子・卵子・胚の提供等による生殖補助医療制度の整備に関する報告書」(2003年4月) 厚生労働省HP）がそれぞれ報告書を公表している。許される医療を前提にして，ARTで生まれた子の親子関係については，民法を所管する法務省の法制審議会による試案（「精子・卵子・胚の提供等による生殖補助医療により出生した子の親子関係に関する民法の特例に関する要綱中間試案」(2003年7月) 法務省HP）が公表されている。

Access 18

家族の中の「弱者」の保護

子ども・高齢者

Access view

「3歳児に熱湯（をかけた父親）」，「（妹が兄の）介護に疲れ殺人」，「元妻宅におしかけ（暴力をふるった元夫）」……。これらは，新聞で目についた見出しを拾ったものだ。人々を危険から守ることは，法の重要な使命のはずだ。民法は，家族についてさまざまなルールを置いているが，このようなトラブルに民法はどう対処するのだろうか。

1　いい家族ばかりじゃない

　トルストイの代表作『アンナ・カレーニナ』は，「幸福な家庭はどれも似たものだが，不幸な家庭はいずれもそれぞれに不幸なものである。」という有名な言葉で始まる（中村融訳・岩波文庫）。
　現在の日本社会には，重苦しい空気が漂っていて，人々は安らぎや癒しを求めている。何年か前に，一番大切なものを問うアンケートで，「家族」が第1位になったことがある。優しい両親，かわいい子ども，仲のよい兄弟姉妹，家族の構成員が皆こんなだったらどんなにいいだろうか。しかし，現実には，妻に暴力を振るう夫，親

に虐待され命を落とす子，子によって財産を喰い物にされる高齢者，というような事件が後を絶たない。

　法の役割はいろいろあるが，1つは弱い立場に置かれている人々を法の力で守ることだ。この社会には，子ども，病人，障害者，女性，高齢者といった弱者がいる。もちろん，これらすべてが弱者というわけではないが，「健康な大人の男性」に比べれば，何かにつけ不利な立場に追いやられてしまうことも事実だ。そこで，このAccessでは，弱い人々を守る装置としての民法を検討する。あらかじめ白状してしまうと，民法だけでは足りなくて，多くの特別法や他の制度が用意されている。「先端民法入門」だから鋭い先端で民法の枠を破ることも許されるだろうと勝手に決めてしまう。では，人の一生の順に従って，弱い人々を守る法的手段をみていこう。

2　生まれる前から19歳まで

胎児も守られている

　驚くなかれ，生まれる前，母親の胎内にいる子（胎児）にも法の保護は及んでいる。胎児の相続権（886条）や胎児の損害賠償請求権（721条）だ。また，生まれること自体も，刑法の堕胎罪（刑212―216条）や母体保護法などで，保護の対象とされている。

未成年者の保護

　民法では，20歳になると大人として扱われる（4条）。大人として扱われる法律上の意味は，自分の意思で自由な行為ができるようになることだ。そして，民法が考えている行為とは，契約などの取引行為とそれ以外の行為である。

取引行為と未成年者

　高校を卒業して就職した18歳の冬，アツシは初めて貰ったボーナスで車を買うことができるだろうか。一応，できる。しかし，良心的な店であれば，アツシの親に電話するなどして，その同意を得ようとする。なぜか。未成年者が売買契約（法律行為）をするためには親（法定代理人）の同意が必要であり，親の同意がなくて締結された契約は，後で取り消される可能性があるからである。だから，親に電話をするのは，良心的な店というよりも，慎重な店というべきなのだ。

　未成年者は，社会経験が少ない。だから，よく考えずに行動したり，自らの行為で思わぬ損害を被る恐れがある。そこで，民法は，生き馬の目を抜く取引社会から未成年者を保護することにした。アツシは，未成年者とはいえすでに18歳で立派に働いている。しかも，自分で稼いだ金で車を買うのだから，親の同意は必要ないように思える。しかし，個々の未成年者の理解力がさまざまであるとしても，1人1人の理解力を個別に検討して取引の可否を決めていたら，逆に煩瑣で取引も円滑に行えない。そこで，民法は，成年＝20歳になっているかどうかで（4条），一律に線を引くことにした。ただし，これには，Access 16で出てきた成年擬制（753条）という例外がある。

家族の中の未成年者

　生まれたばかりの赤ちゃんは，1人では何もできない。成長に伴って，できることも増えてくるが，複雑な現代社会で独り立ちするまでには，それなりの期間，教育を受けることが不可欠だ。民法は，両親に子を育てる権利を付与し義務を課している。これを親権という。親「権」と書かれているが，「子に対する親の権利と義務」というのが正しい理解である。かつては親の権利としての色彩が強か

ったが，今日では，親の義務の方が強調されるようになっている。その意味では，親権という言葉も改める必要がある。

親権の内容

親権は，子の身上監護（日常的な世話や教育）と子の財産の管理に及ぶ。もっとも，親が管理しなければならないほど子が財産を有することはあまりないので，もっぱら身上監護が問題になる。

親は子を養う

親は，子に対して法的な責任を負う。具体的には，子に衣食住を提供し，教育を受けさせねばならない。その他，子の健全な成長に必要なこと，たとえば，子が病気になれば医者に診せるとか，子を危険な場所や行為から遠ざけることも親の義務だ。衣食住については民法の扶養義務（877条1項），教育については教育基本法4条1項，その他にも刑法の保護責任者遺棄罪（刑218条）などが，親の責任の根拠になる。

生活保持義務

親は子に，自分と同程度の生活をさせなければならない。これを生活保持義務という。親だけおいしいものを食べ，キレイな服を着て，子に食事を与えなかったり，風呂にも入れず放置することは許されない。このような「保護の怠慢（ネグレクト）」は，今や児童虐待の一類型となっている（児童虐待の防止等に関する法律2条3号）。

親権の剥奪

親が子を虐待するなどして，親としてふさわしくない場合には，家庭裁判所の審判で，そのような親から親権を喪失させる制度が用意されている（834条）。最近では，児童虐待防止法の制定（平成12

年）もあって、児童虐待への関心が高まり、虐待が発覚する件数も増えている。そして、親権喪失審判の申立ても増えているのだが、現実に親権喪失審判がされることは少ない。よほど酷い虐待でない限り、親権は剝奪されないのだ。なぜだろうか。1つには、親が虐待をやめ更正する可能性があるのであれば、親子関係を壊さないほうがいいからである。子は施設よりも、できるだけ家庭で育つほうがいい。また、虐待を扱うのは、児童相談所という児童福祉法上の公的機関だが、親権を剝奪しても、親権の有効期間は子が20歳になるまでにすぎず、親から親権を奪っても、虐待親と被虐待児が「親子」でなくなるわけではない。ならば、親権喪失審判によって親子を壊れたままにしておくよりも、親子の再統合することのほうが必要だと、福祉の世界で考えられているからだ。

誰が親権者か

さて、通常、子には父と母がいる。父母が婚姻していれば、父母ともに子の親権者になる（818条）。これを「共同親権」という。親権は、かつては「父権」であり、父母が平等な親権者ではなかった。現在では、父母ともに平等な親権者なのだが、困ったことに、父母間で意見が対立したときに調整する方法が用意されていない。たとえば、アツシが小学校に上がる際、父はその辺の公立でいいだろうと言い、母は有名私立をお受験させたいとする。こんなカワイイ例ではなくて、アツシが交通事故に遭って瀕死の重傷のとき、父はどんな治療でもして欲しいと言い、母は信仰から輸血をしないでくれと言っている。医師はいったいどうしたらいいだろうか。民法の親権は、悪い親や子のためにならない親をあまり想定していないのだが、これではいろいろと困ったことが出てくる。

離婚と親権

　未成年の子がいる夫婦が離婚する場合には，父母のどちらか一方を子の親権者に定めないと離婚できない（819条1項）。これを共同親権に対して「**単独親権**」という。離婚によって父母は別居するから，子も父母のどちらか一方と生活することになるだろう。そうすると，父母が共に親権者であったら，子に関するさまざまな事柄について，いちいち会って話し合わなければならず不便だ。また，別れた夫婦は，普通会いたがらないだろう。そこで，民法は，親権者を1人にしてしまうことにした。ただ，親権者にならなかった親も，法律上の親である。親権者でなくなるだけで，法的親子関係が無くなるわけではない。そして，現在では，離婚によって単独親権とする制度に疑問が呈されている。つまり，父母が離婚しても共同親権とし，日常的な細々としたことは子の同居親が決めればいいとしても，子にとって重要な事項は父母がキチンと話し合って決めるべきいうのである。その方が，両親が離婚したとはいえ，両親とも親として自分に関心を持ってくれるという印象を子も持てるから，子の福祉にもなると考えられている。たとえば，母親が親権者として子と同居している場合に，父は子の養育費を支払うことになるが，親権者でもなく同居もしていないとなると，子に対する父の関心が薄れることもしばしば起こる。離婚しても，子と別居しても，親権者なのだから子に対して責任を果たさせるためには，離婚後も共同親権にするのが望ましいかもしれない。

親権者と監護者の分解

　親権＝身上監護権＋財産管理権だが，前述のとおり，実際には親権≒身上監護権である。ところが，離婚に際して，子と別居する父を親権者，子と同居する母を監護者とする方法が採られることがある。民法には，離婚後は単独親権しか用意されていないが，単独親

権にはいろいろ弊害もある。そこで，親権を分解して父母に分属させ，「お父さん，アツシと一緒に暮らしていなくても，あなたには親権者としての責任がありますよ。お母さん，親権者でなくても監護者ですからね。ちゃんと育てて下さいね。」ということにするのだ。今は，子どもが減って，一人っ子も多い。そのため，離婚に際して子の奪い合いが起きることも珍しくない。離婚の合意はできても，親権者を決められないために，なかなか離婚できなかったりもする。そのような事態への対応策の1つが，親権者と監護者の分解なのだ。いわば準・共同親権なのである。とはいえ，諸外国では，離婚後も共同親権とする法制度が多い。わが民法の将来的な課題の1つである。

　なお，離婚に際して，父母の双方が子の引き取りを拒み，相手に押し付け合うことも，ひどい話だが，ある。このような場合には，父母のどちらか一方を形式的に親権者にした上で，児童福祉施設や里親が子を引き取ることになる。

親権者がいないとき

　事故などで父母ともに死亡したような場合には，子の親権者がなくなってしまう。かわいそうな子は，祖父母や親戚に引き取られたり，児童福祉施設に入所するだろう。そして，子の身上監護や財産管理を行う者を選ばなければならない。この者を未成年後見人という（839条・840条）。だいたいは，子の親族が家庭裁判所によって後見人とされることが多い。未成年後見人の職務は，未成年者の身上監護と財産管理だ。その意味では，親権者と同じだが，両親が事故で死亡したような場合には，子が両親の財産を相続していたり，両親に掛けられていた生命保険金を受け取ったりすることもあるから，財産管理の比重が高くなるだろう。

親権者・未成年後見人の権限

　身上監護や子の教育は親の義務として捉えるべきだが，条文上，親の権限として考えざるを得ないものも存在する。子の居所指定権（821条），子に対する懲戒権（822条），子の職業許可権（823条）である。居所指定といっても親子は通常同居するし，職業許可については労働基準法で未成年者に対するさまざまな保護がされているから，ひとまず措こう。問題は，懲戒権だ。民法は，親権者に懲戒権を与えている（822条1項前段）。懲戒と聞いて，これを「口で叱る」だけだと考える人はいない。親が子に体罰を加えることが前提とされている。だから，同条も「必要な範囲内」という制限を付していると解することができる。そうすると，民法という社会の基本を成す法律は，体罰すなわち暴力の行使を認めていることなる。それをどう考えればよいのだろうか。もちろん，人は叩かれて初めて自分の悪さに気付くこともある。だから，体罰＝暴力だから，すべていけないというのも極端だ。しかし，「しつけ」の名の下に過剰な暴力＝虐待が行われてきたし，現に行われ，多くの子どもが心身に傷を負い，場合によっては生命を奪われている。また，同条には「懲戒場」なるものが出てくるが，こんな施設は日本社会に存在しない。少年院や児童自立支援施設は，未成年者の教育・福祉のためのものであって，懲戒のためのものではない。この懲戒権を定めた822条は，条文の受け皿となる施設がないことにおいても，多々問題のある規定なのだ。

　さて，アツシは虐待も受けず，何とか成人した。しかし，この先まだ何があるか分からないのが人生だ。

3 保護の必要な大人

(1) 障害者や高齢者

制限能力者制度

　民法は、喰うか喰われるかの取引社会から、判断能力の不十分な人を守ることにした。前述の未成年者の他に成年者であっても1人では法律行為ができない人もいる。未成年者制度と合わせて、まとめて「制限能力者制度」と呼んでいる。成年が制限能力者とされるのは、障害や加齢によって十分な判断能力が失われてしまい、放っておくと、本人も被害に遭うし、取引社会も混乱を来すからだ。そして、成年の制限能力者は、その能力のレベルに応じて、成年後見・保佐・補助の3段階となっている。

旧・無能力者制度

　実は、同様の制度は、約100年前に民法ができた当時からあった。それは、かつて「無能力者制度」の名で、判断能力を失った人を禁治産者・準禁治産者の2段階で保護しようとした。しかし、制度はあっても、たいそう評判が悪かった。なぜなら、禁治産者＝自分の財産を治めることを禁じられた者、という凶凶しい響きを持っていたのに加え、家庭裁判所で禁治産宣告を受けると、その旨が戸籍に記載されたからであった。今でこそ少なくなったが（でも無くなってはいない）、就職や結婚に際して、戸籍で当人の家族関係を調べる人たちがいる。そうすると、祖父が禁治産者だということが分かる。禁治産は精神病や痴呆などで判断能力を失う場合だから、あの家には精神病の患者がいる、あの家系には痴呆が出るという話にな

って，就職や結婚が破談にされたりした。法的な手続を踏み，能力の衰えた人たちを守るという制度が裏目に出て，その人たちを差別し，その家族を苦しめることになり，その結果，ほどんど制度が利用されなくなってしまったのだ。

高齢社会を迎えて

ところが，1980年代末ぐらいから，日本社会の高齢化が大問題として意識されるようになった。簡単に言うと，ボケ老人が町に溢れる時代が到来することが予想されたのである。実際，高齢者を対象にした悪徳商法などの被害も目立つようになった。そこで，判断能力を失った人々を守る法制度の再構築が求められるようになった。さらに，福祉政策の転換もこれを後押しした。それまでは，福祉サービスは国から「措置」として与えられる恩恵だった。ところが，高齢社会になると，国が福祉を丸抱えすることは財政的にもできなくなる。そこで，介護保険制度が導入され，障害者や高齢者は，自分自身が望む福祉サービスを「買う」ことにして，その費用を介護保険が肩代わりするという制度に転換することにした。でも，判断能力を失った人々は，福祉サービスを1人で「買う」ことができない。なぜなら，「買う」のは法律行為だから100％の判断能力が必要だからである。禁治産・準禁治産の対象にすればいいのだが，既述のとおり評判の悪い制度で誰も使いたがらない。というわけで，介護保険制度の創設に併せて，無能力者制度を制限能力者制度にリニューアルする民法の改正をするとともに，その他にも必要な諸制度を導入することにしたのだ。これらは，1999（平成11）年に制定され，翌年の4月に施行された。そして，旧・無能力者制度とは比べものにならないほど，成年後見制度は利用されている。

成年後見制度

　この制度の対象は，精神上の障害によって物事を理解する能力（これを「事理弁識能力」という）をつねに欠いてしまった人だ（7条）。その人のことを成年被後見人といい，保護者として成年後見人が家庭裁判所に選任される。成年被後見人は，パンを買ったり，バスに乗ったりという日常生活に関する取引行為は1人でもできるが，それ以外の行為を成年後見人は取り消すことができる（9条）。成年後見人の職務は，成年被後見人に代わって財産を管理したり，その財産に関する法律行為を行うことだ（859条）。たとえば，痴呆の高齢者について，住宅や預貯金などの財産を管理するとか，年金を受け取ったり，あるいは病院の費用を支払うなどである。成年後見人の仕事は，財産の管理であり，成年後見人が高齢者のオムツを取り替えるといった身体介護は含まれない。しかし，この点については異論もある。なぜなら，財産管理に限ると，財産のない人は制度の外に追いやられてしまうし，反対に財産目当てで成年後見人になろうとする者も出てくるからだ。制度設計の難しいところだ。

　さて，気になるのは，取引の相手が成年被後見人かどうかを知らせる方法である。戸籍に記載すると，無能力者制度と同じになって，元の木阿弥だ。そこで，新制度では，戸籍ではなくて地方法務局（いわゆる登記所）備え付けの特別なファイルに登録し，簡単に見ることができないようにした（後見登記等に関する法律）。

保佐制度

　保佐の対象は，成年後見よりも軽度の状態の人である。すなわち，精神上の障害によって事理弁識能力が著しく不十分な人が対象となる。保佐の審判を受けると，被保佐人になり，保護者として保佐人が選任される（11条・12条）。被保佐人は，原則として自分で法律行為ができるのだが，民法が規定する重要な法律行為をするには，

保佐人の同意が必要となり，この同意なくして行われた行為は，取消の対象となる。対象となる法律行為は，民法13条1項に列挙されているとおり重要な財産の処分に関するものばかりだ。本人の自己決定を尊重し，しかし，重要な財産を失わないようにとの配慮からである。

補助制度

　成年後見が旧・禁治産に，保佐が旧・準禁治産を改正したのに対して，補助は新制度で創出された第3の類型である。補助の対象は，保佐よりも軽度の状態の人，すなわち精神上の障害によって事理弁識能力が不十分な人だ（15条）。そして，成年後見・保佐との違いは，個別具体的に補助人の同意が必要な法律行為を個別に家庭裁判所が定める点にある。成年後見では，成年被後見人は法律行為をほとんどできない。保佐では，被保佐人は重要な法律行為ができない。しかし，補助では，被補助人のできる法律行為が広がる。これは，自己決定を尊重したためだ。ただ，補助は，それほど利用されていない。家族が家庭裁判所に申し立てた段階では，痴呆（認知症）などが相当進んでいるからだと思われる。

その他の制度

　重要なものとして2つある。1つは，「任意後見制度」だ（任意後見契約に関する法律）。これは，本人が元気なうちに，将来成年後見人になってくれる人と将来の後見事務について契約をしておくものだ。あらかじめ，信頼のできる人にボケてしまった後のことを頼もうというのだ。弁護士や司法書士などの法律専門職が任意後見人として活動している。もう1つは，「地域福祉権利擁護事業」だ（社会福祉法）。成年後見・任意後見は，経済的に裕福でない高齢者にはちょっと敷居が高いものとなってしまった。そこで，公的な機

関である社会福祉協議会が低廉な料金で，預金通帳や印鑑の管理，公共料金の支払などを代行してくれるというものである。

(2) 女　性

夫婦間の暴力

母親のほうが父親よりもエライ，という家庭も多いと思う。反面，妻が離婚を申し立てる原因として，「夫の暴力」がつねに上位にあるのも事実だ。かつて，児童虐待が「しつけ」の名の下に正当化されていたように，夫から妻に対する暴力も犬も食わない「夫婦喧嘩」として放置されてきた。妻が大怪我をしたり，死亡したような場合には，さすがに事件になって警察も介入したが（手後れだけど），そうでない限りは「民事不介入」を掲げて警察も手を出さなかった。

男女平等の実現

男女雇用機会均等法など，社会の表舞台での男女平等が推進される中，家庭内の暴力は，見えないが故に，取り上げられてこなかった。しかし，2000（平成12）年の児童虐待防止法の制定が風穴となって，翌2001（平成13）年に「配偶者からの暴力の防止及び被害者の保護に関する法律」が制定されることになった。家庭の中の男女差別にメスを入れなければ，真の男女平等，夫婦平等は実現できないという認識が共有されたからだと言ってよい。ちなみに，家庭内暴力を英語でdomestic violenceと言うことから，この法律はその頭文字を取ってDV防止法と称されることが多い。

さて，DV防止法は，被害者（妻）を保護する機関として都道府県に配偶者暴力相談支援センターの設置を求めている。また，夫からの暴力の恐れがあるときに，裁判所は保護命令を出す。この保護命令が出ると，夫は自分の家であっても退去しなければならないと

されている。そして，夫が保護命令に違反して退去しないような場合には1年以下の懲役または100万円以下の罰金に処せられる，というものだ。

(3) 経済的困窮者

扶養義務

　民法は，一定の範囲の親族間に「扶養」という義務を課している(877条)。簡単にいうと，経済的に面倒を見る義務である。親には未成年の子を扶養する義務があるし，高齢の親が生活に困っていれば子には親を扶養する義務がある。わが国では，生活保護のような社会保障に先立って，まず，親族間で扶養がされるべきだと考えられている。逆に言うと，人はまず自分の力で生活をしなさい，自分の力で生活できないときは，一定範囲の親族に助けを求めなさい，それができないときにようやく国が助けてあげる，ということである（生活保護法4条）。近代国家になって間もない時期では，富国強兵が急務であったから国民の面倒まで手が回らなかったし，第2次大戦後は社会資本の復興に国家予算を使わなければならなかった。しかし，困っている人を放ってはおけないから，親族に扶養の義務を負わせたともいえる。しかし，なによりも問題なのは，社会がそれなりに豊かになったにもかかわらず，親族に扶養義務を負わせ続けていることである。「高齢者介護」も実はそうなのだが，家族に介護を負担させた結果，社会福祉の発達を遅らせ，福祉の充実が妨げられたために「福祉国家」の実現が遠のいた，とも指摘されているのである。

生活保持義務と生活扶助義務

　親族間の扶養といっても，親が未成年の子を扶養するのと，困っている兄を弟が扶養するのとでは，扶養の内容に違いがある。明文

の規定ではなく，解釈によって扶養の程度は生活保持義務と生活扶助義務に分けられる。前者は，「自分と同じレベルの生活をさせる義務」，後者は，「自分の社会的地位に見合ったレベルの生活をした上で，生じた余裕の範囲内で，困っている親族を支援する義務」である。夫婦間・親と未成年子間の扶養義務は生活保持義務，兄弟姉妹間・親と成年子間の扶養義務は生活扶助義務と考えられている。

金銭扶養の原則

扶養の方法には2つある。必要なお金を渡す金銭扶養と，困窮者を引き取って一緒に暮らす引取扶養である。ただ，一緒に暮らすことを扶養義務者・権利者のいずれにも強制することは困難だし，無理に一緒に住まわせてもトラブルの基だ。だから，お金で解決するのが原則となっている。

セイフティネットは十分か

さて，失業や病気・けがなどによって，われわれはいつ生活に困るか分らない。その一方で，医療保険制度や年金制度は，少子高齢化の影響で破綻するかもしれないような状態である。そうかといって，家族の規模が縮小した今，看病や介護をしてくれる家族もいない。少子高齢化が止まらない中で，民法にできること，他の制度と協働し分担すべきことは何かを，今ほど問われている時代はない。

Access pocket ①

児童の権利条約・女子差別撤廃条約　家族の中の弱者の保護に対する法的制度の整備は，社会的な事件などが多発し，放置できなくなったことも大きい。だが，それだけではなく，国連で国際条約が制定され，わが国が条約を批准したことも制度整備に与かっている。

3 保護の必要な大人

児童虐待については,「児童の権利に関する条約」の功績が大きい。同条約3条1項「児童に関するすべての措置をとるに当たっては,公的若しくは私的な社会福祉施設,裁判所,行政当局又は立法機関のいずれによって行われるものであっても,児童の最善の利益が主として考慮されるものとする」の「児童の最善の利益（best interest of child）」は,今日,家族法の指導原理となっている。また,DV防止法には前文が置かれているが,そこでは「女子に対するあらゆる形態の差別の撤廃に関する条約（女子差別撤廃条約）」が強く意識されているのが伺われる。

高齢者虐待防止法　本文で言及した児童虐待防止法（平成12年），DV防止法（平成13年）に続いて，平成17年11月に高齢者虐待防止法（高齢者の虐待の防止，高齢者の養護者に対する支援等に関する法律）が成立し，平成18年4月1日から施行されることになった。そこでは，家族が高齢者の財産を不当に処分するような行為も高齢者虐待の一類型とされた（同法2条4項2号）。また，高齢者に対する虐待は家庭内だけでなく，福祉施設等でも起きるので，施設の職員等による虐待行為も規制の対象とされた（同条5項）。また，高齢者に対する虐待は，しばしば「介護疲れ」から起きたりもする。したがって，高齢者の介護等をする周囲の人間（擁護者）への支援も盛り込まれた。できたばかりの法律が，今後どのように運用されていくのか見守りたいところだ。

Access 19

家族関係と財産関係の交錯

法定相続・遺言相続

Access view

　小さな出版社の社長ウコンが死んだ。ウコンには，妻ミヨコと長男アキオ，次男アツシがいる。ミヨコは専業主婦。アキオは，大学を卒業すると父の会社に入り，数年前からは高齢のウコンに代わり実質的に会社を仕切ってきた。アツシは，大学を卒業して大手商社に勤め，海外勤務が長く，ウコンの死に目にも会えなかった。ウコンの遺産は，出版社の全株式（額面合計1000万円），一戸建て住宅（2000万円），普通預金（1000万円）である。この遺産の相続はどうなるだろうか。

1　人が死んで残すもの

歴史に学ぶ

　人が死ぬと相続が始まる（882条）。幼児でも，100歳を超えた高齢者でも，とにかく人が死ぬと相続だ。死の数だけ相続がある。とはいえ，今日の相続は，財産相続だから，幼児が財産を持っていることはあまりないので，相続が問題とならないだけなのだ。

　今日のというのは，以前は違ったからだ。戦前の相続は，財産の相続ではなく，家督相続といい，家長の「身分」の相続だった。家長の身分に家の財産が付いてくると考えられていた。殿様が死んで，

若様が殿様の身分とともに、領地や城を承継するのと同じだった。つまり、身分＋財産の相続は封建社会の名残りなのだ。相続が財産のみを対象とすることになったというのは、封建制度からの脱皮でもある。

相続の理由

財産相続（以下、単に「相続」という）はどうして認められるのか。なぜ、こんなことが問題になるのだろうか。

近代市民社会、市場経済に基づく資本主義社会では、人は労働を通じて財産を得る。しかし、相続は、労働によらない財産の取得（不労所得）に通じている。社会に存在する財産は限られているから、相続を認めると一部の人や家族による財産の寡占につながりかねない。そして、金持ちは何代にもわたって金持ち、貧乏人はいつまでたっても貧しいというように経済的地位の固定が生じるかもしれない。これは不平等ではないのか？　正義と公平を重んじるべき法は、相続制度を認めてはいけないのではないか。

このような否定的見解に対して、次のような反論がされる。人が一生懸命に働くのは、自分はもとより、家族に豊かな生活をさせたいからだ。家族に財産を残せないとなったら働く意欲を失うかもしれない。また、たとえば農地は、先祖代々承継されていることが多いし、そうするとある時点で耕作している人が自分の力で取得したのではない。前の世代は承継できたのに、次の世代はダメというのもおかしいだろう。さらに、農業や家内工業には、家族の労働力が投入されているのが普通だ。相続を通じて家族に財産が分配されるのは、各人が投下した労働の対価と言えなくもない。そもそも、私有財産制は民主主義の大前提なのだから、相続を否定することは、民主主義の否定につながる、云々。

どう考えるか

「富の偏在の解消」と「私有財産制の維持」が，バランス良く実現していることが望ましい。前者は平等な社会の実現に不可欠だし，後者は市場経済の根幹である。そこで，たとえば税，すなわち相続税という制度を通じて，両者の調整が図られている（相続税法）。莫大な相続財産（遺産）に課税し，国が徴収して，財源として社会に還元する方法だ。もっとも，相続税の課税対象となる相続は全体の約5％にすぎないことから，相続税が有効に機能している制度かどうかについては，疑問もあるのだが。

相続の二方法

相続には2つの方法がある。法定相続と遺言相続だ。遺言は「いごん」と読み，「ゆいごん」と読んではいけない。国語学者ではないからその理由を詳らかにしないが，遺産，遺書，遺児，遺棄……どれも「い」と読み，「ゆい」がむしろ例外だ。だから，法学学習者同士や法律専門家と「遺言」を話題にするときは，「いごん」と言うべきである。でも，法律の素人に対するときは使い分けて，「ゆいごん」と発音するのが親切だ。

法定相続と遺言相続の関係

法定相続は「法が定める相続」である。それに対して，遺言は，死者＝遺言者が生前にその財産について死後の処分方法を定めた書面である。では，法定相続と遺言相続は，どちらが原則なのだろうか。

これも大きく二説に分かれる。生きている間の財産処分は原則自由なのだから（所有権絶対・私的自治），そこから死後の財産処分も自由であり，遺言相続を原則とする考えが導かれる。だが，数の上では，法定相続が圧倒的多数で遺言相続は負けている。数字上は，

法定相続が原則形という感じもする。こんなことを問題にする理由は，遺言相続と法定相続のどちらを原則形と捉えるかによって，相続制度全体の理解が大きく変わってくるからだ。遺言の自由を強調すれば，たとえば，妻子のある夫が愛人に遺言で全財産を与えても，それはそれで自由だという方向に傾く。法定相続を原則と考えると，法定相続のルールに合わない遺言に消極的な評価を与え，法定相続によって家族間の平等や遺族の生活保障を図るべきだということになる。最高裁判例では，遺言がない場合に補充的に法定相続が機能するとされていて，通説になっている。その是非はしばらく置いて，以下，法定相続から入った方が分かり易いという理由から，法定相続→遺言相続の順に説明しよう。

2　仲良くわけよう法定相続

誰が相続するか

　相続する資格を持つ者，すなわち相続権を有する者を「相続人」という。相続人には，血族相続人と配偶相続人がある。

　血族相続人には順位があって，先順位の者がいると，後順位の者は相続人になれないシステムだ。第1順位は，死者＝被相続人の子である。子が親（被相続人）よりも先に死んでいたとしても，直系卑属すなわち子の子（被相続人からみて孫）がいれば，子に代わって孫が相続人になる。これを代襲相続という（887条）。被相続人の子や孫などの直系卑属がいないときは，第2順位として，被相続人の親が相続人になる。両親がいなくても，祖父母いれば，祖父母が相続人となる。つまり，直系尊属が相続人になるのだ。被相続人に下（直系卑属）も上（直系尊属）もいないと，第3順位として横，すなわち兄弟姉妹が相続人となる。そして，兄弟姉妹が被相続人よ

りも先に死んでいるが，兄弟姉妹に子（被相続人から見て甥姪）がいれば，甥姪が代襲して相続人になる（889条）。下上横という順番で覚えておこう。

　配偶者はつねに相続人になる（890条）。ただし，法律婚配偶者に限られ，内縁（事実婚）配偶者は，どれほど長期間，被相続人と共同生活をしたとしても，被相続人の財産形成に多大な貢献したとしても，相続人ではないから，相続することはできない。

　その他，法定の事由によって相続人の資格を失わせる（相続欠格：891条）や，被相続人の意思で相続人を締め出す（相続人廃除：892条）という制度もある。

　Access veiw の相続人はミヨコ（配偶者），アキオ・アツシ（子：第1順位）の3名ということになる。

図：相続人の範囲

```
            直系尊属  ┐
              祖父母  │ 第2順位
              父母    ┘ の相続人

兄弟姉妹 ─── 被相続人 ─────── 法律婚配偶者
           （死者）           （つねに相続人）
第3順位
の相続人
 甥姪（代襲相続）     子      ┐
                    孫（代襲相続） │ 第1順位
                    ひ孫（再代襲）│ の相続人
                    直系卑属   ┘
```

🌊 相続人を探せ

　1人暮らしの高齢者が増えたため，ある人が死んで，相続人がいない状況も珍しくない。配偶者，直系卑属，直系尊属，兄弟姉妹

（甥姪）まで誰もいなければ、いわゆる遠縁の親戚がいたとしても、法律上の相続人はいないことになる。民法の世界では、持主のいない財産（客体）は、大変困るのである。そこで、窮余の一策として、このような場合、財産自体に法人格を与えて客体から主体にして解決する（951条）。そして、相続人を徹底的に探してみてもなお相続人が見つからなければ、被相続人と緊密な関係にあった人、すなわち「特別縁故者」に相続財産を与えることにしている（958条の3）。既述したように、内縁配偶者や事実上の養子は、そもそも相続人ではないので相続できないが、他に相続人がいなければ、特別縁故者として財産を取得できる可能性もある。なお、相続人も特別縁故者もまったくいなければ、財産は私有財産としての意味を失って国のものになる（959条）。

何を相続するか

相続人は、被相続人の権利と義務を包括的に承継する（896条）。包括承継という。たとえば、不動産の所有権、現金、債権者の地位、金の延べ棒などの動産などを相続する。これらの相続によって相続人は利益を得るので、このような財産を積極財産と呼ぶ。だが、美味しい話ばかりではない。包括承継だから、被相続人に属した義務も相続する。被相続人の借金などの債務も相続するのだ（消極財産）。そして、財産的な価値、あるいは権利義務関係でも、相続の対象とされないものもある。それを一身専属権という。たとえば、独身の大学生が事故で死亡したら、相続人は両親だろう。では、大学生という資格、あるいは在学契約上の地位を両親が承継して、「子を相続して親の私が明日から通学します」というのもおかしい。このように、死者だけに帰属していた権利や義務と考えるべきものは、相続の対象にならないのだ。

ある権利や義務が相続できるか、相続されるかについては、たく

さん問題がある。たとえば，死者に掛けられていた生命保険金は，どんなに高額な保険金が支払われるとしても，相続財産には含まれない。なぜなら，生命保険金は，生命保険契約によって生じる財産であって，相続によって発生する財産ではないからだ。また，ゴルフの会員権のように，会員の地位（一身専属権？）と財産的な価値（会員権は高価だ）が結合しているものは微妙で，相続の対象となるのかどうかをめぐって多数の裁判が起こされていたりする。

　また，被相続人の有していた債権（預金債権など），あるいは被相続人が負っていた債務（借入金など）も相続財産を構成する。共同相続人は相続の内部関係者だが，被相続人の債権者や債務者は相続の部外者である。債権や債務の帰属（相続）を内輪で勝手に決めてしまったら，外部の者は不利益を被るかもしれない。そこで，可分債権・債務（金銭債権・債務）は，相続開始と同時に，法定相続分で各共同相続人に帰属すると解されている。つまり，債権者は法定相続分に応じて各共同相続人に履行を求めることができ，共同相続人は法定相続分に応じて債務の履行すればよいのだ。

　さて，ウコンが有していた株式，住宅，預金が相続財産である。ただし，会社の全株式といっても上場企業ではないのだから，会社の価値が株式の評価になる。もし，会社が多額の借金をしていたら，あまり価値はないかもしれない。住宅については，ウコンは社長なのだから，個人で会社の債務を保証（個人保証）し，住宅にも抵当権が付けられているかもしれない。だから，相続人が住宅を相続しても，もし，会社がつぶれてしまったら，住宅は担保として競売にかけられてしまい，相続人のものにならない可能性もある。預金にしても，預金担保取引といって，会社の債務の担保になっているかもしれない。

どれだけ相続するか

相続人が相続財産をどういう割合で相続するか、その割合を**法定相続分**という（900条）。Access viewのような、配偶者と子（第1順位）の相続人の組み合わせでは、配偶者が相続財産の1/2、子らが1/2の割合で相続する。子は2人だから、2人で平等に分けることになり（**均分相続**）、それぞれ1/4ずつ相続する。他のパターンを含めて整理しておこう。複数の子のように同順位の相続人の相続分は、平等なのが大原則だが、2つ例外がある。その1つが、**嫡出子**（婚内子）と**非嫡出子**（婚外子）の相続分に差が設けられていることで、重要な論点だからAccess pocketで取り上げよう。

組み合わせ	相続分
配偶者＋子（第1順位）	配偶者1/2, 子1/2（子が複数なら1/2を均分）
配偶者＋親（第2順位）	配偶者2/3, 親1/3（親が複数なら1/3を均分）
配偶者＋兄弟姉妹（第3順位）	配偶者3/4, 兄弟姉妹1/4（兄弟姉妹が複数なら1/4を均分）

法定相続分の調整

法定相続分は、とりあえずの目安にすぎない。なぜなら、法定相続分に従って相続財産を形式的に分配したのでは、相続人間に実質的に不公平が生じるかもしれないからだ。そこで、実質的な公平を図るために特別受益と寄与分という2つの方法が用意されている。

特別受益（903条）は、仮に、アツシが相続分の前渡しとして、ウコンから住宅購入資金として10年前に500万円の援助を受けていたとする。ウコンがアツシに500万円贈与しなければ、500万円はウコンの手元に残って相続財産に含まれていたかもしれない。そうすると法定相続どおりに分けたら、過去に何ももらっていないミヨコやアキオに比べて、アツシだけ得をしてしまう。そこで、この500万円のように、一部の相続人が被相続人から受けた利益（特別

受益) を次のように考慮する。相続財産の総額が 4000 万円とすると, 法定相続分どおりだと, ミヨコ 2000 万円, アキオ・アツシ各 1000 万円となる。特別受益 (500 万円) を計算上算入して, ミヨコ 2250 万円 (4500 万円×1/2), アキオ 1125 万円 (4500 万円×1/4), アツシ 625 万円 (4500 万円×1/4−500 万円) とすれば, 相続人間の公平が図れる。

　<u>寄与分</u> (904 条の 2) は, アキオが, ウコンの会社を切り盛りしたが, 仕事に見合う給料を受け取っていなかったとする。自営業や農業などの家族経営ではよくあることだ。つまり, 十分な給料を払わなかった分だけ会社に利益が留保され, その結果, 会社の資産価値があがり株式の評価も高まったわけだ。もし, 法定相続分どおりであったら, アキオの労働は正当な評価を受けられず, タダ働きになってしまう。アキオは納得できないだろう。そこで, アキオがウコンの相続財産の形成に寄与したと考えて, 寄与した分をアキオに与えるのである。たとえば, 相続財産の総額は 4000 万円だが, その 1 割の 400 万円がアキオの寄与だとすると, 4000−400＝3600 万円を法定相続分で分け, アキオの法定相続分に寄与分の 400 万円を加えるのである。そうすると, ミヨコ 3600×1/2＝1800 万円, アキオ 3600×1/4＋400＝1300 万円, アツシ 3600×1/4＝900 万円という計算になる。

相続人の選択

　さて, 被相続人に属した権利義務を包括承継するといっても, 欲しくないものを相続人に押し付けることもできない。相続人には, 相続する・しないの選択権がある。相続しないのであれば, 家庭裁判所に申し出て放棄する (938 条)。<u>放棄</u>すると最初から相続人ではなかったと扱われる (939 条)。権利も義務も包括承継したければ, <u>単純承認</u>すればよい (920 条)。相続財産が債務超過のような場合に

2　仲良くわけよう法定相続

は、限定承認といって（922条)，積極財産の範囲で消極財産を返済し，超過した債務については，責任を免れる方法もある。これは，会社や個人の「破産」に似た制度だ。3つうちどれを選ぶにせよ，相続開始から3ヵ月以内に所定の手続が必要で（915条)，手続をしなかったり，預金を引き出すなどの相続財産の処分行為をしてしまったら，単純承認したものとして扱われてしまうから，要注意だ（法定単純承認：921条)。

どうやって分けるか

　ミヨコ・アキオ・アツシ3人とも単純承認を選んだとしよう。相続人が決まれば，法定相続分が決まる。次に，法定相続分を特別受益や寄与分で調整し，具体的相続分を決める。民法は，私的自治を重んじているから，具体的相続分は，当事者＝相続人全員の協議で決める（907条1項)。これを遺産分割協議という。また，相続財産は，可分・不可分などさまざまな性質の物で構成されている。車1台を切って分ける訳に行かない。だから，誰が何を取るかも遺産分割協議で決める。その際，物を物理的に分ける現物分割，物を売却して金銭にして分ける換価分割，相続分を超過した物をある相続人が取得し，超過分相当の金銭を他の相続人に支払う代償分割などの方法をいろいろ組み合わせて，遺産の分割が行われることになる。

　簡単に協議と書いたが，実際には，相続人間の協議がまとまらず，5年も10年も揉めている事件も少なくない。「遺産騒動」「骨肉の争い」などと言われるように，紛争性が高い事件である。協議がまとまらなければ，家庭裁判所の調停（家審17条)，調停もうまくいかなければ，家庭裁判所の審判で決する（907条2項)。家裁が審判する際の一応の基準があるものの（906条)，あまり重視されていない。相続人は法定相続分を約束されている権利と思っている。906条の諸要素で相続分の変更をしたら，相続分が減った相続人は到底

納得しないである。

　協議から審判まで何年もかかって，その間に元々の相続人が死亡し，問題が一層錯綜することも珍しくない。相続紛争は，家族間の問題だから，裁判にまでもつれこむと，家族同士の人間関係が根底から破壊されてしまう。財産は得ることができても，失うものの方が多いかもしれない。

　では，相続紛争を防ぐためにどのような方法があるだろうか。これから，遺言相続の説明に入るが，近時，遺言の紛争回避機能に期待が高まっている。

3　自分で分けておく遺言相続

遺言といっても

　いきなりだが，遺言は厳格な要式行為である（960条）。つまり，民法の定める方法による遺言だけが，法的に有効な遺言となる。ドラマで，死に際に「……をよろしくたのむ……」というのがあるが，日常用語レベルではあれも遺言なのだろうが，法的に有効な遺言では全然ないのである。

遺言のやり方

　法定されている遺言の方法は，普通方式3種類，特別方式4種類，合計7種類ある（967条）。一般に利用されているのは普通方式の「自筆証書遺言」と「公正証書遺言」の2つだ。普通方式の「秘密証書遺言」と4種の特別方式の利用は稀だ。以下では，使われている2つを説明しよう。

　自筆証書遺言は，まさに遺言者自身が書く遺言だ。紙（に限られないが普通は紙）に筆記具（何でもいい）で書く。ただし，遺言者自

身が全ての文章，年月日が特定できる日付，署名を自分で書き，実印でも三文判でも拇印（指印）でもいいから，必ず印をしなければならない（968条）。簡単そうに見えるが，要式を満たさないために無効となる自筆証書遺言は跡を絶たないのだ。

公正証書遺言は，公証役場にいる公証人という，特殊な公務員が関与して作成する遺言である。検察官・裁判官・裁判所書記官といった人たちが定年退官後に公証人になることが多い。遺言者が，公証役場に行き，遺言の内容を説明して，公証人に具体的な文書にしてもらう。思いどおりの文面になっているかどうかを，遺言者と証人2名が確認する。公証人という法律専門家が関与するので，要式に反したり，おかしな内容の遺言になることはまずない。

両方式の比較

自筆証書は，手軽でタダ。納得行くまで何回書き直してもいい。しかし，タンスの奥に自筆証書を入れたまま，遺言者の死後，相続人が遺言を見つけてくれないかもしれない。また，ある相続人に嬉しくない内容が書いてある遺言を，その相続人が見つけた場合には，遺言は闇から闇に葬られてしまうかもしれない。遺言者はよいと思っても，遺言の内容が違法だったり，法的に無意味だったりする恐れもある。公正証書は，内容的に確実だし，コピーが公証役場に残るので，原本が行方不明になっても安心だ。でも，手数料がかかるし，大都市以外では公証役場が近所にない。遺言者が証人を用意して同行しなければならないので，遺言したことも遺言の内容も完全に秘密にはできないかもしれない。つまり，どちらも一長一短である。完全な制度は存在しないのだから，長所短所を理解して，選択するしかない。

なお，自筆証書は私的で，公正証書は公的だから，公正証書の方が「偉い」ということはない。たとえば，ウコンが，自筆証書で

「全財産をミヨコに与える」と遺言し，公正証書で「全財産をアキオに与える」と遺言していたとしよう。2つの遺言は両立しないから，優劣を決めなければならない。2つとも様式性を満たした有効な遺言であれば，最終的には，日付で優劣が決まる。新しい方がウコンの最終的な意思として尊重されるからだ（1023条）。

遺言でできること

人は年を取ると説教臭くなる。そうすると遺言の中に，「子どもたちは皆，仲良く助け合って」とか，「世界が平和で，人類が幸福でありますように」などと書く人も出てくる。法的には，これらの文言は何の意味もない。こういうのを「精神条項」と呼んでいる。書くのは自由だが，あまり調子に乗ると，遺言者の遺言時の精神能力を疑われてしまい，遺言の有効性にケチが付きかねない。

遺言でできる法的な効果を伴う行為は限定されており，それを遺言事項と呼ぶ。遺言事項には，相続人の相続分の指定（法定相続分を修正して，割合を増減する：902条）とか，遺産分割方法の指定（特定の財産の分け方を遺言者が指定する：908条），遺贈などの財産上の行為の他に，生前認知しなかった非嫡出子を遺言者が遺言で認知するなど，身分上の行為もできる。

遺贈とは

なかなか説明が難しいのだが，遺贈は遺言による財産の処分だ（964条）。「遺言による贈与」が遺贈と思われそうだが，そうではない。なぜなら，贈与が契約であるのに対して，遺贈は単独行為だからだ。単独行為とは，行為者の一方的な意思表示だけで法律効果が発生する法律行為で，契約とは根本的に異なっている。ただ，今の学習段階では，遺贈は贈与に近いものととりあえず考えてもらえばよい。また，遺贈に似て非なるものに「『相続させる』旨の遺言」

がある。これは、相続法の大問題の1つなので、Access pocket で紹介しよう。

遺言の実現

　遺言が見つかったら、その遺言を実現する必要がある。でも、遺言者の意思は常に実現するとは限らない。たとえば、ウコンがミヨコに全財産を与えるという遺言をしても、ミヨコが子らに悪いと思って、法定相続で分けようと言い出すこともある。遺言の利害関係者が、全員一致で遺言と異なる方法で相続財産の処分を決めたら、それは有効だと考えられている。全部はいらない、というミヨコに無理に全部押し付けることはできないからだ。もし、ウコンが遺言の実現を強く望むのであれば、そのために**遺言執行者**を遺言で指定しておけばよい（1006条）。

紛争の回避か激化か

　たとえば、ウコンが会社の存続を強く願い、また、よく働いてくれたアキオに報いたいと考え、アキオに会社の支配権を与えたいと思ったとする。その一方で、永年連れ添った配偶者ミヨコの老後も気になるところだ。アツシは、独り立ちして立派にやっているのだから、相続財産を取得させる必要も少ない。そうした場合、ウコンは、自筆証書遺言で次のような遺言をするかもしれない。

遺言書

　妻ミヨコに住宅（2000万円）と預金のうち750万円を与える。長男アキオに会社の全株式（額面合計1000万円）と預金のうち250万円を与える。遺言執行者としてタダノ弁護士を指定する。タダノの報酬は、長男アキオが取得した預金250万円から50万円をタダノに支払うこと。家族と友人に恵まれ充実した人生でした。ありがとう。さようなら。
　　　　　　　　　　2006年1月1日　遺言者　ウコン　印

ウコンの生前，家族関係が良好であったのであれば，相続人らは故人の意思をできるだけ尊重したいと思い，その結果，紛争も未然に防げるかもしれない。しかし，一歩間違えると，遺言が契機となって相続紛争が一層激化することもある。遺言で無視されたアツシは深くウコンを怨み，また相続財産を取得したミヨコやアキオを妬むだろう。遺言は諸刃の剣なのである。

　さて，遺言執行者が選任されていれば，不動産所有権の移転登記や，預金の払戻しなどの事務を行い，遺言の内容が実現する。しかし，この遺言はアツシを完璧に無視している。相続財産はすべてミヨコとアキオのものとなり，アツシは何も相続できないことになってしまう。

ちょっとまった！

　こうなってしまったらアツシは何も言えないのだろうか？　言えるのだ。冒頭の「遺言による財産処分の自由」と「相続人間の平等」の対立が，ここで調整されることになっている。一部の相続人の法定相続分を無視あるいは侵害するような遺言に対して，無視・侵害された相続人には，最低の権利としての遺族に留めて置く分，すなわち「遺留分」が与えられている。つまり，遺留分という最低限の相続財産を取り戻すことができ，これを遺留分減殺請求（いりゅうぶんげんさいせいきゅう）と呼ぶ。そして，遺留分を有する相続人を遺留分権利者という。配偶者・第1順位・第2順位の相続人が遺留分権利者だ。つまり，第3順位の相続人（兄弟姉妹とその代襲者）は，遺留分権利者ではないので，無視されっぱなしになるのだが，これは仕方がない。

　では，遺留分はどのぐらいか。第2順位（直系尊属）のみが相続人のときは，相続財産の1/3が遺留分だ。それ以外の場合は，相続財産の1/2が遺留分とされている（1028条）。ミヨコ・アキオ・アツシの例では，相続財産の1/2が遺留分で，この1/2についてアツ

シは自分の法定相続分の割合（1/4）の権利を行使できる。つまり，1/2×1/4＝1/8 という計算になって，相続財産全体に対して 1/8 の権利が最低限アツシに保証されているのだ。

議論ふたたび

遺留分は遺言の内容の変更を迫るものだから，「遺言尊重派」には許し難いものに感じられる。これに対して，遺留分擁護派（＝法定相続重視派）は，遺留分の必要性を次のように説明する。たとえば相続人のうちの働けない人（弱者）が遺言で無視されたような場合などに，遺留分が必要なのだと。でも，そういってしまうと，大手商社で活躍しているアツシのような大人に遺留分を認める必要があるのか疑問だ，という再反論が出てくる。双方の論者の応酬はなかなか妥協点を見出せない。

相続法は宝の山

財産相続だから宝の山と，最後にふざけているのではない。戦前と戦後の相続法は，180 度転換する内容であった。しかし，改正作業が短期間に行われる必要があったために，現行の相続法は相続紛争を解決するための十分な武器（条文）を備えていないのである。だから，相続法分野には，制度趣旨の理解や解釈の余地，あるいは立法論の可能性がたくさん残されている。ここ 10 年ぐらいの間に，相続法をめぐる，大量の判例も生み出されている。相続法には未解決の問題がたくさんあるのだ。市民生活にも密接に関わる相続法は，分数が苦手でない人には，宝の山だという所以である。

Access pocket

非嫡出子の相続分　被相続人に，法律婚の配偶者との間に生まれた嫡出子（婚内子）と，たとえば愛人との間に生まれた非嫡出子（婚外子）がいるとする。法定相続分（遺留分も）は嫡出子2：非嫡出子1となる。被相続人ウコン，配偶者ミヨコ，アキオが嫡出子でアツシが非嫡出子だったとすると，法定相続分は，ミヨコ1/2，アキオ1/3，アツシ1/6となって，アツシの相続分はアキオの半分になる（900条4号但書前段）。このような扱いが，憲法14条の平等原則に違反する差別ではないかと争われている。最高裁大法廷は，差別に当たらないとしたが（最大決平成7年7月5日民集49巻7号1789頁），憲法違反と指摘する学説も多い。平成8年の民法改正案では，この相続分の平等化も提案されているが，民法の改正自体が実現しておらず，相続分の平等化も店晒しになっている。

「相続させる」旨の遺言　「私ウコンは，妻ミヨコに全財産を相続させる。」というように，全財産またはある特定の財産を特定の相続人に相続させる，という遺言が広く行われている。このような遺言を「『相続させる』旨の遺言」と呼ぶ。この遺言に記載された全財産またはある特定の財産は，遺言の効力発生と同時に，記載された特定の相続人に移転するというように公証実務と最高裁判例（最判平成3年4月19日民集45巻4号477頁）で解されている。簡単に言うとすごく強い力を持った遺言なのである。しかし，学説は，このような「強い遺言」の創設（もともと民法に明確な規定が見当たらない）に猛烈に反対している。実務と学説の間の論争を知るための好材料なので，勉強が進んだら調べてみて欲しい。

V ステップアップ

Access 20 法人を考えるための7つのクイズ
著者たちからの贈り物
　——めいっぱい割り切りの良い読書案内
演習問題

Access 20

法人を考えるための7つのクイズ

　最初の Access でお約束したとおり，むすびの Access においては，法人を扱います。医学や生物学にあっては問題とされないのに対し，法律学や経済学において人として扱われるもの，それが法人。最初の Access と同じように，まずは新聞記事を読むことから，アプローチをしてみよう。

〈中間法人，意外な活用　不動産流動化・ゴルフ場再生〉

　昨年4月に制度が導入された中間法人[1]で，意外な活用方法が広がっている。当初予想された同窓会や同好会による設立が低調な半面，不動産の流動化やゴルフ場再生などビジネスに近接した分野で注目を浴びている。こうした実態は，公益法人[2]（財団，社団法人）を中間法人とひとくくりの新たな非営利法人[3]に改めようと検討していた政府の改革論議にも影響を与えそうだ。（辻陽明）

設立は初年度300程度

　法務省によると，2月までの設立総数は業界団体を中心に253。3月分は今月下旬に発表されるが，年間で300程度とみられる。

　4年半前に制度の始まった特定非営利活動法人（NPO法人）[4]の初年度に比べると約4分の1のペース。中間法人は登記で簡単に設立できる[5]が，まだ知名度が低いうえ，法人税の企業並み課税も敬遠されているようだ。

　ただ，想定外だった活用もある。その1つが不動産の流動化。昨

秋ごろから中間法人を利用する例が出始め，今年3月末には20件を超えたとみられている。

狙いは，銀行や投資家が不動産の開発資金を出す際，不動産をもともと保有する会社（原保有会社）が倒産しても影響を受けない仕組みにして，不動産の収益性だけで投融資を判断できるようにすることにある。

まず，資金を受けて不動産を保有・開発する特別目的会社（SPC）を新たにつくる。設立資金は原保有会社に出させ，議決権は行使させない。そのために中間法人を利用する。

有限責任中間法人は，設立に必要な基金300万円の出し手と，意思決定権者の社員が別々でも構わない。そこで原保有会社に基金を拠出させ，その中間法人が新会社（有限会社なら300万円）の設立資金を出す。中間法人の社員に中立の公認会計士などをあてれば，原保有会社は倒産しても新会社に対して議決権を行使できなくなる。

債券発行し資金調達

こうした手法は「仕組み金融」（ストラクチャードファイナンス）として，これまで英領ケイマン諸島のSPCを使う方法が多用されてきた。不動産だけでも数兆円の規模だ。中間法人で代用すれば，現地の弁護士を雇うコストやチェックの難しさ，英語で書類をつくる手間などから解放される。

発案者の三井住友銀行の藤瀬裕司氏は「5年間の事業だと1千万円ぐらい節約できるのではないか。中間法人の利用はこれからどんどん広がるだろう」と予想する。

中間法人を活用して債券を発行し，資金調達する例も出てきた。東海東京証券がアレンジした東京都と山口県内のマンション開発の案件では，日本格付研究所が初めて格付けを出した。

ゴルフ場の倒産が相次ぐなか，会員権を持つ人がプレーを続けるために中間法人を使う例も目立ってきた。

うまく機能した例といわれるのが埼玉県鳩山町の石坂ゴルフ倶楽部。運営会社の鳩山スポーツランドは預託金の返還が00年から始

まるのに資金調達が難しく，ゴルフ場を存続させるかどうかを会員と話し合ってきた。

会員は，自分たちがゴルフ場を所有する道を選び，年会費の前払いなど約5億円の調達に協力した。中間法人の「石坂クラブ」はゴルフ場理事会メンバーが社員となり，運営会社が300万円の基金を出して設立。親会社の大日本土木から運営会社の全株を取得し，オーナーになった。

運営会社は預託金債務を削減するために今年1月，民事再生法の適用を受けた。今後は中間法人がゴルフ場の施設に抵当権を設定し，資産の保全を確実にする予定だ。

政府・与党の公益法人改革では当初，公益法人とNPO法人，中間法人の制度を統合する案が検討されていた。公益法人協会の太田達男理事長は「中間法人と公益法人を一緒にするのはなじまないことが活用ぶりで改めて分かる」と指摘する。

〈キーワード／中間法人〉

公益も営利も目的としない団体として，02年4月施行の中間法人法で法人格を認められた。利害を共有する特定の集団などを想定する。登記だけで設立でき，公益法人……やNPO法人……のように当局に縛られない。法人税は寄付や会費を含めて課税される（公益法人，NPO法人は原則非課税）。配当はできないが，解散時に残余財産を分配できる⑥。社員総会が最高意思決定機関⑦。社員が法人の債務に対外的な責任を負わない有限責任中間法人（300万円の基金が必要），責任を負う無限責任中間法人（基金は不要）がある。

(朝日新聞2003年6月6日付)

さあて，読んでみて，いかがでしたでしょうか。そこここに下線が添えてあります。それぞれの下線を主題にしながら，お話をしましたように，いくつかのクイズを楽しんでみましょう。まずは，

クイズ1から。

> **クイズ1**
> 中間法人とは，どのような法人であるか。

「社員に共通する利益を図ることを目的とし，かつ，剰余金を社員に分配することを目的としない社団」（中間法人2条1号）は，一定の要件を充足する場合には登記をすることにより法人となることができ，そのようにして設立される法人は，中間法人と呼ばれる。求められる一定の要件としては，社員が有限責任を負うにとどまる有限責任中間法人について300万円の基金を用意することなどがある（同12条）。また，無限責任中間法人においては，法人の債務について社員も弁済の責に任ずるものとされる（同97条）。非営利の社団法人としては，このような一般的な中間法人の制度により設立されるもののほか，特定種類の法人の設立を認める法律に基づいて，行政庁の認可を受けることにより設立されるものもある。たとえば，消費生活協同組合は，組合員に「最大の奉仕」をすることを目的とする法人であり，不特定多数の人々の利益の増進は活動の主目的ではなく（消費生活協同組合法9条），また，活動の結果として余剰の金銭が生じた場合のその配分には制限があり（同2条），行政庁の認可を得て設立される（同59条）。

> **クイズ2**
> 公益法人とは，どのような法人であるか。

民法が体系的な規律の対象にする法人が，公益法人である。その

34条によれば,「公益に関する社団又は財団であって,営利を目的としないもの」を主務官庁の許可を得て法人とするときに,これを公益法人という(実務上,"民法34条法人"と略称されることもある)。すなわち,公益性と非営利目的という2つが公益法人の特徴である。

公益とは,不特定多数の人々の利益の増進に資することであり,また,**非営利**とは,法人が得た利益を構成員に配分することが予定されていないことをいう。

公益法人は,その存在様態に応じ,社団法人と財団法人とに分かれる。**社団法人**は,人の集団(=団体)に法人格が認められるものであるのに対し,**財団法人**は,一定の目的に供される財産に法人格を認めるものである。したがって,法人の構成員である社員というものが,社団法人には存在するが,財団法人には存在しない。また,社団法人の運営の根本を定める規範を**定款**といい(37条・38条),財団法人のそれを**寄附行為**という(39条)。

現行法上,社団法人は営利と非営利の両方がありうるが,財団法人は公益法人としてのみ設立が可能である。

クイズ3

非営利法人とは,収益事業をしない法人である。ホントかウソか。

うん,これはホントだ,と思った方も,おられるかもしれません。しかし,これが,ちがうんですね。**収益事業**とは,収益を得ることを目的とする事業。そして,収益を得るということと,得られた収益を分配するということ(株式会社であれば株主への,有限会社であれば株主への利益配当をすること)とは異なる。たとえば大学の出版

部が，その大学の先生が書いた本を売る。そこから収益が生まれるならば，そこで営まれるのは，まぎれもなく収益事業である。しかし，学校法人に株主はおらず，収益の分配は，行われない。たくさん本が売れて得られた収益は，その大学の校舎を立派なものにする建替えに用いられたり，図書館に備えおく本を買うのに使われたりする（法人税法の7条は，公益法人が収益事業をすることを想定する規定であり，また，37条4項は，そのようにして得た収益を非収益事業のために費やす場合を，他の法人から寄附を受けた場合と同様に扱うための規定である）。

---クイズ4---

NPOとは特定非営利活動法人のことである。ホントかウソか。

ひとくちにNPOといっても，いろいろなものがある。活動の内容が多様であるし，法人になっているものも，そうでないものもある（権利能力のない社団と呼ばれる）。いまここに，まちづくりを推進する活動をしているNPOがあり，これを法人にしようという話が出ている。どのような法人の形態を選ぶことがよいか。まず，特定非営利活動促進法に基づいて特定非営利活動法人とすることが考えられる。民法に基づいて公益社団法人とすることも理屈のうえでは考えられないことはないが，「主務官庁の許可」を得なければならない（34条）。特定非営利活動法人であれば，法律が定める要件を充足している限り，都道府県知事などの認証が与えられる（特定非営利活動促進法9条・12条）。

もっとも，すべてのNPOが，この特定非営利活動法人の制度を用いることができるものではない。**特定非営利活動法人**とは，特定

非営利活動促進法の「別表に掲げる活動に該当する活動であって，不特定かつ多数のものの利益の増進に寄与することを目的とするもの」を行う団体であり（同2条1項），まちづくりの推進であれば別表に載っている（3号）から，問題はない。これに対し，たとえば消費者運動を進める，とかいうのは，改正前の同法別表には載っていなかった。こうした限定のために特定非営利活動法人とすることができる団体とそうでないものとがあるから，法律の名称が"特定"非営利活動促進法となっているのである。

クイズ5

登記・許可・認証——公益法人の設立要件はどれ？

　法人の設立がどのような手順でなされるか，については，次のようないくつかの異なる仕方がある。**公益法人**は，主務官庁の許可がなければ設立することができない（許可主義）のに対し，**営利法人**は，法律の定める要件（準則）を充足するならば許可などを要することなく設立が認められる（準則主義）のが基本であるが，公益的な法人でありながら，さまざまな考慮から許可主義に服しない例外も多い（例として次の各所に挙げる学校法人・宗教法人・特定非営利活動法人など）。下に掲げる5つのうち，特殊である⑤を除くと，①と②が両極にあり，③と④がその中間に位置するが，そのうち③は①に近く，④は②に近いという構図になる。

　① **許可主義**　主務官庁が許可を与えることにより法人の設立を可能とすることである。民法上の公益法人は，これによるのが原則であるとされる（34条）。許可は，主務官庁が裁量により与える。しかも，この場合の裁量は，自由裁量であると伝統的にはいわれてきた。**自由裁量**とは，許可を与えるかどうかについて法律上の基準

がなく，それを主務官庁の自由な意見により決定することができるものである。もっとも，たとえ自由裁量であるとしても，主務官庁に裁量権の濫用があるときは，その決定は，取消訴訟の対象となる（行訴30条）。

② **準則主義**　所定の事項を記した定款が作成され，出資が履行されることなど法律が定めている要件（会社法26条・34条・49条・575条・579条，中間法人6条・10条など参照）を充足する場合には，法人の設立が認められるとすることである。会社法が定める会社（営利法人）と中間法人がこれによる。ここでは，法人の設立に行政庁が決定的関与をする余地はない。会社設立には設立登記をしなければならず，その事務は，法務大臣の監督下にある登記官が管掌するが，それは，法人の設立を許す行政庁の関与とは，まったく意義が異なる。

③ **認可主義**　行政庁が付与する認可により法人の設立を認めることである。認可は，許可と似るが，自由裁量ではなく，行政庁は，法律が定める基準を充足すると判断するときは，認可を与えなければならない（たとえば農業協同組合法60条）。このため，認可主義は，**拘束許可主義**ともよばれる。学校法人（私立学校法31条）のように，公益的な法人でありながら，憲法上の要請（憲23条）を考慮し，団体設立の能否への行政の関与を抑制するのを相当とする見地から，許可主義ではなく，認可主義に服せしめられるものもある。

④ **認証主義**　行政庁の与える認証により法人の設立を認めることである。法人設立の要件として法律が定める要件たる事実を確認したときは，行政庁は，必ず認証を与えなければならない。認証と認可の相異は，ときに微妙であるが，認可が行政庁による判断の作用であるのに対し，認証は客観的事実の確認である性格が強い。②との対比で言えば，客観的事実があれば法人の設立が可能である

ところが共通するが，④は，いちおう行政庁の確認作用である認証を介在させることとしているところが異なる。公益法人でありながら宗教法人が認証主義で設立が許容される（宗教法人法 12 条）のが憲法上の要請（憲 20 条）を考慮し，団体設立の能否への行政の関与を抑制するのを相当とする見地に基づくことは，③で登場する学校法人と事情が似る。特定非営利活動法人を認証主義によらしめるのも，行政裁量の介在を抑制するのが望ましいという見地が背景にある。

⑤　**特許主義**　特定の法人を設立するために，そのために特別の法律を制定してすることである。日本銀行法に基づいて設立される日本銀行や，独立行政法人都市再生機構法による都市再生機構が，その例となる。

クイズ 6

残余財産の社員への分配を許容，保障，禁止
　　——中間法人はどれ？

法人が解散する際に，社員は，**残余財産の分配**に与る余地はあるか。これについては，社員への残余財産分配を許容する，保障する，禁止する，という 3 つの選択がありうる。公益法人は，民法 72 条 2 項が，定款に定めがない場合に，「主務官庁の許可を得て……法人の目的に類似する目的のために……財産を処分する」こととしていることに加え，社員や設立者への残余財産の分配・帰属を禁止する運用がなされてきたし，営利法人は残余財産の分配に関する準則（会社法 504 条・666 条参照）を定めて残余財産分配請求権を保障するものと解されるのに対し，中間法人について，中間法人法の 86 条・113 条は，残余財産分配の態様を「定款の定めるところによ

る」「社員総会の決議〔または〕総社員の同意により定まる」とする。このことは、どのように評価されるべきか。社員への分配を禁止もせず、保障もせず、許容するにとどまる文字どおりの中間的解決である。

クイズ7

財団法人に社員総会はない。ホントかウソか。

1　**特定非営利活動法人**には、社員総会・理事・監事という機関がある。主務官庁の許可により設立される民法上の**公益社団法人**の場合には、社員総会と理事が必置の機関であり、また、監事を置くことがありうる。

(1)　**社員総会**　社団法人の構成員を社員といい、すべての社員で構成される機関が社員総会である。社団法人の事務は、原則として「すべて総会の決議によって……行う」こととされており（63条およびその特定非営利活動促進法30条による準用）、法人の事務執行機関である理事は「総会の決議に従わなければならない」（53条但書）から、社員総会は、社団法人の最高意思決定機関である。

(2)　**理事**　理事は、法人の業務を執行する機関である（特定非営利活動促進法18条1号・59条2号参照）。特定非営利活動法人には3人以上の理事が置かれる（同15条）。公益社団法人にも、「法人には、一人又は数人の理事を置かなければならない」（52条）。

(3)　**監事**　監事は、法人の活動全般、たとえば「法人の財産の状況」や「理事の業務執行の状況」（59条1号・2号）をチェックする監査機関である（また特定非営利活動促進法18条）。特定非営利活動法人には、かならず監事が置かれる（同15条）。公益社団法人については民法が「法人には、監事を置くことができる」（58条）

とするから，必ず置かなければならない機関ではない。監事を置く場合には，その旨を定款また社員総会で定める。

2 **財団法人**にも，必ず理事が置かれる（52条）。また，寄附行為で定めた場合は，監事を置いてもよい（58条）。これに対し，財団法人には，社員というものがいないから，社員総会は存在しえない。理事の業務執行について53条但書が，「社団法人にあっては」と限定したうえで「総会の決議に従わなければならない」とするのは，財団法人には社員総会が存在しないからである。

3 **中間法人**の機関の在り方は，有限責任中間法人と無限責任中間法人とで異なる。

(1) **有限責任中間法人** 重要な事項に関する意思決定は社員総会における多数決により行われる（中間法人28条・34条など参照）。業務の執行は理事が行うし（同44条，また同39条・40条・45条など参照），また，業務の監査をする機関として監事を必ず置かなければならない（同51条・52条・55条）。

(2) **無限責任中間法人** 社員総会という機関が存在せず，重要な事項については全員一致により決めるべきであるとされる場面もみられる（同107条・108条2号など）。法人の活動を進めるにあたっては，各社員が業務を執行し（同102条1項。なお2項），また，各自が法人を代表する（同103条1項）。これが無限責任中間法人の運営の基本的な態様であるが，社団の規模が有限責任中間法人にするほど大きくはないが，そうであるからといって社員全員が各自で業務を執行し法人を代表するということでは不便であるという中規模の社団などにあっては，定められた社員が業務執行・法人代表に与かることを定めるという仕組み（同102条3項・103条2項）を採ることもできる。

最後に考えて欲しいこと

　以上が法人法制の概要であるが，このような姿が十分に整合性をとれたものであるかは，おおいに問題である。

　いまここに，ジェンダー・バランスについての社会的啓発に取り組んでいるNPOがあり，これを法人にしようという話が出ている。どのような法人の形態を選ぶことがよいか。まず，特定非営利活動促進法に基づいて特定非営利活動法人とすることが考えられる。これが魅力であるのは，とにかく"役所に頭を下げなくてよい"ということである。民法に基づいて公益社団法人とすることも理屈のうえで考えられないことはないが，「主務官庁の許可」を得なければならない（34条）。特定非営利活動法人であれば，法律が定める要件を充足している限り，都道府県知事などの認証が与えられる（特定非営利活動促進法9条・12条）。

　しかし，すべてのNPOが，この特定非営利活動法人の制度を用いることができるものではない。特定非営利活動法人とは，特定非営利活動促進法の「別表に掲げる活動に該当する活動であって，不特定かつ多数のものの利益の増進に寄与することを目的とするもの」を行う団体であり（同2条1項），たとえば，男女共同参画社会の形成促進であれば別表に載っている（10号）から，問題はない。これに対し，たとえば消費者運動を進める，とかいうのは，2003年までは別表に載っていなかった（同年改正後の別表の16号）。こうした限定のために，特定非営利活動法人とすることができる団体とそうでないものとがあるから，法律の名称が"特定"非営利活動促進法となっているのである。

Access 20　法人を考えるための7つのクイズ

一般的な非営利法人法制の構築をめざして

もちろん，そうした同法別表非登載の活動を営むNPOなどは，中間法人となることにより非営利法人となる途も，考えられる。しかし，その際には，その団体は，規模・態様が近似する他の特定非営利活動法人とのあいだで財産関係上のハンディを負う。すなわち，300万円の基金を用意し（有限責任中間法人に関する中間法人法12条），または法人の債務について構成員が弁済の責に任ずる覚悟をしなければならない（無限責任中間法人に関し，同法97条）。こうした具体局面に接するとき，現われてくる課題は，やはり"特定"ではなく一般的に非営利活動の主体が法人となる可能性を導入する立法ということになるであろう。特定非営利活動促進法の別表限定列挙方式には，第1に，何が法人格取得に価する市民活動であるかを法律が限定列挙で決めることは必ずしも適当でない，という問題があるし，また第2に，限定から漏れたもので時代が要請するものを補ってゆく立法措置は，どうしても遅れがちになるという問題もあるからである。

私たちの社会と民法

こうした意味において，私たちは今，一般的な非営利法人法制の構築に向けての道の途上にいる。それは，市民社会の思想的基盤が大いに問われている時代状況にあって，どのようなことを意味するものであろうか。

権利能力の有無ということの形式的観察においては，**自然人**と**法人**は，ひとしく権利義務の主体であるということになるとしても，かけがえのない**個人の尊重**という憲法の理念に立脚して考えるならば，手放しで両者の等質性を強調することは，厳に控えなければならない。大切なのは法人それ自体ではなく，そこに結集する諸個人でなければならないはずである。今日の政治思想に大きな影響を与

えた世界史的文書であるフランス人権宣言には,「結社の自由」を保障する条項がなく,革命の後の曲折を経て1901年になって,非営利の社団が法人となる手順を定める一般法が制定をみている。そこには,結社なり団体なりの設立を自己目的化するというのではなく,むしろ人々が集うことそのもの,あるいは集おうとする人々の1人1人を,市民社会にとって大切なものと受け止める思想的な含みがあるものと考えることができよう。ちょうど,それから100年余を経た時代において,私たちの結社の論議は,いま漸く始まろうとしている。2003年には,政府が,一般的な非営利活動法人法制の検討に入ることを閣議で決定した。法人法制,それは,民法を学ぶことが,とりもなおさず私たちの社会を考えることそのものであることを強く意識させる素材の1つである。

著者たちからの贈り物

めいっぱい割り切りの良い読書案内

　質問です。源氏物語や三国志を原典で読む前に漫画や小説で「予習」をしませんでしたか？　民法を学ぶ際の、そんな予習には宮部みゆきの『火車』(新潮文庫, 1998 年, 初出は 1992 年) や『理由』(朝日文庫, 2002 年, 初出は 1998 年), 青木雄二の『ナニワ金融道』(講談社, ナニワ金融道場 http://www.naniwa-kinyu-dojyo.com 参照)がうってつけだ。問題意識を培ったところで、本書の先輩格にあたる道垣内弘人『ゼミナール民法入門 (第 2 版)』(日本経済新聞社, 2003 年) の助けを借りながら、民法問題の宝庫、金融取引に挑んでみるのもよい。中田裕康・道垣内弘人編『金融取引と民法法理』(有斐閣, 2000 年), 近時でた続編『信託取引と民法法理』(有斐閣, 2003 年) もお勧めだ。きっと新聞の経済記事を読みこなせるようになるだろう。

　しっかり民法を勉強したい君には、内田貴『民法 I ～ IV』(東京大学出版会), 広中俊雄『民法綱要第 1 巻上総論』(創文社, 1989 年), 山本敬三『民法講義 I 総則』(有斐閣), 大村敦志『基本民法 I, II, III』(有斐閣) などがお勧めだ。

　もう少しガッツがあれば、広中俊雄・星野英一編『民法典の百年』(全 4 巻, 有斐閣, 1998 年), 加藤雅信ほか監修『民法学説百年史』(三省堂, 1999 年) を、ひもといてみよう。民法の営み、学問の発展を覗くことができる。興味が湧いたら、是非、学説史に残る名著を読んでみて欲しい。なかでも民法研究の面白さを門外漢にも

存分に伝えてくれる，選りすぐりの4冊が末川博『権利濫用の研究』（岩波書店，1949年），川島武宜『所有権法の理論』（岩波書店，1949年，新版1987年），於保不二雄『財産管理権論序説』（有信堂高文社，1954年，復刻版1995年），我妻栄『近代法における債権の優越的地位』（有斐閣，1954年）だ。国際派の君や勉強に疲れた君は，アメリカが発信源の法の経済分析という新しい学問分野を臨場感たっぷりで伝えてくれるクーター・ユーレン（太田勝造訳）『法と経済学（新版）』（商事法務，1997年）も是非お試しあれ。

家族の問題については，すこし多めに文献を挙げておきたい。本書ではAccess 16以下の限られた紙幅しか割くことができなかったことの，お詫びである。

まず，マクロ（巨視的）な家族の姿を知ることから始めよう。湯沢雍彦『データで読む家族問題』（NHKブックス，2003年）は，家族に関するさまざまな統計データから今の家族をうきぼりにする好著だ。

たかがマンガ，されどマンガである。毛利甚八（原作）魚戸おさむ（作画）『家栽の人（1）～(10)』（小学館文庫，2003年，初出は1987年）は，家事事件・家庭裁判所を知る格好の入門書になる。

家族のトラブルは弁護士の仕事にとっても大きな割合を占めている。将来，法律家を目指すのであれば，弁護士の手になる本も面白いだろう。大堀昭二『慰謝料法廷―男と女のトラブルファイル』（文春新書，2002年），木村晋介『遺言状を書いてみる』（ちくま新書，2001年）は，それぞれ値段も700円前後と気軽に読める。

外国の家族について知るのも重要だ。家族，家族法といっても，時代や地域，文化によってさまざまだ。他の社会を知ることで，自分の国（日本）を客観的に見ることができるようになる。法律家の書いたものではないけれど，浅野素女『フランス家族事情―男と女

と子どもの風景―』(岩波新書, 1995 年), 岡田光世『アメリカの家族』(岩波新書, 2000 年)を奨めたい。また, 少し古くなったが, 民法学者のものとしては, 米倉明『アメリカの家族／ボストン法学見聞記』(有斐閣, 1982 年)が名著だ。書店では, もう手に入らないので, 図書館で探してほしい。

民法の家族法の世界にドップリ浸りたければ, 我妻栄『親族法』(有斐閣, 1961 年)が古典的名著だ。親族法解釈学の最高峰であり, 今日なお, 著者たちにとっての座右の書でもある。最近のものでは, 大村敦志『家族法(第 2 版補訂版)』(有斐閣, 2004 年)が, 親族法だけで相続法を含まないとはいえ名著の誉れが高い。前者は図書館だが, 後者は書店で入手可能だ。

歴史にも目を向けよう。家族法は戦後に大改正されたが, その経緯を生き生きと伝える, 我妻栄編『戦後における民法改正の経過』(日本評論社, 1956 年)。日本国憲法の制定史とは一味違う, 民法の改正史を垣間見ることができる。また, 民法はローマ法以来の伝統を受け継いでいる。原田慶吉『日本民法典の史的素描』(創文社, 1954 年)は, 惜しくも親族法編の途中で絶筆となったが, 珠玉の相続法編が我々に残されている。これら 2 冊にも図書館でめぐり会うことができる。

縦(歴史)を学び, 横(外国)を知り, 現代の日本法に帰ってくる。それを繰り返すうちに, 教科書や問題集では感じることのできない, 民法の広がり, 奥深さを感じることができるだろう。

さあ, いろいろな本を掲げたが, もちろん全部を網羅して読まなければならないというものではない。しばしば読書案内は御説教の臭いのするものになりがちであるが, ここに掲げたものは, 著者たち自身が好きな本ばかりであり, そういう意味では, 読書 "案内" というよりは, 著者たちの読書「日記」でもある。そう, そして,

皆さんも，こうしたリストを参考にしながら，それぞれオリジナルの民法読書日記を作ってみてください。いつか，どこかで，こんな面白い本があったと感想をうかがうことができる機会などあれば，とても楽しいですね。

1冊の入門書を読み終えた皆さんに、すこし考え込んでもらいましょう、というのが、このページです。いずれも思考の訓練のための格好の問題ばかりです。友人と議論してみたりするのに打ってつけではありませんか。

どこに違いがあるかな？

1. 債務不履行責任と不法行為責任の違いは、どこにあるか。具体例を挙げながら考えてみる。また、両者が競合する場合の例を示し、その場合において両責任の競合がどのように解決されるかを検討してみよう。
2. 同じ1億円の価値がある権利をもっている場合でも、それが1億円の土地、時計、当りくじでは、それぞれの権利にはどんな違いがあるだろうか。比較をして論じてみよう。
3. ある法律行為が無効であるとされることと、それが取消可能であるとされることとの違いは、どこにあるか。要件・効果を比較しながら考えてみる（ヒントは、Access 2・Access 3・Access 4）。

説得的に説明をするトレーニング

4. 取引の安全のために権利者であるかのような外見を有する者との取引を保護する仕組みが民法にはさまざまあるが、それによって権利を失う者との関係では、どのような正当化が必要だろうか。どのように説明すれば説得的だろうか。
5. なぜ動産譲渡担保は通謀虚偽表示にならないのか。
6. 過失責任の原則の意味と趣旨は、どのようなことか。また、無過失責任が認められる具体的な例を挙げて、原則が修正されている理由を考えてみよう。

🌀 こんな質問をされたら，どうする？　素朴な疑問のいくつか 🌀

7　時効取得するまでは不法占有か？　その場合に占有期間の分の賃料相当額を請求することができるか。また，取得時効期間は不法占有を理由とする賃料相当額の損害賠償請求によって中断するか。

8　残高の変動する債権について譲渡担保を設定することは可能か。

🌀 2つと言わず，本当は，もっと考えて欲しい 🌀

9　契約から生じた債務が履行不能になったときに適用される民法の制度を少なくとも2つ挙げて，それらを説明しなさい。

🌀 いかにもありそうな身近な問題 🌀

10　妻が消費者金融の契約書に夫の名前を書き込んで借入をした場合に，夫は借入金を弁済する責任を負うか。妻が自分の名前を書き込んで借入をした場合の夫の責任は，どうか。

11　遊ぶ金が欲しくて，お父さんの大事にしている時計を友人に売ってしまった息子。お父さんは息子に怒っている。さて，どうなる。

12　妻子のいる男が，不倫相手の女性に「全財産を与える」という遺言をした場合に，その遺言は有効か。もし，遺言が有効だとした場合に妻子は何ができるか。また，遺言が無効だとした場合に財産はどのように扱われるか。

事項索引

〔あ〕

悪意……………………………………207
悪意の占有者………………………209,211
悪意又は重大な過失………………206
明渡猶予………………………………189
「あれなければこれなし」の基準
　　……………………………………223

〔い〕

遺　言…………………………………291
　「相続させる」旨の――…………297
遺言事項………………………………293
遺言執行者……………………………294
遺言相続………………………………283
遺言能力…………………………………36
遺産分割協議…………………………290
意思主義………………………………100
意思能力……………………………38,41
意思の欠缺………………………………58
意思の通知………………………………27
意思無能力者……………………………38
慰謝料……………………………225,244
遺　贈…………………………………293
一物一権主義……………………………98
逸失利益………………………………225
一身専属権……………………………286
一般債権者……………………………180
一般的な非営利法人法制……………312
一般不法行為…………………………227
畏　怖……………………………52,53
違法行為…………………………………53
違法性………………………52,217,218

違法と認められる利益侵害………218
遺留分…………………………………295
遺留分減殺請求………………………295
遺留分権利者…………………………295
因果関係……………………51,53,223
　――の証明責任……………………221
インターネット・ショッピング…35

〔う〕

請負契約………………………………146

〔え〕

ART……………………………………254
　――の立法…………………………264
営利法人………………………………306
NPO……………………………………305

〔お〕

親子関係………………………………248
親子関係不存在確認訴訟……………264
親の同意…………………………235,267

〔か〕

外国人……………………………………37
介護保険制度…………………………274
解　除…96,112,114,125,130,180,187
核家族…………………………………247
確定期限………………………………123
確定日付………………………………107
隠れた…………………………………130
隠れた瑕疵……………………………129
火災保険………………………………177
瑕　疵……………………………50,130

瑕疵ある意思表示	49	求償権	158,213
瑕疵ある物の給付	133,135	給付利得	207,212
貸金業法	162	協議離婚	242
瑕疵修補義務	139	強行法規	59
瑕疵担保責任	129,137	強制競売	169,171,181
過　失	222	強制執行	181
――の証明責任	223,227	強制認知	253
過失責任の原則	117,127	強制履行	114,115,181
果　実	191,211	共通錯誤	46
果実収取権	211	共同親権	269
家　族	247	強　迫	50,52
家族法	230	強迫行為	52
――の改正	231	許可主義	306
家庭裁判所	231	居所指定権	272
家督相続	281	寄与分	289
仮登記担保	180	緊急事務管理	206
換価分割	290	緊急避難	225
監　禁	56	近親婚の禁止	236
監　事	309	金銭債務	150
間接強制	117	金銭消費貸借契約	152
完全履行請求権	125,131,137	金銭扶養	279
観念の通知	27	均分相続	288
管理者	205		

〔き〕

期　間	26
期間制限	135,137
危険移転時	150
危険負担	113,144,212
売買契約以外のときの――	146
売買契約のときの――	144
帰責事由	113,117
偽装(結)婚	234
寄附行為	304
基本代理権	72
欺罔行為	51

〔く〕

クーリング・オフ	57

〔け〕

形式主義	101
競　売	168
担保権の実行としての――	170
契　約	5,23,29
――の拘束力	38
契約自由の原則	5,23,122
契約責任	217
契約責任説	135,138,139
契約不履行	6

結果回避義務違反 …………… 222
結　婚 ………………………… 232
結社の自由 …………………… 313
血族相続人 …………………… 284
検索の抗弁権 ………………… 158
原状回復義務 ………………… 114,120
建築協力金 …………………… 196
限定承認 ……………………… 290
現物分割 ……………………… 290
顕名主義 ……………………… 66
権　利 ………………………… 217
　──の上に眠る者は保護しない
　…………………………… 79,80,86
　──の客体 ………………… 22
　──の主体 ………………… 22
　──の侵害 ………………… 217
権利義務の帰属主体 ………… 40
権利失効の原則 ……………… 91
権利上の瑕疵を理由とする担保
　責任 ……………………… 141
権利侵害から違法性へ ……… 218
権利能力 ……………………… 8,37,41
権利能力のない社団 ………… 305

〔こ〕

故　意 ………………………… 51,52,222
　二段の── ………………… 51,53
故意又は過失 ………………… 221
行為能力 ……………………… 33,39,41
公　益 ………………………… 304
公益社団法人 ………………… 309
公益法人 ……………………… 303,306
公　示 ………………………… 104
交渉力の格差 ………………… 55
公序良俗 ……………………… 5
公序良俗違反 ………………… 24

公信の原則 …………………… 106
公正証書遺言 ………………… 292
拘束許可主義 ………………… 307
合同行為 ……………………… 25
高度の蓋然性 ………………… 224
高齢社会 ……………………… 274
高齢者虐待防止法構想 ……… 280
国　籍 ………………………… 256
個人主義 ……………………… 231
個人の尊厳 …………………… 312
個人保証の見直し …………… 163
誤　認 ………………………… 56,57
子の最善の利益 ……………… 244
婚　姻 ………………………… 232
婚姻意思 ……………………… 234
婚姻適齢（婚姻可能な年齢）
　…………………………… 36,234,246
婚姻届 ………………………… 235
婚氏続称 ……………………… 244
婚　約 ………………………… 232
困　惑 ………………………… 56

〔さ〕

財　貨 ………………………… 22
財貨帰属秩序 ………………… 208
債　権 ………………………… 4,78,97
債権者主義 …………………… 145,146
　債権者に帰責事由のある
　　ときの── …………… 149
債権者の権利行使 …………… 83
債権者平等の原則 …………… 168
債権譲渡 ……………………… 106,191
　──の対抗要件 …………… 107
債権譲渡禁止特約 …………… 106
債権譲渡登記 ………………… 107
債権の準占有者への弁済 …… 199

催告	70,83,122	――の起算点	82
催告権	27	――の中断	82
催告の抗弁権	157	――の中断事由	83
再婚禁止期間	235	――の停止	91
財産権	22	時効完成後の承認	91
財産相続	281,282	時効期間	82
財産分与	245	時効利益の放棄	85
財団法人	304,310	自己決定	214
裁判離婚	243	自己決定権	219
債務者主義	146	自己責任の原則	54
債務不履行	96,110	死後認知	257
債務不履行責任	217	持参債務	151
債務不履行損害賠償請求	117,126	事実行為	26
詐欺	50,51	事実婚	232,233
先取特権	179	事実状態の尊重	80
錯誤	45	事実状態の保護	86
動機の――	46	事実上の推定	223,224
内容の――	46	使者	74
表示上の――	45	自主占有	86
要素の――	47	市場の秩序	21
差止請求	226	自然人	9,37,312
詐術	35	質権	179
里親	262	実親子関係	248,249
里子	262	執行妨害	184,191
サラ金規制法	164	私的実行	181
残余財産の分配	308	児童虐待	280
		児童虐待防止法	268
〔し〕		自働債権	10
敷金	195	児童の権利条約	280
――の差入	186	自筆証書遺言	291
事業	57	事務管理	205
事業者	57	氏名	12
事件	26	社員総会	309
時効	26,52,56,89	社団法人	303,304
――の援用	84,90	収益	192
――の援用権者	84,90	収益事業	304

事項索引　　323

重婚禁止	235
自由裁量	306
住宅の品質確保の促進等に関する法律	139
「自由な意思」	18
重要事項	56
受益者	207
出資法	154,163
主体的結合関係	165
主たる債務者	156
受働債権	10
受忍限度論	221
受領	123
種類物売買	131
準事務管理	210
準則主義	307
準法律行為	27
消極財産	286
消極的損害	225
商行為	159
商工ローン	161
使用収益の自由	190
肖像権	20
承諾	107
譲渡担保	180
承認	83
消費者	56
消費者契約	55
消費者契約法	55,58,139,159
消費者取引	54
消費生活協同組合	303
条文	19
情報の格差	55
証明	86
証明責任	126
証明の困難	80

消滅時効	77,89
消滅時効期間	77,126
職業許可権	272
女子差別撤廃条約	280
除斥期間	88,89
処分権	172
所有権	20,78,98
所有権移転の効力	98
所有権取得	98
所有権留保	180
事理弁識能力	274
侵害利得	206
人格権	219
信義誠実の原則	59
親権	267
——の剝奪	268
親権者	269
親権者と監護者の分解	270
親権者の決定	244
親権喪失審判	269
身上監護	268
人的担保	8,156
審判離婚	243
信頼利益賠償	135
心裡留保	58

〔す〕

推定されない嫡出子	263
推定される嫡出子	263
随伴性	157,176,179

〔せ〕

生活扶助義務	279
生活妨害	219
生活保持義務	268,279
請求	83

制限行為能力者制度類型 …………39	善良なる管理者としての注意義務 ……………206
制限能力者 ………………………40	
制限能力者制度 …………………273	〔そ〕
精子提供 …………………………255	
生殖補助医療 ……………………254	相　殺 ……………………………10
精神条項 …………………………293	——の担保的機能 ……………198
製造物責任 ………………………140	担保としての—— ……………198
製造物責任法 ……………………141	相殺予約 …………………………198
正当防衛 …………………………225	相　続 ………………………75,281
成　年 ……………………………267	相続欠格 …………………………285
成年擬制 …………………………239	相続税法 …………………………283
成年後見制度 …………………36,39,275	相続人 ……………………………284
成年後見人 ……………………39,275	相続人廃除 ………………………285
成年被後見人 …………………39,275	相続紛争 …………………………291
生物的親子関係 …………………249	相続法 ……………………………296
生命保険金 ………………………287	相続放棄 …………………………289
責任財産 …………………………180	相対的無効 ………………………24
責任能力 …………………………41	相当因果関係理論 ………………226
責任無能力 ………………………224	即時取得 ………………………104,209
積極財産 …………………………286	即時取得時効 ……………………87
積極的損害 ………………………225	損害賠償 …………………………6
絶対的効力事由 …………………166	損害賠償義務 ……………………115
絶対的無効 ………………………24	損害賠償請求 …………………115,180
説明義務 …………………………225	損害賠償請求権 …………………225
説明義務違反による賠償責任 …227	損害賠償責任 …………………216,217
善　意 ………………………105,207	
善意取得 …………………………105	〔た〕
善意の占有者 …………………209,211	大学湯事件判決 …………………218
善意無過失 ………………………87	代金支払義務 ……………………149
選択的夫婦別氏制度 ……………246	対　抗 ……………………………99
占　有 ………………………171,188	対抗問題 …………………………173
所有の意思をもってする——…86	対抗要件 ……………………98,103,175
占有改定 …………………………102	待婚期間 …………………………235
占有権 ……………………………208	第三取得者 ………………………174
占有権者 …………………………211	胎　児 ………………………37,266
占有の排除 ………………………188	代償分割 …………………………290

事項索引

代襲相続 284
代替執行 116
代表 65
代理 74
代理権 65,68
代理権付与の審判 40
代理制度 64
代理人 64
代理母事件 255
多数当事者の債権関係 164
他人の権利 215
他人の物 87
他人物売買 105
短期取得時効 78,80,86,87
短期賃貸借 185,196
　解除可能な―― 187
断定的判断の提供 56
単独行為 25,293
単独親権 270
担保 8
担保物権 169,179
担保不動産収益執行制度 192

〔ち〕

地域福祉権利擁護事業 276
遅延損害金 159
嫡出子 288
嫡出推定 250,263
嫡出推定の及ばない子 263
嫡出否認 252
中間法人 303,310
中古品 131
懲戒権 272
超過払金 165
超過利息 154,164
長期取得時効 86

調停 231
調停前置主義 242
調停離婚 242
直接強制 116
賃借権 178
　――の対抗要件具備 178
賃借人 178
賃貸借 177
賃貸借契約 186
賃貸マンション業 189
賃料に対する物上代位 190

〔つ〕

追及効 175
追認 70
追認拒絶 70
通常損害 118
通常の人 222
通知 107,159
通謀虚偽表示 58

〔て〕

定款 304
定期行為 125
抵当権 169,183
抵当権消滅請求制度 194
抵当権侵害 184
抵当権設定契約 172
抵当権設定者 172
抵当権設定登記 174
抵当権の実行 180
抵当不動産 169
DV防止法 277,280
「できちゃった結婚」 263
転貸借 192
天然果実 211

天引……154
電話勧誘販売取引……57

〔と〕

登記……103,173
同居協力扶助義務……238
動産……108
同時履行の抗弁権……121,124,212
登録……104
登録制度……109
特定継続的役務提供契約……57
特定商取引に関する法律……57
特定単純承認……289
特定非営利活動法人……305,309
特定物のドグマ……132,135
特定物売買……131,133,150
特別縁故者……286
特別事情……118
特別受益……288
特別損害……118
特別養子……261
特別養子縁組……261
特許主義……308
取消……52,56,56
——の効果……53
取消権……52
取立行為の規制……155
取立債務……151
取引安全……36

〔な〕

内縁……232,233
内縁(事実婚)配偶者……285
内心的効果意思……46

〔に〕

二重譲渡……108
日常家事債務の連帯責任……240
任意規定……59
任意後見契約制度……74
任意後見制度……276
任意後見人……276
任意代位……160
任意代理……74
任意代理人……64
任意認知……253
認可主義……307
認証主義……307
認知……36,253

〔ね〕

ネグレクト……268
根抵当権……162
「根」保証契約……161

〔の〕

能力……41

〔は〕

配偶者……285
背信的悪意……109
売買……29
売買契約……96,144,149
ハンセン病訴訟……76

〔ひ〕

非営利……304
被害……53
引取扶養……279
引渡……101,102

事項索引　327

簡易の―― ……………………102
現実の―― ……………………102
指図による―― ………………102
非債弁済………………………213
非占有担保……………………171
被担保物権……………………169
非嫡出子………………………288
　――の相続分………………296
非典型担保……………………180
人………………………8,12,40
被保佐人……………………39,275
被補助人…………………………40
表見代理…………………………71
　権限踰越の――……………72
　代理権授与表示による――…72
　代理権消滅後の――…………73
表示行為…………………………25
表示的効果意思…………………46
費用償還………………………205

〔ふ〕

夫婦関係………………………248
夫婦間の契約取消権…………240
夫婦同氏………………………237
夫婦別産制……………………244
夫婦別氏………………………238
不確定期限……………………123
不可分債務……………………165
不可分性………………………179
不完全履行……………………124
富貴丸事件判決………………226
不作為債務……………………116
父子関係………………………250
不実告知…………………………56
付従性………………………157,179
　成立における――…………176

消滅における――……………176
不真正連帯債務………………166
付随的債務……………………122
不退去……………………………56
負担部分………………………166
普通養子………………………261
物　権……………………………78
物権変動………………………121
物上代位……………178,179,190
物上保証人……………………173
物的担保……………………8,156
不貞行為………………………236
不当行為………………………215
不動産…………………………108
不動産所有権……………………86
不動産登記法…………………109
不動産売買…………………103,131
不動産物権変動………………173
不当条項…………………………59
不当利得……………………164,207
　――の要件…………………210
不当利得返還請求権…………213
不当利得法
　「給付利得」における――…212
　「侵害利得」類型における――
　　……………………………212
不特定物売買………131,133,150
不法原因給付……………………24
不法行為……………………20,57
　特殊の――…………………227
不法行為制度…………………215
不法行為損害賠償請求………126
　――の範囲…………………226
扶養義務………………………278
プライバシー権………………219
ブラックリスト…………………59

不利益事実の不告知 …………56
分割債務………………………165

〔へ〕

平穏かつ公然 …………87,105
弁済提供………………………123
弁済による代位 ………………160
片務契約………………………153

〔ほ〕

包括承継………………………286
包括根保証 …………161,163
方　式…………………………156
法　人……………9,37,312
法制審議会……………………246
法定解除権……………………126
法定果実………………………211
法定債権債務関係………………20
法定責任説 …………131,138
法定相続………………………283
法定相続分……………………288
法定代位………………………160
法定代理…………………………74
法定代理人………………34,64
法定単純承認…………………290
法定担保物権…………………179
法定地上権……………………193
法定利息………………………159
法定利率………………………153
訪問販売…………………………57
暴　利…………………………154
法律行為…………………………23
法律行為自由の原則……………24
法律効果……………………19,26
法律婚…………………232,233
法律事実……………………19,26

法律要件……………………19,26
保佐制度………………………275
保佐人……………………………39
保佐人の同意………………40,276
母子関係………………………249
補充性…………………………157
補助………………………………40
保証委託契約…………………155
保証金…………………………196
保証債務 …………156,165
保証書…………………………140
保証人…………………………163
補助制度………………………276
補助人……………………………40
補助人の同意………………40,276
本人ノ為メニ有益ナル費用 ……205
本人の同意………………………40

〔ま〕

又貸し…………………………187

〔み〕

未成年後見人…………………271
未成年者……………………33,239
未成年者の保護………………266
未成年者保護制度………………32
未成年の子……………………243
みなし弁済……………………164
民　法……………………………11
民法改正…………………………13

〔む〕

無過失…………………………105
無過失責任 ……127,130,141,227
無記名の債権…………………108
無限責任中間法人 …………303,310

事項索引　　329

無権代理 …… 68,75
無　効 …… 24,45,57
ムコ養子 …… 261
無能力者制度 …… 273

〔め〕

名誉毀損 …… 219
名誉権 …… 219
滅　失 …… 113
面接と交流 …… 245

〔も〕

物の種類 …… 108

〔や〕

約定解除権 …… 126
約定担保物権 …… 173
ヤミ金融規制法 …… 154

〔ゆ〕

有限責任中間法人 …… 303,310
有責配偶者 …… 244
優先弁済的効力 …… 171
有体物 …… 108

〔よ〕

養親子関係 …… 260
要件事実 …… 26
養子縁組 …… 260
要式行為 …… 157
要物契約 …… 152
よきサマリア人法 …… 206
預金取引 …… 198
預金の「払戻し」 …… 199

予見可能性 …… 119,222
――の判定時 …… 201
預託金 …… 196

〔ら〕

卵子提供 …… 255

〔り〕

離　縁 …… 241
履行遅滞 …… 96,113,123,180
――による解除 …… 121
履行不能 …… 96,113,142
履行利益 …… 135,137
離　婚 …… 240,270
離婚原因 …… 246
離婚後扶養 …… 244
離婚復氏 …… 244
理　事 …… 309
リスク …… 53
利　息 …… 153,158,183
利息制限法 …… 154,162,163
留置権 …… 179
留置的効力 …… 179
両性の平等 …… 231
利　率 …… 153
臨終婚 …… 234
隣人訴訟 …… 204

〔る〕

類型論 …… 207

〔れ〕

連帯債務 …… 165
連帯保証 …… 158

〈編者紹介〉

山野目章夫（やまのめ・あきお）
　　早稲田大学大学院法務研究科教授

ブリッジブック先端民法入門〔第2版〕
〈ブリッジブックシリーズ〉

2004（平成16）年4月15日　第1版第1刷発行　2307-0101
2006（平成18）年2月15日　第2版第1刷発行　2320-0201

編　者　山 野 目 章 夫
発行者　今 井 　 　 貴
　　　　渡 辺 左 近
発行所　信山社出版株式会社
〒113-0033 東京都文京区本郷6-2-9-102
電　話　03 (3818) 1019
FAX　03 (3818) 0344

Printed in Japan.　　印刷・製本／暁印刷・和田製本

©山野目章夫，2006．
ISBN4-7972-2320-0　C3332
NDC　324.011　民法・民法学

さあ，法律学を勉強しよう！

　サッカーの基本。ボールを運ぶドリブル，送るパス，受け取るトラッピング，あやつるリフティング。これがうまくできるようになって，チームプレーとしてのスルーパス，センタリング，ヘディングシュート，フォーメーションプレーが可能になる。プロにはさらに高度な「戦略的」アイディアや「独創性」のあるプレーが要求される。頭脳プレーの世界である。

　これからの社会のなかで職業人＝プロとして生きるためには基本の修得と応用能力の進化が常に要求される。高校までに学んできたことはサッカーの「基本の基本」のようなものだ。これから大学で学ぶ法律学は，プロの法律家や企業人からみればほんの「基本」にすぎない。しかし，この「基本」の修得が職業人の応用能力の基礎となる。応用能力の高さは基本能力の正確さに比例する。

　これから法学部で学ぶのは「理論」である。これには 2 つある。ひとつは「基礎理論」。これは，政治・経済・社会・世界の見方を与えてくれる。もうひとつは「解釈理論」。これは，社会問題の実践的な解決の方法を教えてくれる。いずれも正確で緻密な「理論」の世界だ。この「理論」は法律の「ことば」で組み立てられている。この「ことば」はたいへん柔軟かつ精密につくられているハイテク機器の部品のようなものだ。しかしこの部品は設計図＝理論の体系がわからなければ組み立てられない。

　この本は，法律の専門課程で学ぶ「理論」の基本部分を教えようとするものだ。いきなりスルーパスを修得はできない。努力が必要。高校までに学んだ「基本の基本」を法律学の「基本」に架橋（ブリッジ）しようというのがブリッジブックシリーズのねらいである。正確な基本技術を身につけた「周りがよく見える」プレーヤーになるための第一歩として，この本を読んでほしい。そして法律学のイメージをつかみとってほしい。

　さあ，21 世紀のプロを目指して，法律学を勉強しよう！

2002 年 9 月

　　　　　　　　信山社『ブリッジブックシリーズ』編集室